特撮黄金時代

円谷英二を継ぐもの

八木毅 編

立東舎

はじめに

八木毅

1954年の映画『ゴジラ』公開以降、日本では「特撮」の大ブームで映画館ではたくさんの特撮映画が上映され、ゴジラ、モスラ、ラドン、バラン、キングギドラ、アンギラスなどなどたくさんのスター怪獣が登場しましたし、『地球防衛軍』『宇宙大戦争』『海底軍艦』のようなSF映画や、『美女と液体人間』『マタンゴ』のようなホラー映画など、多くのジャンルに特撮は用いられ多くの観客を楽しませていました。

まさに「特撮黄金時代」ですね。そして特別な日がやってきました。1966（昭和41）年7月17日。この日、テレビ特撮番組『ウルトラマン』の第1話「ウルトラ作戦第一号」が放送され、世界はウルトラマンを知ったのでした。この日以前に、われわれの世界にはウルトラマンは存在しませんでしたが、この日以降はウルトラマンが存在する世界です。それは子どもたちにとって、そして親たちにとって、そして特撮にとってもとても重要な日でした。

私は映画『大決戦！超ウルトラ8兄弟』を作るときに、この大切な日を映画の主人公たちの最初のシーンとして描きました。ウルトラマンが存在する世界を生きる子どもたちにとって、これほど重要な人生の転換点となる日はないと考えたからです。

特撮という文化は当時の人々にとってとても重要なものでありました。そんな特撮黄金

はじめ私が、特殊撮影の技術を開発しようと思った動機は、なにも怪獣映画をつくりたいからではなかった。画家が、カンバスの上に、絵筆で表現していくように、私も映画の技術を思い切り使って、自由に、意のままに、場面場面を創造してみたかったからである。ずっと前に「キング・コング」という映画を見て、特殊技術の研究をはじめたということも嘘ではないが、本当の動機は、映画をより芸術的なものにしたかったからである。

円谷英二「怪獣と私」より

時代を作ったのが円谷英二監督でした。円谷英二監督は『ゴジラ』をキッカケに特撮という技術的用語を文化にまで高めていった「特撮の神様」です。神様とは言い過ぎかもしれませんが、実際に神様です。特撮は円谷英二監督によって創造されましたから。円谷英二監督が特撮で果たしたものは巨大で、多くの傑作はもちろんのこと、数多の後進をも生みました。『ウルトラマン』も円谷英二監督と円谷英二監督のもとに結集した新しい若い才能たちによって作られたのです。

この本は円谷英二と特撮黄金時代について語ります。そのために円谷英二監督と一緒に直接仕事をされ、『ウルトラQ』『ウルトラマン』『ウルトラセブン』『マイティジャック』などなど多くの傑作を作られた当時の新しい若い才能たちにお話しいただきました（今や皆様は特撮レジェンドですが）。それは撮影での円谷英二監督であったり、打ち合わせでの円谷英二監督であったり、その場にいない存在としての円谷英二監督であったり、または父としての円谷英二監督であったり、祖父としての円谷英二監督であったり、家族としての円谷英二監督であったり、特撮の神様としての円谷英二監督であったり。さまざまな視点でさまざまなことをお訊きいたしました。そして、円谷英二監督の後継者である特撮レジェンドの皆様のお仕事についてもお話しいただきました。それぞれの方の仕事の中にはどんな円谷英二監督の影響があり、また、どのようにその影響を昇華して仕事に生かされていたのか。そうしたことを探ることでこの本は円谷英二監督と特撮の本質に迫っていきます。

この本はいつもの私の本と同じく製作現場側からのものです。私は研究者でも評論家でもなく現場の人間だからです。私は1992年に円谷英二監督が作られた円谷プロダクションに入社して、この特撮の世界へ入りました。当時の円谷プロには円谷英二監督から薫陶を受けた特撮レジェンドの方々がまだたくさん所属されていて、私が配属された第二製作部の部長は満田稔監督でしたし、隣の第一製作部部長は高野宏一監督でした。私のデスクの隣には鈴木清プロデューサーが座り、円谷一監督のご長男の円谷昌弘プロデューサーもいらっしゃいました。隣の芸能部課長には照明の小池一三さん。他にもたくさんの黄金時代の円谷プロのメンバーが残っていました。私はそんな特撮的に恵まれた環境で社員助監督として始まり、社員監督・プロデューサーとなった円谷育ち。円谷プロ最後の社員監督。つまり円谷英二監督からの円谷プロ「特撮黄金時代」の系譜の最後に連なります。だから、インタビューをさせていただいたほとんどの皆様が、特撮のレジェンドではありますが先輩に当たる方々ばかり。普段から一緒にお仕事をしたりお酒を飲んだりしています。ですので、この本はとても自然で楽しい本になっているとも思います。そういう意味では肩に力を入れないで読まれても楽しいと思いますし、けれど、親しい内側で話しているからゆえに核心に迫る内容にもなりました。そして、私にとりましても学びの本になったのです。普段お会いしていても話さないような特撮についての本質的なお話をたっぷりできましたから。あらためて特撮を勉強し直した気分ですし、先輩方とじっくりお話しできるのは素晴らしい時間でした。特撮とは本当に素晴らしいものです。

ところで、この本はいつもの私の本と同様にインタビューさせていただいた皆様の言葉を修正せずにそのまま載せています。今まで史実とされていたことと異なる証言があったとしても、私の手でそれを変更することはありません。なぜならすべての証言はその場にいて、それを体験された方々の第一次証言だからです。ですからこの本にはびっくりするような新しいこともたくさん出てきますが、それはそのまま載せています。

最後になりましたが、本書ではたくさんの方々にお世話になりました。取材を快く引き受けてくださった特撮のレジェンドの先輩方の皆様、『ウルトラマンマックス 15年目の証言録』以来ずっと担当してくださっている立東舎の敏腕編集者の山口一光さん。そして、最初にこの本の着想を与えてくださった京都文化博物館・映像文化創造支援センター長の森脇清隆さん、本当にありがとうございました。あらためてここに感謝申し上げます。

それでは夢の『特撮黄金時代』をどうぞ、存分にお楽しみください。

これからあなたの目はあなたの身体を離れ、この不思議な世界へと入ってゆくのです。

CONTENTS

中堀正夫

MASAO NAKABORI

満田穧

KAZUHO MITSUTA

稲垣涌三

YOZO INAGAKI

円谷知子＋円谷一夫

TOMOKO TSUBURAYA + KAZUO TSUBURAYA

コラム

『ウルトラマン』第 19 話「悪魔はふたたび」を撮影中の監修・円谷英二監督（左から 3 人目）。国立競技場のセットの緻密さ、そして大きさも印象的です

美セン時代にはAst、東宝ビルト時代には5st。ここは日本一の特撮ステージ（撮影／八木毅）

TOKUSATSU GOLDEN AGE

佐川和夫

KAZUO SAGAWA

オヤジさんとは呼んでいるけど師匠でしかないよ

円谷特技プロダクションの最初期メンバーとして知られる佐川和夫氏には「鬼の佐川」「飛びの佐川」「素材の佐川」などの異名も多く、作品づくりに対する厳しい姿勢は円谷英二監督譲りと衆目の一致するところである。実際、円谷英二監督と接する機会も多く、さまざまなアドバイスを授かっていたようだ。今回はそうしたやりとりの詳細を伺ったほか、佐川氏の特撮に対する思い、そして撮影テクニックなどもお聞きすることができた。

聞き手：八木毅

円谷英二監督とのファーストコンタクト

『七人の侍』に衝撃を受け映画を志す

八木　佐川監督は円谷英二イズムを最も直接的に継承された方だというのは、本書でも多くの方が発言されています。今日はそういったことを中心に伺っていけたらと思いますが、まずは映画の世界を志されたきっかけみたいなことから教えていただけますか？

佐川　私は神奈川県の平塚に住んでいて、大学卒業まではずっとそこから通っていたんです。平塚っていうのは今でこそ都会なんだけど、当時は田舎でね。有名だったのは「七夕まつり」だけ、そんなところでした。それでも映画館っていうのが1～2軒はあったのかな。そこで親に連れられて『七人の侍』（54／黒澤明監督）を見てずば抜けてすごいな、こんなことをやってみたいなと思ったのが大きかったですね。もちろん漠然とですけど。で、平塚の工業高校に入ってから先生に「どういう仕事に就きたいの？」と聞かれて「映画とか映像の世界をちょっとやってみたい」という話をしたわけ。そうしたら「それはこの学校にいても無理だから」って話になって、藤沢の日大付属高校に行けばなんとかなるんじゃないかということになって。じゃあ編入しようかとなったら、当時はいとも簡単に編入できちゃった（笑）。

八木　おおらかな時代だったんですね。

佐川　今では考えられないよね。

八木　映画以外にはなにか趣味はお持ちだったんですか？

佐川　私は小学校から陸上をやっていて、１５００～３０００メートルくらいの中距離なんだけど、平塚では駅伝とかマラソンでいつもだいたい5～7位に入っていた（笑）。まあ当時は駆けることが好きでね。ということは、娯楽っていうものがなかったから。ウチは商売をやっていたから自転車はあったけど、普通だったら家に自転車なんてない時代です。家から平塚の駅まで40分くらいかかるけど、当然それも歩きでね。バスもあったんだけど当時で15円か20円かな。お小遣いではとてもじゃないけど乗れないから、例えば陸上部の遠征で小田原に行くなんていう場合でもみんな駅まで歩くわけ。

八木　そういう活動と並行して映画への興味が高まっていた。

佐川　ただ「あなたの成績では芸術学部は無理かもしれないですね」ということだったんだけど、それでも2年間は通って芸術学部を受けたわけ。その段でも「絶対無理だから止めた方がいいよ。経済学部とかにしておきなさい」と言われていたんだけど、受験を止めるまではしないんだよね。当時の高校なんてそんなもんですよ。それで受けたら1週間後くらいかな、兄貴が「お前、連絡が来ていて合格してるよ！」って。それで「えー本当？」となったんだけど、高校の先生は「お前の頭じゃ辛いかもしれないけど、まあ行ってみろ」だって（笑）。そういうことで日大芸術学部に入ったんだけど、大学に入ったらすぐに映画の友達ができてね。

八木　大学では劇映画製作研究会というクラブに入られたんですよね。

佐川　みんな頭がよくてね。特に中野（稔）なんかずば抜けて頭がよかった。なにしろ名門で知られた都立三田高校を優秀な成績で卒業しているわけだから。それで中野が「佐川、お前は映画界をどう思う？」なんて聞いてくるんだよね。だから「普通のことをやっていてもダメだよな」という話をしていて、まあ、大学を卒業できたら始まってチョボチョボだったテレビの方に行けたらなくらいの感じで。当時は「特殊撮影」なんていう名前は知らなかったからさ。そうしたら中野が「円谷英二という監督を知っているか？」って聞くんだよ。名前は聞いたことがあったから、「『ゴジラ』（54／本多猪四郎監督）を撮った人だよね？」なんて答えたけど、当時はそんなものだったんだよ。映画なんて見て楽しむだけで、この人の作品だから見ようなんていう今でいうオタク的なところはなかったし。だから『ゴジラ』も最初は見ていないの。最初の『ゴジラ』をアメリカに売ったじゃない？

八木　アメリカで追撮して再編集したバージョン（『怪獣王ゴジラ』56／テリー・O・モース、本多猪四郎監督）がありますね。

佐川　それが向こうでバカ当たりして逆輸入しているんだよね。私が最初に見たのはそれで、しかも全部じゃなくてチョロっと見たんだよね。そんな感じだったんだけど、中野が「お前、ちょっと円谷監督の家に行ってみないか」って。その話がまとまったのが大学に入った翌年の正月なんだよ。だから私が現在あるのは中野のおかげなの。で、あいつは血液型がB型だからいい加減なのかと思っていたらすごく細かい。円谷監督の家もちゃんと調べていて、祖師ヶ谷大蔵という駅で降りて、駅前をまっすぐ行くとパチンコ屋さんの先に右に入る道があって、その先に病院がある。その病院の先が円谷英二監督の家らしいって。

八木　まだ大学1年生なんですよね。

佐川　そうそう。それでいきなり正月に行ったわけ。アポイントメントなんか全然とっていないし、当時はアポイントメントなんて知らないからさ（笑）。門にピンポンはあったんだよね。それを押したら2～3分経って家の中でゴソゴソ音がしたから誰かいるんだろうなんて話をしてね。確か日曜日だったから、ご家族は教会に行っていて誰もいない。そうしたら恰幅のいいご老人が出てきて、「お、なんだ、お前たちは？」って。だから「円谷英二監督にお会いしてお話をしたいんですけど」って言ったら、「俺がそうなんだけど。まあいいや、誰もいないけど上がって来い」って（笑）。もう、いきなりだよ。それで玄関を入ってすぐ左の応接間に通されたんだけど、いろいろな飾りがあったり、見たことのないお酒があったりしてね。あの応接間は素晴らしい部屋だったよ。

八木　すごい急展開で円谷英二監督と会われたわけですね。

佐川　それで「そうか、お前たちもこういう世界に入りたいのか。親御さんはどうなんだ?」という話になってね。だから「やりたいことをやってみたら?っていう程度です」と答えたんだけど、「うん、それでいいんだよ。最初からやれとかダメだとか言う親はよくない、やってみたらくらいがいいんだ」ということでね。ただしこの世界は徒弟制度で、30年も助手をやっている人がいっぱいいるんだよ、と。それにスタッフの半分は家族を持てないよということでね。

八木　当時は映画の全盛期だったと思いますが、それでもそういう状況だったとは驚きです。

佐川　私が大学に入ったのが1958年で、その翌年の正月だから1959年。映画界はまさに山の頂点で、下向きになるとは思えなかった時期だよね。それはともかく、「この世界に入りたいんだったら、まずは学校を卒業することを一生懸命に考えた方がいいよ」ということでね。そのときは、私はよく分からないから現場の撮影なんかをしたいですなんていう話をしたんだけど、中野は最初から合成みたいな特殊なことをやりたいって決めていたみたい。だから「現場の方は話が早いんだけど、『室内』はまた大変でなかなか芽が出ないんだよ。でもまあ分かった。なにかあれば連絡するから住所と名前を書いておいて」って。それがオヤジさんと初めて会ったときの話だね。ただあの当時、私なんかはオヤジさんのことを「先生」と呼んでいたのかな。

『日本誕生』の撮影に参加

八木　円谷英二監督に連絡先を残していかれて、その後はどうなったのでしょうか?

佐川　オヤジさんが正月明けに会社に行って「こういう若者が正月に遊びに来たんだ」みたいな話をしたんじゃないのかな？　当時の課長は末安昌美さんの前の稲垣保さんかな。それでだいぶ経ってから東宝から「○月×日コラレタシ」っていう電報が来たわけ。ウチは商売をやっていたから電話はあったんだけど、当時は連絡するのは全部電報だったの。それで学校に行って中野に聞いたら「ああ、俺のところにも来ているよ」って。あれは夏前だったんじゃないかな？　やっていた作品は2本入っていて、三木のり平さんの『孫悟空』（59／山本嘉次郎監督）と『日本誕生』（59／稲垣浩監督）の撮影準備だった。だから『孫悟空』をやりながら『日本誕生』の特撮の準備というようなことをやっていたわけ。たぶん合っていると思うけど。

八木　『孫悟空』も『日本誕生』も1959年の公開です。

佐川　最初の日、とりあえず成城学園の駅から行って撮影所の裏門から入ったのかな。「特殊技術課からこういう電報が来ています」と見せたら、「ああ、そこだよ」って。裏門の目の前の階段を上がった2階が特殊技術課だったんだよね。それで翌日からアルバイトをすることになるわけだけど、最初の1ヵ月は中野も現場にいたのかな。中野はすぐに室内になったんだけどね。それで有川（貞昌）さんから皆さんに「円谷英二監督の紹介でアルバイトに来た中野くんと佐川くんです」と紹介されて、「いきなりキャメラなんていじれないから、最初の1ヵ月はまあ俺のイス運びかな」って（笑）。気楽に冗談的に言ってくれてさ。でも本当に1ヵ月は有川さんのイス運びですよ。あとはオヤジさんのイスね。現場としては富岡（素敬）さんがBキャメで真野田（陽一）さんがチーフ。私は「助手の助手の助手」という形で（笑）、イス運びとキャメラの表側の掃除。中はいじらせてくれないからね。でも、それでも人が足りないんだよ。というのは、撮影がなくても常時キャメラが3台出るんだけど、当時は東宝の組合がうるさくて1台のキャメラにキャメラマンが付いてその下には4人いないといけなかったわけ。

つまりキャメラマンの下にチーフ、セカンド、サード、フォースがいて、ファイブっていうのはアルバイトでいい。だからキャメラが3台だと15人は必要で、私はその中で15番目だった。

八木　1台のキャメラに5人も付いていたんですね。

佐川　そういう中でイス運びをして、キャメラが汚れたらガーゼで綺麗にして、三脚のつま先に泥が付いていたら落として油を塗ったりしていた。それでシンクロ用のキャメラがあるとか、サイレントキャメラがあるとか、キャメラは通常1秒24コマでの撮影だけど4倍の96コマまで上げられるキャメラもあるなんていうことを覚えていくわけ。まあオヤジさんの紹介ということもあって最初のころは大事にしてくれていたんだけど、だんだんぞんざいになってきてね。「おい、アルバイト!」「おい、学生!」という調子になっていくわけ。「なにをまごまごしてるんだ、馬鹿野郎!」とかね。まあ今でいえばイジメっていうのかな。私が一人前になってからは「鬼のなんとか」なんて呼ばれるようになったけど、もちろんそういうイジメがあったからということではないんだけど。

八木　「鬼の佐川」ですね。これは決してイジメというわけではなく、妥協を許さない厳しい姿勢のことでした。

佐川　ただ不思議と上に立つと相手の欠点が分かるんだよね。それはともかく、私はちょっとでも手が空くとオヤジさんの側に行って世間話から仕事の話からしていたわけ。オヤジさんも「おお、いいよいいよ」という感じだったしね。オヤジさんはディレクターズチェアにどっかり座って、時間があれば画コンテなんかを描いていてさ。オヤジさんの画コンテはA4くらいの方眼紙なんだよね。助監督か編集部がシネマスコープのマスクを線で引いていて、左側に5つフレームを描けたのかな。それで大事なもの、例えばシーンの頭なんかだと方眼紙1枚に絵をダーって描く。それが上手いんだよ。だからじっと見ていると、意地悪っていうのかやっかみっていうのか「おい、アルバイト!」「そこの学生!」「そこの無駄遣い!」って。もう、名前は絶対に呼ばないからね。でもオヤジさんが後でそーっとね、「お前ね、ああいうのは気にしないでいいよ。映画界ってああいうもんなんだよ、気にしないで、はいはいって言っておけばいいから」って。『日本誕生』のときはそういう感じで、ずっとイス運びとかキャメラの外側の掃除だったかな。『孫悟空』の方はどうしても特殊撮影が欲しいところだけという形で、『日本誕生』の合間を縫ってやっていたと思うんだ。

円谷英二の編集作業

八木　当時の撮影の様子で覚えていらっしゃることはありますか？

佐川　山が噴火して溶岩がダーって流れるシーンがあるんだけど、それはセットでも撮影しているの。でもセットでできないところを、千葉の川崎製鉄まで撮りに行っているんだよね。鉄を作ったあとのカスがあってそれをノロって呼ぶらしいんだけど、そのノロを溶岩に見立ててこぼすわけ。でっかいお釜みたいなのが貨車で運ばれてきて、スイッチを入れるとモーターで3台くらいを一斉にこぼすという仕組みで、夕方のまだ日が落ちないギリギリの薄暮の時間帯を選んでこぼしてもらうということでね。私はメインキャメラの有川さんに付いていて、そのキャメラは一応万が一のことを考えて土手も築いてあったし、さらにレンズだけが見えるようにベニヤ板で囲ってあった。それで撮影を開始したけど、私は特にやることがないから「ああ、すごいな！」って見ていた（笑）。だけどそのノロがだんだんメインキャメラに迫って来て、有川さんはファインダーを覗いているから分かっていたはずなんだよね。でもオヤジさんは高いところから見ているから分からないのでカットがかからない。それで私は脇から見ていて、ノロが土手を乗り越えてベニヤに当たった瞬間、「有川さん、危ない！」って有川さんをキャメラもろとも後ろへ投げたんだよ。火事場の馬鹿力じゃないけどさ、ハイスピードで回していたからフル装備のミッチェルで60キロ以上あったはずだけど、それを片手でバッて。チーフなんかも一緒にね。あそこで下がらなかったらみんな大変なことになっていたと思う。

八木　撮影の本番ではキャメラが回っていると止めるのを躊躇しちゃいますから、すごい判断ですよね。

佐川　キャメラは回ったままだからね。夏のことで、みんな短パンで撮影していたから余計に危なかった。それですぐにベニヤ板はペロンとなって燃えちゃったしね。まあよく覚えているんだけど、初めてのロケーションだから記憶も鮮明なんだよ。それでもう1回撮ることになったんだけど、ノロっていうのはそう簡単にはできないらしいんだよね。それで少し経ってからもう一度撮るわけだけど、そのときはもう万全の態勢で。ノロをこぼすのも専門の技術者にお願いして、しかも今回は3台じゃなくて2台（笑）。そうしたらうまいことノロがダーって流れて、キャメラの側まで来たんだけど飛び越すこともなくてね。まあ、そういうことがあったもんでみんなからは褒められて、別に金一封が出たというわけではなかったけど（笑）。

八木　あのシーンはセットとロケセットを使い分けて撮影されているんですね。

佐川　山からこぼれてくるのは当時の11ステージ……撮影所の奥にあった特撮のステージで撮っているの。ノロを運ぶトラックがやっぱり3台くらい来て、1台ずつこぼしていった。セットだとそれで十分間に合った。でもこぼして2〜3分もするとすぐに固まってしまうんだよね。で、固まると石になるの。それをなんに使うかというと道路工事だそうだね。「これはどうするんですか？」と聞いたら、「基礎を固めるために砕いてアスファルトの下に敷くんです」って。水はけもいいから使うんだということでね。今は知らないけどさ。

八木　『日本誕生』にはずっと付きっきりだったのでしょうか？

佐川　アルバイトだから全部付いていたわけではないんだよ。「すみません、明日は学校がありますから」なんていうこともあってね。『日本誕生』のことでいうと、オヤジさんは撮影が終わった後に朝の3時か4時ごろまで編集をしていたんだよ。朝に現像に出すとラッシュが夕方に上がってきて、それを見ながらある程度は自分が考えているつなぎで編集するわけ。それで気に食わないとリテイクっていうことになるんだけど。で、オヤジさんに「編集に顔を出してもいいんですかね?」って聞いたら、「おお、お前たちがそういうことに興味があるんだったら、いつでも来ていいんだよ」って言ってくれて。35ミリのフィルムだったけど、リワインダー(巻き取り)の巻き方はエマルジョンっていう薬を塗った面が内側だとサウンドトラックは右側で、エマルジョンを外側にした場合だとサウンドトラックは左側。そんなこともこのときに覚えたんだよね。オヤジさんは足踏みの小さなムビオラで、大きな編集機もあったのに使わないでね。手でフィルムをパッと挟んで、一応つないでみては何回も見て、「ああ、ここにこういうカットが欲しいなあ」なんてよく言っていたよ。

八木　その作業を側で見られたのは素晴らしい経験ですね。

佐川　1回の撮影でだいたい3000フィートくらいラッシュが上がってくるんだけど、それを編集マンが「これ巻いて」ってワンカットごとに渡してくれてロール巻きをするわけ。その後に自分でリワインダーにかけて、薬面に鉄筆で「シーン1の1の①」というカチンコのナンバーを書いていく。なんでかっていうと、オヤジさんは細かく切り刻むことがあるわけ。それで後から「これは何カットかな?」と言われても分からなくなっちゃうから、1フィートおきにナンバーを書いておく。そうするとどこを切ってもナンバーが入っていることになる。編集では最初にそういうことをやらされたのをよく覚えている。もちろん毎日ではないけど、何日かおきで編集のお付き合いをしてという感じでね。あと裏門のちょっと先に昔は幼稚園だったという寄宿舎みたいな部屋があって、特撮の人間はそこで朝まで雑魚寝するわけ。でっかい体育館みたいな部屋でね。当時は風呂にも入らないで1週間くらい平気で徹夜をしたりさ（笑）。そういう中で「今日は編集をお手伝い」ということでね。

学校を卒業するころにはフォーカスマン

八木　アルバイトとはいえ、なかなかハードな働き方だったんですね。

佐川　『日本誕生』が終わった後かな、次のアルバイトの現場に行ったら中野昭慶さんがいたんだよね。昭慶さんはもう卒業して日大芸術学部の学生課に勤務していて、学生課にはしょっちゅう顔を出していたから知っていたわけ。それで「どうしたんですか？」と聞いたら「いや、俺は特撮に就職したんだよ」って。だから昭慶さんは当時助監督で、私たちがアルバイトを始めた後から入ってきたんだよね。当時は「昭慶さん」なんて言っていないけど（笑）。まあそういうわけで仲間も増えたりしたし、アルバイトがだんだん積み重なってくるとみんなが一目置いてくれるようになったんだよね。それで学校を卒業するころにはフォーカスマンにまで行ったのかな？　フォーカスマンっていうのはセカンドだね。サードはモーター（スイッチ）関係、フォースがフィルム関係だからね。

八木　「助手の助手の助手」からスタートしたわけですからすごいですね。

佐川　ということは、いま思えばオヤジさんが「これができるようになったらはい次」って指示してくれていたんだろうね。だから学校を卒業するころにはもうフォーカスマンで東宝に通っていて、それでもアルバイトはアルバイトだからね（笑）。でも、当時のアルバイトっていくらだったと思う？

八木　想像がつかないですが、映画全盛期の話ですよね。

佐川　当時は「日給月給」という形で、朝の9時から夕方5時までを日給で働いて、ギャラをくれるのは社員と同じ月末っていうことでね。バスに乗れば50円かかるし、昼飯だって１００円の時代だったけど、日給が２７０円と言われたときは中野と２人でびっくりしちゃった。でも毎日のように残業だからね。残業代が３００円くらいで、残業代の方が１日のギャラより高いんだよ（笑）。結局はトータルで５００円くらいだから、１ヵ月で１万５千円くらいにはなったんだけどね。ただ、当時はアルバイトのおばちゃんっていうのがいっぱいいて、それは美術課なんだよ。オヤジさんだから作りものなんかが細かいでしょう。物干し台とか、１／25～１／30くらいの洋服とかね。そういうのを作るおばちゃんが１００人くらいいて、聞いたら１日３５０円だって（笑）。中野と２人で「いや～、辞めようか」ってなったもんね。

八木　いわゆる年功序列だったんでしょうか。

佐川　ただ東宝のアルバイトがないときは、ＮＨＫのアルバイトなんかもやっていたの。日芸の映画科ってそういうアルバイトは引く手あまただったからね。クラブの先輩がＮＨＫの技術課にいて、人手はいくらでも必要だった。それで一番困っている報道関係の先輩から「俺の助手と荷物運びをしてくれないか」と頼まれたんだよね。キャメラを３台くらい持っていって次から次へとフィルムを詰め替えて先輩に渡すんだけど、間に合わないときがあったら自分で撮影してもいいよ、露出は適当でいいからって（笑）。そのときのバイト代が１日２０００円で、ちょくちょく行っては東宝で足りない分をまかなったりしていたね。「バイト代はいくら欲しい？」なんて言われて、みっともなくて東宝のことは言えないから口ごもっていたら、「ウチは１日２０００円だけどいいかな？」「えー！」って。東宝に行き始めてからは親も学費や交通費を出してくれなくなるし、そんな感じでアルバイトに専念の日々ですよ。でも東宝が忙しくなったから、途中でＮＨＫからは声がかからなくなったけどね。

印象的だった『ハワイ・ミッドウェイ大海空戦 太平洋の嵐』の撮影

八木　『日本誕生』から始まって素晴らしい作品にかかわられたということでした。まさに黄金時代の東宝ですよね。

佐川　『太平洋の翼』(63／松林宗恵監督) なんかの飛行機ものもそうだよね。飛行機ものが得意になったのはそれもあるんだよ。

八木　なにしろ「飛びの佐川」ですから。

佐川　『ハワイ・ミッドウェイ大海空戦 太平洋の嵐』(60／松林宗恵監督) という作品もあったね。ハワイ攻撃の前に山の裾野を飛行機の編隊が飛んでいく有名なシーンがあるんだけど、その撮影現場にはたまたまいたんだよ。クレーンの先にキャメラをぶら下げて、その後ろ側にゼロ戦の編隊を15機くらい並べて撮っていてね。大型のクレーンを斜めに出しておいて、山がないところから山裾に向けてぐわーって振り込むわけ。それも35ミリのフィルムでシネマスコープのレンズも付けてね。「へー、こういう撮り方があるんだ!」ってびっくりしたよ。それでラッシュを見たら「うぇ~かっこいい!」って(笑)。もうラッシュの時点でかっこいいわけだから、プリントを見たらさらにかっこいい。

八木　クレーンに付けてということは、後ろのホリゾントも広いということですか?

佐川　ホリゾントが1面だけじゃなくて、右、前、左と円周の2／3はあったわけ。それでホリゾントのないところから振り始めて、セットがないところまで振り込むの。

八木　それはかっこいいですね。

佐川　撮影をしていてもかっこいいと思ったもん。やっぱりキャメラがフィックスで行ったり来たりする飛行機もかっこいいけど、ポイントオブビュー（見た目）というキャメラのアングルは素晴らしいですよ。一人前になってから自分でもポイントオブビューを実際にやってみると、やっぱり迫力があるよね。

八木　監督の場合は切り返しだけではなく、いろいろな「飛び」をやられていますから。

佐川　それは東宝のアルバイトをしていたおかげだね。やっぱり現場でも特殊撮影をやっていると、忘れちゃいけないから終わったとたんに影に行ってメモをしていたわけ。そうすると撮影部の上の方の人が「おい、学生！　なにをやってるんだ！　オヤジさんの技術を盗むんじゃないよ！」って。それをオヤジさんが聞いていて後で「お前ちょっとこっち来い。いいから言わせておけ。あいつらは言わせておけばさっぱりするんだから」って（笑）。やっぱりイライラしているとそうなるみたいで、オヤジさんはよく分かっていた。

八木　僕が円谷プロに入社した時代にはもうはっきりと「技術は見て覚えるんだ、盗むんだ」って言われていました。

佐川　それでラッシュを見て「ああ、あのときの撮影はこうやっていたのか」「あの撮影の映像はこうなるのか」というのを確認するわけ。やっぱり最初は現場で想像するんです。キャメラを逆さにしてみたり、よそに向けてみたりしているけど、あれはどういう映像で上がってくるんだろうかって。オヤジさんから「無言の行」で教わったことですけど、どうしてもピアノ線が消えない場合にどうするか。例えばゼロ戦が飛んでいるとして、飛行機もキャメラも逆さにして撮影をしてみる。それを「正規」にひっくり返せばゼロ戦の上は全部空いていることになる。同様に爆発させる場合も、ものもキャメラも逆さにして撮影すれば火花は全部下に落ちていくわけだけど、「正規」にすれば火花は綺麗に上に飛んでいくことになる。しかも爆発でピアノ線が光ることもないわけです。まあ1日の給金は安かったけれども（笑）、得るものは270円以上のものがあった。何千円もの価値があった。

これは今だから思うことですけど。

八木　ひっくり返して撮影するというのは円谷英二監督のアイデアなんですね。

佐川　ひっくり返すというのにもいろいろあるんだけどね。私が得意としている、飛行機が飛んでいて宙返りしてまた正常に戻る「インメルマンターン」は全部キャメラの操作なんです。最初は飛行機を真横から普通に撮影して、次に飛行機は時計回りに旋回しつつキャメラを反時計回りに回す。そして最後は飛行機が背面飛行でキャメラも逆さ。これはオヤジさんに教わったわけではなくて、当時は35ミリだからそこまでオヤジさんはやらなかったの。400フィートのマガジンだとキャメラが重くなって、とてもじゃないけどキャメラマンは自由に操れない。でも16ミリになって100フィートのマガジンを付けてということだと、片手で操作できるわけですよ。だから映画の場合はでっかいリングを作って、リングの中心にキャメラを乗せてリングを回すということをやっていたね。だけどそのやり方だと飛行機をフォローすることはできない。だから真横で撮らないといけない。でも16ミリになってからは、フォローしながらキャメラを手で回転させることでいろいろな飛び方ができる。それはオヤジさんがまだ丈夫なころにラッシュで見て、「おお、いいんじゃないの！」って言うくらいのものでね（笑）。

『ウルトラQ』の特撮のキャメラは東宝からタダで借りていた

八木　在学中はアルバイト三昧とのことでしたが、卒業は無事にできたのでしょうか？

佐川　中野はちゃんと卒業したんだけど、私は半年遅れだったね。それでもなんとか大学は卒業できた。そのとき、東宝の課長さんからは「中野くんと佐川くんはもう社員になれるからね。無試験でいいですよ」なんて言われていたんだけど、「中野どうする？」って。オヤジさんと当時副社長だった森岩雄さんのお声掛りだから無試験で

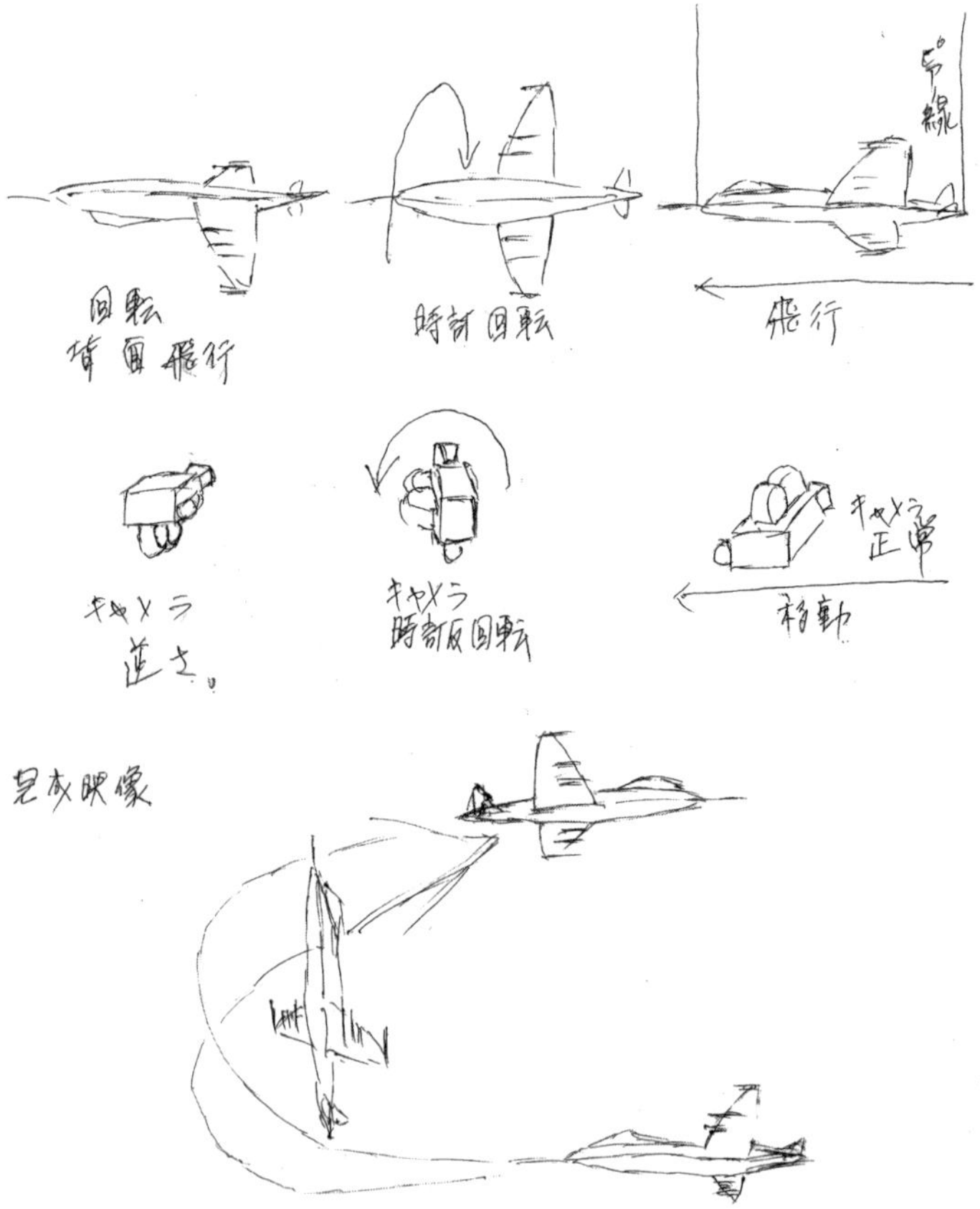

佐川監督自筆のインメルマンターンの図解。「キャメラの操作としてことわざ的な言葉（セリフ）があります。撮影時に正常なキャメラアングルでダメならキャメラを横にしろ、横がダメならキャメラを逆さにしろ、逆さがダメならキャメラを回転しろ」とのこと

社員になれますという話だったんだけど、当時の東宝の労働組合は東宝争議の名残みたいなものがまだあってね。徒弟制度がすごかったの。だからオヤジさんにも「社員にならないとダメですか?」って聞いたら、「いや、社員になるなんてこんないいことはないよ」と言われちゃってね。ただ、その前にオヤジさんからは「俺も会社を興そうかな」というような話もチョロチョロ聞いてはいたんだよ。映画界もそろそろ頂点から下がり始めていたし、テレビ界が急上昇していた時期でね。オヤジさんはその前から「もう映画の時代じゃないよ。これからはテレビの時代だよ」ってよく言っていたの。映画がなくなるわけではないだろうけど、おそらくテレビに比べたら雲泥の差で悪くなるだろうって。すごいよね。先見の明があったんだよ。

八木　すごいですね。

佐川　そんな話も聞いていたから、オヤジさんが会社を興したのに東宝に社員でいたらどうなっちゃうのかなとか考えてね。それで中野ともいろいろ相談をしている間に、オヤジさんが円谷特技プロダクションというのを作るという話が耳に入ってきた。たぶんいち早く耳に入れてくれたんだと思うんだけどね。それで「ああ、東宝に入らないでよかったね」って(笑)。でも結局はギャラがないんですよ。「円谷プロの社員にならないか?」じゃなくて、「円谷プロの年間契約者で来てくれないか?」という話だったからね。だから不思議でしょうがなかったよ。

八木　新卒で入社されたけど社員ということではなかった。

佐川　それで入ったら『ウルトラQ』(66)の準備に入るんだけどもう大変でね。あのときはキャメラがなくて、全部東宝からタダで借りたんだろうと思う(笑)。詳しいことは知らないけど。

八木　円谷プロにはキャメラがなかったわけですね。

佐川　本編は普通のキャメラで撮るからいいんだけど、当時は特撮のキャメラは東宝にしかないわけ。レンタル会社には置いていない。それで仕方がないから東宝に交渉に行くわけだけど、「高野（宏一）くんと佐川くんが使うんだったらいいよ。キャメラはなにがいい？」って言ってくれてね。でも、当然だけどメインキャメラを貸してくれなんて言えないわけ（笑）。だから、いつも特撮でサブのサブくらいに使っていたNCミッチェルをメイン用として貸してもらってね。東宝も新しくマーク2というのを入れていたから、「これは完全に空くな」ということでさ。それも現場同士の話だからね。上を通していたらそんな簡単ではないですよ。

八木　現場同士の信頼関係で特撮のキャメラを借りることができた。

佐川　現場同士と末安課長、そして末安さんの助手の方だよね。「いいよいいよ、オヤジさんの会社だから使っていいよ」ってね。私も「助手の助手の助手」のころからだから、1台のキャメラなんかでも愛着があるんだよね。あと東宝にはキャメラの整備所があったわけ。黒澤（明）さんとオヤジさんの仕事が入ると、そこは夜中でも技術者が残っていてね。私なんかはしょっちゅう「すみません、このキャメラのここがちょっとおかしいです！」って持ち込んでいて「またお前か！」なんて言われていた。だから「顔」になっちゃっていたわけ。それでキャメラのバラし方なんかも教わったんだけど、整備所のおっちゃんやお兄ちゃんが歓迎してくれたのには理由があってね。オヤジさんに「整備所にちょっとお菓子を持っていきたんですけど」って相談をして、アンダーテープルでお金をもらってお菓子を買って持っていっていたんだよ。「オヤジさんからです」って。やっぱりそういうのがないとダメだよね。これは私の要領がいいということではなくて、いろいろなところでお世話になるわけだから、必ず手を打っておく。オヤジさんが口に出して指示したことではないけど、無言の内にそういうことが身についてきた。

八木　勉強になります。

佐川　仕事が始まる前にも、事務所には軽いもの、現場の人たちには重たいものを持っていく。そうすると「ああ、あいつが来たからしょうがないな」ということになるじゃない？　それは学生アルバイトを4年間やって、円谷プロに行って、円谷プロでもまたお世話になるためにいろいろなことをやって。そういう中で培ったことだよね。

八木　そういうことがあったから、キャメラも借りることができたわけですね。

佐川　それから本編は35ミリだっただけど、あのときはカメフレックスを使ったのかな。

八木　アフレコだから音が大きいキャメラでよかったということですね。

佐川　そうそう。『Q』は全部アフレコでしょう。あとは本編用には予備でアリの16ミリをレンタルで借りてもらって。これは400フィートのマガジンを使うのは止めて100フィート用だったね。特撮は後処理がほとんどだから、全部35ミリの白黒で回していた。

八木　それは合成時に画面が揺れないようにということですね。

佐川　そうだね。でも当時、東宝の助手仲間に「テレビの方に行きます」って言ったら「佐川も電気紙芝居に行くのか」なんて言われてね。もう、会う度に「電気紙芝居のスタッフが来たぜ！」って（笑）。

八木　映画のスタッフがみんなそう思っていたときに、円谷英二監督は決断が早かったということですね。

佐川　オヤジさんは「なにを言われても気にするな」って言っていたよ。「あいつらは呼んでもらいたくて言っているんだ」って。というのはだんだん仕事がなくなっているわけだしね。

常識を覆す特撮の現場

「生活感を感じられればお客さんは付いてきます」

八木　ではいよいよ、円谷プロでのことを詳しく伺っていきたいと思います。

佐川　東宝を辞めるころにはチーフになっていて露出をやっていたんだけど、円谷プロに移ったらなにも言わずに「お前はチーフ！」って（笑）。それでオヤジさんに「えー、いいんですか？」って聞いたら「いいんだよ、映ってれば」ということでね。そのときにキャメラマンとして呼ばれたのが高野（宏一）さんなんだけど、高野さんは共同テレビの報道部でいい線まで行っていたみたいだよ。若いけど報道の上の方にいたんじゃないかな。それはいいんだけど報道の癖がなかなか抜けなくて、セットでも手のひらを出して露出を見るんだよ。報道関係は悠長に露出を測っている余裕がないから、曇っているときの光はどうかなんていうのは手の平で覚えるからね。手の甲は日に焼けるからダメなの。それで「高野さん、それは止めてくださいよ」って言ったんだけど、「俺はこの方が露出は分かるんだよ」ということでね。

八木　高野さんと一緒に写真を撮ったことがありますが、ライカだから露出計は付いていないんですけど「俺は分かるんだよ」とおっしゃっていました。

佐川　曇ったり晴れたり、木の下だったりビルの中だったりと、いろいろな状況があるじゃない。そういうのが体に染み付いているんだよね。今のキャメラはオートだから、暗いところから明るいところに行っても、明るいところから暗いところに行っても追いかけてくれる。でも当時のキャメラは全部人間がやらないといけなかった。だから高野さんとは最初やりにくかったよ。「お前の露出はどうも不安でしょうがない」なんて言われてさ（笑）。

あと高野さんはいち早くテレビのやり方を身につけていたけど、私たちにはまだ映画の名残があったんだよね。東宝のときは体育館以上の大きなステージで仕事をやっていたわけでしょう。天井だって10間くらいあるような高さで、二重（キャットウォーク）に人がいても分からないくらいだからね。それがテレビになって小さなスタジオで撮影するわけだから、ハンディキャップはいっぱいあったんだよ。そんな『ウルトラQ』の最初のころの撮影では（「変身」）、井上泰幸さんがセット美術を作ってくれたのもよく覚えている。

八木　まさに東宝で美術をやられていた方ですね。

佐川　そうそう、応援で来てくれたわけ。私も高野さんも最初だから本編のロケーションの現場に顔を出していて、特撮のロケハンには井上さんも同行してくれたの。中央道の工事中のトンネルのセットなんだけど、写真も撮ったりしてね。それでセットを見たらびっくり。もう、そっくりそのまんまで写真を横においても違いが分からない。美術ってこんなセットを作るんだっていうのは驚いたね。

八木　クレジットにはお名前がないようですね。

佐川　タイトルに名前は出ていないんじゃない？

八木　本編は梶田興治監督で特撮が川上景司監督ですね。

佐川　東宝の現場のときからすごい人だなとは思っていたけど、やっぱり井上さんってすごいなと思ったよ。ミニチュアもお飾りで置いているようなものではなく、生活感があってリアルなの。オヤジさんがよく言っていたんだけど、「特撮というのはみんな嘘の写真なんだ。でも嘘の写真を嘘のように撮ったらやっぱり皆さん付いてこないですよ」ということでね。嘘の写真を見てもお客さんが違和感を全然感じない、そういう情景を撮ることができなければお客さんは自然に逃げていきます。これはしょっちゅう言っていたからね。

八木　そういうディティールを重要視されていた。

佐川　ラッシュを見てオヤジさんが「おい、ちょっとこっち来いよ」と呼ぶわけ。この映像は全然味気ない、生活感が全くない。つまりは自分たちでもうちょっといろいろなものを見て経験して、お客さんに違和感のない映像を入れないとダメだよということだよね。要するに「リアル」ですよ。少しでも生活感のある、人が住んでいる感じにしないとダメなんです。これができなければ特撮をやっている意味がないからねって。「飛び」ものにしたってなんにしたって、そこに自分が住んでいる生活感を感じられればお客さんは付いてきます。そういうことは毎回のように言っていました。でもラッシュなんかを見ていてそういうのを感じなかったのが2～3あったわけだよね。それが例えば制作第1話の皇居で撮った「マンモスフラワー」。オヤジさんが「これはテレビで放映はできませんね」って一言だよ。それで全部じゃないんだけど、一部が撮り直しになっている。

八木　皇居に出ている合成のところですか?

佐川　そうだと思う。だからリアルさがなかったということなんだろうね。

井上泰幸さんの美術のすごさ

佐川　井上さんのミニチュアのリアルさということでいうと、例えば物干しがあってその向こう側にニワトリ小屋なんかがあったとするじゃない。そうしたらそのニワトリも少しでも羽根が動くように紙で作るわけ。エサをついばむなんていうのは無理だけど、紙で作った羽根に扇風機で風を送ればなびいて動くわけ。そういうのを利用するわけだから、井上さんは頭がいいんだよね。

八木　見ていてよく「これはどうやって動かしているのかな?」というミニチュアがありますけど。そういうことなんですね。ミニチュアセットって、ちょっと動くだけで全然違いますから。

佐川　どこかの球場の観客席で、手を振っている感じを出すためにやっぱり紙っぺらに風を送っていたこともある。なんの作品だったかは忘れたけど、オヤジさんはそういうのを1つ1つやっていくわけ。だからオヤジさんの特撮は時間がかかるんだよ。だからといって放映を延期するということはないわけ。一緒に仕事をしていて毎日が徹夜。朝9時に入って夜寝るのは早くて2時か3時。遅いときは6時くらいまでやって、ほんの2時間くらい仮眠してまたセットに入って、の繰り返しだったから。それで風呂なんか入れないからみんなドロドロだよ。特撮ではホコリとかが雰囲気になるからいろいろな材料を使うわけだけど、そうすると体がドロドロになる。それを嫌がるような人はいなかったけどね。でも美セン（東京美術センター、後の東宝ビルト）の近くに砧温泉というのがあってさ。ちょっと黒っぽいお湯でね。仕事が終わったらみんなそこに一番風呂を目指して行っちゃうわけ（笑）。すると女将さんが「皆さん、待ってください～！」って悲鳴を上げる。「洋服を脱いだら、まずシャワーで洗ってください」って。もう、よく知っていたからね。でも、撮影が終わった後の3時前のお風呂は気持ちのいいものだったよ。まあ、高野さんなんかは行かなかったけど、私とか（鈴木）清とかクリ（中堀正夫）ちゃんなんかは行っていたね。撮影部が多いんだよ（笑）。

『マイティジャック』の撮影では消防車を呼ばれてしまった

佐川　そんな感じで『Q』の撮影をしている間に私は結婚したんだけど、仲人はオヤジさんがしてくれたんだよ。「誰と結婚するんだ?」「作画のお嬢さんです」「ダメだよ、そんな大事にされているお嬢さんは」なんて冗談めいたやりとりをしたのを覚えている。もちろん「よかったな、おめでとう」と言ってくれてね。でも「仲人はお前が最後だよ」ということで、そのころは東宝の助手の仲人も断っていたみたい。でも円谷プロの最初のスタッフだからやってあげようって。実は最初、オヤジさんの奥さんに「仲人の件、お母さんの方からオヤジさんを口説いてくれませんか」と相談したら、「大丈夫よ、やってくれるから」という話で。この奥さんが黙っているとちょっととっつきにくい雰囲気もあったんだけど、話すとすごく気さくでね。お腹が空いたと言えば、ちゃんとなにか食わしてくれるし。最初のころは給料がなくてお小遣い程度だったじゃない？　それを知っているから「ご飯を食べて行きなさい」とか言ってくれてね。

八木　実は僕は1回だけマサノさんとお会いしたことがあるんです。円谷プロに入社したばかりのころに祖師谷で（円谷）浩さんと飲んでいて帰れなくなったら、浩さんが「家に来いよ」とご自宅に連れていってくださって。翌日起きたら、なんとマサノさんがベーコンエッグの朝食を作ってくれたんですよね。感動しました。

佐川　しかしこの世界に入って仕事もなんとなくできるようになったころだから、『ウルトラQ』なんて相当覚えているのかなと思っていたらそうでもないな（笑）。あと覚えているのは「虹の卵」のときは操演の助手にいたんだよね。火薬係が平鍋（功）さんで、彼が火薬をいじっているときは気をつけないと危ない。あと1人、『ウルトラQ』にはいなかったけど中島っていう若い子がいたんだよ。それも火薬が乱暴でさ。というのは火薬っていうことを意識して仕事をしないんだよ。ハンダゴテで作業していたんだけど、「星」っていう1センチくらいの火薬の玉が近くに転がっていてさ。そうしたらハンダゴテを置いた瞬間にその先っちょが星に当たって、火薬の箱の中に落ちていくのが見えたわけ。それでハッとなって避けた瞬間に「バーン！」って（笑）。

八木　監督は反射神経がいいんですね。

佐川　撮影用の火薬だから大したことはないんだけど、あの星っていうのは結構危ないんだよ。当時は大平さん

（大平特殊効果）という火薬屋さんがいて、その人が管理しているということになっていたんじゃないかな。だから事故があったら大変だよね。大平さんの責任になっちゃうから。平鍋さんも中島も免許みたいなものは持っていなかったんじゃないかな。

八木　よく事故が起きなかったですね。

佐川　表には出ていないけど、大平さんがなんとか穏便に済ませたことも何回かはあったんじゃないかな。後々のことになるけど、『マイティジャック』（68）では事故もあったわけだし。

八木　監督が特技監督としてデビューされた作品ですね。

佐川　『マイティジャック』は祖師ヶ谷大蔵の団地の隣の栄スタジオにステージがあったんだよね。団地の下に結構大きなステージがあって、そこで撮影をやっていたわけ。夏で暑いから風通しをよくするために窓を全部開けていたんだけど、もう夜中の1時か2時ごろだよね、火薬を準備して本番をやって。それを団地から見下ろしたら建物の中が火の海になっているわけじゃない。だから「カット！　ＯＫ！」となった途端に「ウーウーウー！カンカンカン！」だからね（笑）。

八木　消防車を呼ばれてしまった。

佐川　もう5分もかからなかったから成城消防署は早かったね。それで最初に入ってきた消防隊員が「ここの責任者は誰ですか？」って。夜中だから制作の責任者はいないし、指こそささないけど全員の視線がこっちを向いている（笑）。それで「あなたですね？」ということで消防署に連れていかれそうになったんだけど、「ちょっと待ってください。まだ仕事中なんです！」って。それで（制作）進行の人間に電話して成城消防署に行ってもらった。そんなこともあったね。

八木　撮影は「ショーマストゴーオン（The show must go on）」ですものね。

佐川　結局、消防署からクローズを食らってしまったからその後も大変だったんだよ。放送が間に合わないっていうので大引っ越しで、まず国際放映に行ったりして4ヵ所くらい動いたんじゃないかな。結局は円谷プロがなにかの作品で使っていたセットを空けてもらってやっと落ち着いたんだけど。

八木　放送があるから必死ですよね。

佐川　中止っていう選択肢はないからね。『ウルトラマン』（66-67）も最初は1班だったわけだけど、これ以上は危ないとなってから特撮が2班になったわけじゃない。だって『ウルトラマン』でも最悪のときは、放送は日曜の7時なのに納品が当日の6時くらいだったんだよ。フィルムでそのまま流すからTBSの技師が待ち構えていて「ああ、間に合ってよかった」って。それでプロデューサーの栫井《かこい》（巍《たかし》）さんからは「おいおい、あんまり冷や汗をかかせるなよ」と言われてね。とにかく1本1本がギリギリで、撮影が1週間か8日目になると必ず2日は徹夜だったから。

とても大事な材料撮りの話

佐川　話がそれちゃったから『Q』に戻そうか。「地底超特急西へ」はセットでできなくて、富士山の裾野かなんかにロケに行っているのは覚えているね。

八木　中野稔さんはすでに合成の方に行かれていて現場にはいらっしゃらなかったのでしょうか？

佐川　そうだね。『Q』も『マン』も中野が合成にいたからいい作品に仕上がっていると思う。合成に関しては中野の右に出る人はいませんよ。その合成も「いかにも合成しました」というものじゃないんだよね。やっぱりちゃんとリアル的なもので生活感があるようにしてくれていた。その代わり中には「この合成をやってもこうなっちゃうよ?」ということもあったけど。だから事前に「合成したいんだけどどうしよう?」って必ず聞くわけ。そうすると「じゃあこの辺はああしてくれる?」っていう注文が合成の方からあるんだよね。例えば作画ではできない火とか火花、スパークなんかは現場で撮って、それを材料として入れてくれないかなとか。スパークとか火花って、作画だとやっぱりアニメーションになってしまうんだよね。リアルなものにならない。じゃあどうするかっていうと、現場で材料として撮る。だからオヤジさんも作品の材料撮りはものすごく大事にしていたよね。『Q』にあったのかは覚えてないけど、例えば今まさに天変地異が起きるよっていう前兆みたいな暗雲が立ち込めるとか、そういうのも1つの映像として大事にする。それを見ていたから、円谷プロにおいては私より材料を撮る人間はいなかったんじゃないかなっていう自負はあるんだけど。『Q』『マン』『帰ってきたウルトラマン』辺りでは前撮りした覚えはないけど、もうちょっと自由にやれるようになったときには材料撮りに1週間かけていましたから。

八木　1週間ですか、それはすごいです。

佐川　だから「素材の佐川」なんてよく言われたんだよね(笑)。要は内容の映像に入る前に材料撮りをするわけだけど、それがまた大変なの。だからみんな「佐川さん、また材料撮りをやるんですか?」なんて嫌がってね(笑)。でも「やるんですか?　じゃないよ、これがあるからリアルになるんだよ」って。それで溶接なんかの火花、火薬の火花、スパークの光、斜めに入ってくる太陽のフレアとか、ああいうものを直に撮ることから始めていた。まあ、今はCGがあるから違いますけどね。

八木　それは黒バックで撮影されたわけですか?

佐川　スパークや火薬なんかは、黒バックのところに吊るしてノーライトで撮っていましたね。電気のスパークなんかは、プラスとマイナスの電極をパチってくっつける。同じ100ボルトでも撮影所の電源って違うからさ。昔の撮影部はそういう火花を撮ったらレンズが焼けちゃうなんて言って撮らなかったけど、そんなことはないんだよ（笑）。材料撮りはなにが大事かっていうと、本物を撮るところなんだよ。それだからリアルになるわけでね。

八木　僕が円谷プロにいたときには「佐川ライブ（ライブラリー）」というのがあって、まさに火花とか暗雲、あいったものがたくさんストックされていました。暗雲なんかはスモークを溜めて撮っているんですよね？

佐川　暗雲も、水槽で撮る暗雲とスモークを箱の中で焚いて撮る暗雲の2通りあるんだよ。どっちが気持ちいいかっていうと、噴火なんかの場合は水槽がいいんだよね。そして嵐とか天変地異が来る場合はスモークを使った暗雲の方が迫力はある。暗雲の中に紫、赤と、いろいろな色が混ざって絡み合うというのはスモークの方がいいわけ。水槽の場合は白とグレーと黒だね。極端に言えばその3色が混ざり合うと、スピルバーグが撮ったような「地平線にぶわーって湧いてくる雲」を撮ることができる。あれなんかは完全に水槽なんだよね。

八木　『未知との遭遇』（77／スティーヴン・スピルバーグ監督）でその後にUFOが出てくるシーンですね。一方でスモークの場合は赤とか紫も使われていたんですね。

佐川　雲を焚いた後に、後から「追い焚き」をするとよくなるんだよ（笑）。スモークって難しくて、バーって焚いているときはすごくよい陰影があるんだけど、焚くのが終わるとぺたーってなっちゃうの。で、そうならないようにするためには、上に人を配置しておいてビニールの天井を4ヵ所くらいで押してあげるの。そうすると空気の変動でモクモクモクっていうのができるわけ。それが「追い焚き」（笑）。上で暴れることなんだけどね。

八木　天井はビニールにしておいて、圧をかけられるようにしているんですね。

佐川　しかも、やったことがない人だとうまくいかないんだよ。コツを知っている経験者が4ヵ所でバババって押すと、ペトっとした平面的な暗雲がモクモクってなるわけだけど。だから、あくまでも使い方だよね。

八木　しかし佐川監督のライブ（ライブラリー）は本当にすごいです。なにしろみんながその恩恵に浴していますから。

心を込めて撮ればミニチュアも本物に見えてくる

佐川　材料撮りを一番したのは『マイティジャック』とか『スターウルフ』（78）かな。ああいう作品は特に材料撮りをしないとよくならないですね。「素材の佐川」なんて言われもするけど、合成するのに中野が困らなくなったというのはそれなんだよ。中野が困らなくなったっていうと変な言い方だけど（笑）。だってスパークだって1種類じゃないからね。30種類くらい撮りますから。そうすると、それだけでも1日かかっちゃう場合もあるわけだよね。火花にしてもマンガ的な十字の火花があるじゃない？　あれも横に長いもの、縦に長いもの、それぞれ違うわけですね。例えばレンズの前にガラスを張っておいてグリスを横方向に描いておけば横に長い火花になる。私は撮影部にいたからそういう技術も知っているわけです。普通の演出家はそういうことをやっていないからね。

八木　『電光超人グリッドマン』（93‐94）をやられていたときに印象的だったのは、黒い紙2枚をちょっとずつズラすことで光の線や文字を出したりされていて。あれは見ていてびっくりしました。

佐川　「ツルキラ」ってやつかな。皆さんがご存じの東宝のマークもツルキラの1つなんだよね。ちょっとズラすことで後ろから光が差し込んでくる。

八木　2枚の紙をズラすだけでああいう効果が得られるわけですね。
佐川　それもやっぱり東宝の助手時代に内緒でメモを取っていたことなんだよね。
八木　あとは佐川監督の特撮ですと『帰ってきたウルトラマン』（71－72）のオープニングで見られる、キラキラしたバックグラウンドも印象的です。不思議な空間の表現になっています。
佐川　あれは防火シートみたいなステンレスを吊るしておいて使っているんだよね。ステンレスって曲げると光がグニャグニャなるわけだよ。これは学生のころに工業写真に興味があって、それで学んだこと。まっ平らなステンレスにちょっと釘を刺すと凹むじゃないですか？　そうすると凹んだところにいろいろな模様ができるわけ。それを動かしたらどうかなっていうようなことでね。そういう話だったらいくらでもできるよ。まあ今はなんでもCGでできちゃうわけで、なにを話しても特許にはならないしね（笑）。
八木　あれを全部撮影した映像でやられているのはすごいですね。
佐川　昔はパソコンがないから、ツルキラなんかも全部現場で撮って合成に渡して処理してもらっていた。それで足りない部分は作画でやってもらう。だから全面的に作画でやっちゃうとアニメ、動画になってしまうわけだよね。でも現場で撮ってプラスアルファするとそうではなくなる。だから光学撮影には光学撮影のよいところがあるし、現場には現場のいいところがある。そのいいところだけを使って合成するというのが基本だったよね。あれは『ウルトラマンA』（72－73）だったかな、「ウルトラマンA」という文字がぴゃーって立ち上がってくるオープニング。あれも1つ1つ文字の立ち上げを撮影して、それを移動マスクに切って合成しているわけだから。
八木　大変ですよね。円谷プロの作品はオープニングに特殊な素材がたくさん使われていますし。
佐川　『Q』のオープニングも最初はモーターでやっていたんだけど、最終的には手動が一番よかった。モーターだと今みたいな重たさが出ないんです。あれは高野さんとやって、そこに飯島さんもいたんだけどハイスピードにしてもダメで、どうしてもツルっとした動きになってしまう。だからモーターを手動に切り替えて、みんなが「ぎゅ〜〜〜〜」って言いながら下のシャフトを手で回していた（笑）。でもそうすると、不思議と雰囲気が出てくるんですよ。それが大事なの。電気だと「キュン」っていう感じでね。

八木　オープニングのタイトルの出現からして「芝居」だということですね。

佐川　だから芝居っていうのは、なんでも声を出してやるとその雰囲気が出てくる。特撮っていうのは、ただミニチュアを撮ったからそういう作品ができるということではなくて、みんなが心を込めて撮ればミニチュアも本物に見えてくるということなんじゃないのかな。仕事というのはそういう心構えですよね。今の人たちだって、やっぱりそういう心づもりで映像を作っているんじゃないのかな？　私はそう思っています。

「ウルトラ作戦第一号」オーディオコメンタリー

八木　では続いて『ウルトラマン』のことを伺っていけたらと思います。放送第1話「ウルトラ作戦第一号」は円谷一監督が本編、高野さんが特撮の監督で、佐川監督は特撮のキャメラマンです。実際の映像を見ながらお話しましょうか。

佐川　このシルエットのタイトルは当時評判がよかったね。これは中野稔の大ヒットですよ。中野の案だからね。バックを撮っているのは特撮の現場で、色がいろいろ変わっていくのは後処理ではなくてライトの色なんです。これは高野さんと飯島（敏宏）さんのアイデア。傾斜を作って上からドライアイスをどんどん流していて、サンライトっていうタマがむき出しのライトに3色のカラーフィルターを入れて照らしている。オープニングの歌が

特撮ステージでのキャメラマン佐川和夫さん（左）と円谷一監督（右）。この写真は『ウルトラマン』第7話「バラージの青い石」の特撮を円谷一監督が訪れた際に撮影されました。現場の活気ある楽しい雰囲気が伝わります

できていたから、流しながら「次は赤！」「はい閉まった！」という感じでシャッターを閉じたり上げたりしてね。だからたまには色が重なっちゃうときもあったし色がないときもある（笑）。

八木　でも黒もいい感じですよね。そこを外しちゃうと雲が動いちゃうから黒を残しておくわけでしょうが。

佐川　あんまり長いやつはオプチカルで抜いている部分もあるんだけどね。

八木　そして番組がスタートしてすぐに光る球体が２つ登場しますが、この辺は佐川監督の撮影ですよね。

佐川　あれは薄いＦＲＰの球で中にライトを入れているんだよ。でもコードが見えないでしょう。エナメル線では保たないから普通のコードで１００ボルトの電気を給電しているわけなんだけど。球はピアノ線で吊っていて、ピアノ線が見えないのも立派だよね。

八木　ピアノ線が見えたら円谷英二監督に釜飯をおごらないといけない。そんな話を高野さんがされていました。

佐川　それは爆発のときじゃないかな。爆発すると、どうしてもピアノ線が一瞬光っちゃうんだよね。当時は逆さ吊りなんかしなかったから、正常に吊っていて火薬が上に散るじゃない？　そうすると爆発した瞬間に２コマくらい光っちゃう。それで２コマくらいだったら抜いても分からないだろうって編集で抜いてみたら、ちょっとカクっとしちゃうんだよね。あとはオプチカルでコマを抜いたりもしたんだけど、オプチカルだと全然分からなかった。

八木　球体の電気コードはどのように隠したのでしょうか？

佐川　ミニチュア用の米球では光らないから普通の１００ボルトのアイランプを入れているんだけど、どうするかというのはてっちゃん（小林哲也）と相談してね。それで大変だけど、球の真後ろからコードを40～50メートルくらい伸ばしたんだよね。だから中に抵抗器を入れて電流が劣化しないようにして。あれは３尺だから１メートルくらいの大きさの球だったね。

八木　そうしないとああいう光の粒子が出ないですよね。球自体が小さいと全体が明るくなってしまいますから。

佐川　それでウルトラマンが登場するシーンでは直径6尺のアクリル板を使って撮影しているんだけど、（古谷）敏さんはそれ以上の身長だった。だから足元はカットしたりしていろいろ工夫したんだよね。

八木　後ろでいろいろな色の光が回っているのはスタッフ総出でやられていたという話を聞いたことがあります。

佐川　あれは照明部のみんなで動かしたの。天井も真っ暗にしてね。棒の先に電球を付けて動かしている。あ、ベムラー登場だね。この科特隊のスーパーガンのビリビリピリというアニメーションは最初硬かったけど、だんだんよくなっていくんだよね。

八木　平成の『ウルトラマン』ではほとんどプールを使いませんでしたがこのころはよく使っています。

佐川　当時、特撮のセットの平台の下は全部プールだったの。だからプールのシーンがあると板を全部外して使っていた。もちろんボウフラがわくから普段は水は入っていなかったよ。じゃあなんでプールを壊しちゃったかっていうと、平台の上にセットを組むじゃない？　そこを役者が歩くと足音が反響しちゃうんだよね。それでプールを埋めちゃったの。

八木　続いてジェットビートルが出てきました。

佐川　これのケツ噴射と横噴射、火薬は一生懸命に大平さんが考えてくれてさ。よく見ると、水面に波を起こすために扇風機も当てているんだよね。だから特殊潜航艇Ｓ16号は流されちゃっているね。もちろん押さえてはいるんだけど。それはともかく、ジェットビートルが噴射する火薬の炎はまっすぐ綺麗に伸びているじゃない？　これは何回もテストしていて、火薬は10回くらい作り直してもらったのかな。面白いのはピアノ線を張ってガイドみたいなものを付けて、火を点けたらその勢いでビャーッて飛んで行くんだから（笑）。ロケットみたいなもんだよね。

八木　そんなすごい噴射だった。実際に推進力があったんですね。

佐川　それくらい噴射が強くないとやっぱり綺麗にならないんだよね。普通の打ち上げ花火用のやつなんかでは全然ダメ。それに音もいいんだよ。ビャーって飛んでいく音が。だからＳＥでもこれを生で使ってくれないかなっていうことで録音してもらって、それをちょっと加工して使っている。

八木　このジェットみたいな火薬は平成のときには使っていなかったです。やらなかったのかできなかったのか、それは分からないですが。ポスプロで合成できたということもあったんでしょうけど。

佐川　そして疑似海底では手前に水槽を置いて撮影している。シャープなライトでメラメラを作ってね。

八木　このライトの感じがすごく海っぽいですよね。

佐川　よく見ると丁寧に撮影しているよね。今年（２０２２年）のお正月に、４Ｋに変換するということでこの第１話をロコ（桜井浩子）、黒部（進）、（鈴木）清や記録のあっちゃん（田中敦子）なんかと見たんだけど、あれは色が素晴らしかったね。ネガからやっているから、撮影しているのと同じ色が出ていたよ。隊員服のオレンジとか、本当に綺麗だったよ。

八木　やはり丁寧に撮影されていたからこそ、４Ｋでもアラが出ないんでしょうね。それは見てみたいです。

佐川　そして、このジェットビートルからロケット弾が出るところなんかはまさにロケットが自動的に飛んでいっている。あのくらいの距離だと飛んでいっちゃうの。

八木　すごいです。撮影時にはコマを上げて撮られているんですよね？

佐川　倍数はいろいろだけど、基本はちょっと上げるという感じで2倍までは上げていない。まあ1・5倍までだね。2倍に上げると編集が間延びしちゃうんだよ。爆発なんかは4倍で撮っているけど飛行機の場合はほとんどノーマルじゃないかな。ベムラーのところは波の感じなんかを見ると2倍くらいだと思う。でも大変なんだよね、怪獣が1回沈むとウレタンに水が染み込んじゃって。俳優さんはよくやってくれたよ。

八木　アクアラングなどを付けているわけでもないですし。

佐川　アクアラングは付けていないよね。実は最初のころ、ベムラーって口が動いたんだよ。でもプールに入っていたからモーターが壊れちゃってね。ギアも分解しないとダメだっていうことになって。錆びついちゃってね。というのは『ウルトラマン』のこの第1話は撮影に2ヵ月くらいかかっているはずなんだよ。ベムラーがプールに出たり入ったりするけど、あれなんて沈んで出てっていうのは1日で2回くらいしかできないわけ。水の中に浸かっていると着ぐるみもボロボロになるし、色がどんどん劣化してはげちゃうからそれを修理しないといけない。

八木　長い間の撮影で歯車も錆びてしまったわけですね。

佐川　それはともかく、高野さんの演出は怪獣の足元のアップなんかが結構あるんだよね。

八木　手持ちもありますよね？

佐川　アクションをしているときは手持ちが多かったのかな。一緒にプールの中に入って、いいレンズがないからって手持ちでその距離に寄っているんだよね。

八木　ベムラーを後ろから追いかけているのなんかも手持ちですよね。

佐川　そうだね。でも今でもなんとなく見れるな。そして最後、ウルトラマンのジャンプはオープンで撮っていて、飛び去りは人形。あの人形は3尺くらいあったのかな？

八木　小さいときに見てなんて面白いんだと思いましたが、いま見返しても本当に傑作ですね。完成したときには、どのように思われていましたか？

佐川　完成したのは多分夜中の1時とか2時だと思うんだよね。プリントは東京現像で、メインスタッフがとりあえず行って見たんだけど。本編のメインスタッフとかオヤジさん、高野さんは当然来ていて、金城（哲夫）さんやＴＢＳの主だった人も宣伝からなにから来ていて。オヤジさんが「これだったらいいんじゃないの？」って言って（笑）、それで放送になった。みんなも「子どもたちは喜ぶんじゃないかな」と言っていたね。

実相寺昭雄監督の羽交い締め事件

佐川　今の『ウルトラマン』のアクションは殺陣師がいて演技を付けているけど、それはいつからだろうね。『帰ってきたウルトラマン』もないしその後も俺の記憶ではないんだけど。

八木　『ウルトラマンレオ』（74-75）からみたいですね。『ウルトラマン』のころは高野さんや佐川さんがメインで考えられていたのでしょうか？

佐川　そうそう。ああしよう、こうしようって字コンテで書いてきてさ。当時、画コンテは描く時間がなかったから。でも細かいんだよ。例えば拳を構えるじゃない？　それで「拳をガッと構える」「拳のアップ」とか書いてあって全部撮ったんだけど、尺が長くなってしまって結構切っている。あと覚えているのは古谷さんが構えると、背は高くて体はいいんだけどへっぴり腰になっちゃってね。だから「いや～古谷さん、構えているのは分かるんだけど、力が入ってないからヘッピリ腰に見えちゃうんだけど」って。そうしたら「いや、力を入れています」

ということでね（笑）。着ぐるみを着ていないときの構えはいいんだけど、着ちゃうと3万5千トンの重さが感じられない。それで倍数を上げて撮ったの。だからある程度重さは出てくるんだけど、今度は編集で困っちゃう。のったりくったりになってしまって激しいアクションにならない。そういうわけでウルトラマンのアクションになったときは、最大限に上げても2倍くらい。通常は1・25倍、だから30コマだね。それくらいで撮影するのがちょうどいいんだよ。フルフィギュアとか7分くらいのサイズのときは1・5も上げていなかったね。それでパンチを繰り出すときなんかは部分的に2倍とか2・5倍に上げる。それも本撮影をする前に編集でいろいろ研究してさ。

八木　やはり撮影前に実験をされていたわけですね。

佐川　ＴＢＳからもいろいろな注文が来ていて、参考に見ておいてくださいというのがアメリカの『アンタッチャブル』という刑事ドラマだった。それが基本のカラーだというわけ。だからじっくり見させてもらったけど、黒づまり（暗部）とか白飛びなんかないわけ。当時のブラウン管テレビでは暗いところの下20％はカットされちゃうから20％上げないといけなくて、そのまま放映されると変なまだら模様みたいになってしまう。それを黒づまりなんて言っていた。一方の白飛びはハレーションだよね。これをブラウン管で放映するとソラリゼーション（ポジ→ネガの反転現象）が起きる、つまり色が反転しちゃうわけ。そういう現象は見ていても嫌な感じだから避けなければいけない。もちろん黒づまりはなるべく少なくしたつもりなんだけど、セットだからライトがちょっとでも足りないとね。ベタに当てれば簡単だしテレビだから本当はそれでよかったんだけど、もともとが映画のスタッフだからどうしてもベタな照明なんかしないわけ。キーがあって、キーのハイライトがあって、押さえがあって、トップがあってコントラストがついているから。高野さんだって元は映画なわけだしね。だからラッシュで見るとすごくいい感じなんだけど、ブラウン管に入るといい感じだった黒がなんとも嫌な変な色になってしまう。それにソラリゼーションみたいなことも起きるし、「なんだこれ?」っていう感じになってしまう。もちろん、それをずっと見せているわけではないんだけどね。

八木　一部にそういう現象が起きてしまったわけですね。

佐川　それで1回目の放送が終わったときにTBSから指摘があったんだよ。ミニチュアで言うと、この辺の四隅にちょっと黒づまりがあるとかね。それはライトの当たっていない部分で、こんなのは問題じゃないでしょうって言いたくなるわけ。実際、第1話の放映はオヤジさんのところで特撮のメインスタッフと本編のメインスタッフの一部が集まって見たんだよね。カラーテレビはオヤジさんのところにしかないから。放映時に調整をしている部分は当然あったんだろうけど、黒づまりであろうが白飛びであろうがこれだったらいいんじゃないかなっていうものだった。オヤジさんも「そんなことをいちいち考えないで仕事をやろうよ」という感じだったからね。その後はオヤジさんがまだお酒を飲みたいっていうから、じゃあ1杯飲んで帰るかということになってね。オヤジさんの部屋で遅くまでみんなで飲んで、ごちそうさまでしたって帰ったんだけど。

八木　みんなで放映をご覧になったというのは素敵ですね。

佐川　そんな中で実相(寺昭雄)さんが来るわけだけど、1本目じゃなくて2本目のときかな。全部完成して、プリントも「上げたり下げたりして平均の値を取らないで、撮影のままのタイミングで上げてください」って注文しているわけ。

八木　そうすると真っ暗なところもあったでしょうね。

佐川　そんなフィルムが来るとTBSは困るわけ。だけど平気でそういう注文をしてTBSに納品をするんだけど、それも2日も3日も前じゃなくて数時間前だよ。それでなぜかその日に、「今日は俺のやつの放映があるから、一緒にTBSの放映ルームに挨拶に行こうか」って誘われてね。当時は16ミリフィルムを7インチくらいのスクリーンに映写して、それをテレビキャメラが撮影して放映していたわけ。私もそのときに初めて見て「ああ、こういう具合になっているのか」なんて思ったんだけど。で、そこには技師さんがいてスクリーンを見ながら明るさの調整なんかをリアルタイムでやっていたんだよね。そうしたら「よろしくお願いします」という挨拶の後に、なぜか実相さんがその人の背後に回るわけ。で、いよいよ番組が始まったときにギュって技師さんの腕を押さえちゃったの。それでその技師さんが「監督、止めてください！　僕、クビになります！」って（笑）。

八木　力づくで羽交い締めしていたんですね。それはびっくりです。

佐川　機械をいじらせないわけ。技師さんは三原色の波形と映像を見ながらアンダーだったやつを上げたり、逆に明るいのを下げたりするのが仕事なんだけど、それをできないようにしちゃった。しかも放映が終わるまで30分だからね。

八木　佐川監督はそれを横でご覧になっていた。

佐川　その直前に「お前、俺はなにをやるか分からないけど黙っていろよな」って言われて「え?」って聞き返そうとしたんだけど、すぐに放映が始まって「ああ、このことか」って（笑）。最初は実相さんがなにを言っているか分からなかったけどね。でも実相さんはその前にもいろいろあったらしいの。だから上層部も怒って始末書も書いたらしいんだけど、クビにはならないんだよね。その後に『ウルトラマン』の監督を辞めるかといえば、ちゃんといるからさ。でもそれからは、実相さんはその部屋には絶対に入れないんだよ。遠くの方を歩いているだけで鍵をガチャってかけられちゃうんだから（笑）。

八木　それで済んでいるというのがのんびりした時代だったんでしょうね。
佐川　今だったら大問題になっちゃうよね。

特撮における口擬音の重要性

八木　では続いて「オイルＳＯＳ」を見ながらお話を伺えたらと思います。
佐川　この水の中のピカピカっていうのがいいんだよね。水の中にフラッシュを埋めているんだけど、埋め方があるの。光をなるべく伸ばしたいんだったら10センチくらい、芯だけがボワってなるやつは30センチくらいがいいとかね。照明部がそれをちゃんとメモに控えていて「今回はどれくらいにしますか？」って監督に聞いてさ。鉄で作ったスタンドにタマを固定していて、高さはスライドできるようになっていたんだよね。
八木　映画の黄金時代を引き継いでちゃんと作られているんですね。
佐川　やっぱり当時は無闇矢鱈にただフラッシュを焚いていたわけではないのよ。あと水がブルーなのは、特撮の場合は透明な水だと底が見えてしまうと困るから。あれは入浴剤ではなくて「青竹」っていう染料を使っていて、ある程度は透明度がちゃんとあるからどろどろの濁った感じにはならない。だから光があいう感じになるんだよね。ただ染料だから洋服なんかに当たると落ちないの。
八木　怪獣が出てくる前に「ピカ！　ピカ！」っと光るのは本当にムードがいいですよね。
佐川　あのピカ！　ピカ！は操演部ではなく、照明部がやると決まっていた。照明部がキャメラの側に来てタイミングよく光らせるんだよ。キャメラの側に来ないとタイミングがずれちゃうからね。
八木　ハイスピードで撮っているから難しいですよね。

佐川　ジェットビートルを撮るのも大変だったよね。これなんかは移動しながらパンしているの。ということは距離がないから、ちょっと機体を受け目にしておいてパンしながら移動すると長く撮れる。これがただのフォローとか、行くだけだとタイミングがないから。そういうことは撮影している間に思いつくんだけどね。編集の方から「あと1～2秒長いと編集しやすいんですけど」って言われて、それで「分かった！」って。だから編集なんかもただ編集しているわけではなくて、特撮に来て「こういう飛びがあったらいいんですけど」「もうちょっと短いのも欲しいんだけど」なんてリクエストをしてくれたんだよね。

八木　移動しながらのパンだと不思議な浮遊感が生まれますよね。

佐川　あとは擬音だね。オヤジさんは東宝なんかで撮っているときは自分で擬音を付けているんだよ。口擬音していた。「ビュウ～～～ウーウ～ン！」とかさ（笑）。それをどこかで聞いていたから、「よし、俺も監督になったらあんなことをやってみよう」って。だから撮影しながら口擬音をする。飛行機を飛ばすときに使うリワインド、ぐるぐる回すやつね。あれも擬音を入れてやると感じが出るんだよ。下手したらブランコになっちゃうんだけど、「ぎゅ～～～～～ん」って言いながらだとブランコにならない。間に合わなくてリテイクもできない場合なんかはブランコになっているのもあるけどね。

八木　円谷英二監督も口擬音をされていた。感じを込めていたんですね。

佐川　だから俺も必ずSEは口で言うんだよ。爆発なんかもそのタイミングで口で「ババババン！」とかさ。操演にもお願いして、自分のタイミングがどんな感じかっていうのを伝えるわけ。今は2倍だから「バンバンバン！」くらい、それが4倍だと「ババババババン！」でやってくれとかね。

八木　特撮をやっているときに操演部から「どんな感じですかね？」と聞かれて、「バババババババン！」って答えたら「6発ですね」って言われたことがあります。そういう打ち合わせは佐川監督からの流れなんですね。

佐川　私は必ず頭とか口の中でSEをやっているからね。あるときなんかは、側にいるスクリプターが「佐川さん、口の中でなにを言っているの?」って（笑）。時々「ビうぅ〜ん」とかうなったりもしているからさ。

八木　『ウルトラマンコスモス』のときで覚えているのは、音が入っていない段階の試写に行くと監督が結構口擬音をされていたことです。

佐川　局のプロデューサーが来ている場合は特に、SEを入れてあげないと分からないんだよね。飛行機なんかでも無音だと感じが出ないわけ。だから普通の飛びとか宙返りとか急反転とか、それに合わせて「ビッブゥウーン!」とか「ビヤーンー!」とか自分でやってね。そうするとプロデューサーも「佐川さん、ありがとうございました。よく分かりました」って（笑）。スタッフの名前なんてTBSのプロデューサーはなかなか覚えてくれないんだけど、そんなことをやっていたからすぐ覚えてもらったりさ。おかしいのは他の作品のオールラッシュで「佐川さん、来てください!」って呼ばれたこともあって、それは編集をしていないから分からないよ。自分だって編集しながら飛行機の旋回はどこをスタートにしてどこで切ろうかっていうのは、やっぱり「ビウゥウーン」って言いながら「あ、ここだ!」ってなるわけだから。そういうわけで私はいつも口擬音で切っているんですよ。

八木　特撮にはすごく重要ですよね。

佐川　それはオヤジさんの教えではなくて、側で耳を澄ましていて分かったことなんだよね。怪獣なんかが出てきて吠えるじゃない?　そのときはやっぱり「ウゥ、ウゥ」ってちゃんと言っているんだよ。そうするとそのタイミングで怪獣が吠えていないとやっぱりNGになってしまう。それで倍数を上げて2倍になればオヤジさんもちゃんと2倍の速さでやっているわけ。俳優さんにも2倍の注文をつけている。そういうこともやっぱりオヤジさんと一緒に仕事をしていたから自然に身についたんだろうね。スクリプターさんには「佐川さんがSEを言ってくれるとやりやすいの」なんて言われたこともあったよ。それに自分の口擬音と合っていれば、ラッシュが上がってきても思った通りの感じなんですよ。編集してもね。それをやらないと逆にダメなの。合わない。そういう意味では演技っていうのはオヤジさんから自然に受け継いだものなんだろうね。

ナパームの炎はコントロールできない

佐川　しかし「オイルSOS」も懐かしいね。（円谷）一さんが「セットをこんなに燃やしちゃっていいの?」って言っていたのをよく覚えている（笑）。ナパームを使っているからどうしてもこうなっちゃうんだよ。そういえばこのとき清に二重に上がって俯瞰で撮影してもらっているんだけど、それをいまだに恨みに思っていてね。会う度に「佐川さん、俺はあのとき死ぬかと思ったよ」って（笑）。あのときは6尺四方のプラスチックの板でカバーを作って、真ん中にキャメラを置いて撮っていたの。だからプラスチックに当たって広がっちゃうから炎は直接来ない。でも怖かったらしいよ。「佐川さんはあんな思いをしたことないでしょう?」って言うから、「そんなことはないよ」って答えているんだけどね。

八木　今はスタジオでナパームは使えないですから。

佐川　当時のスタジオは、よく爆発をするところの二重なんか焦げていたからね。隊長の小林（昭二）さんがときどき遊びに来るんだけど、「特撮、よく怪我しないね」って。プリントを見て「え?　これは大丈夫なんですか」と言っていたくらいだから（笑）。でもこれは爆発の中でさらに爆発しているから大変だ。全部ナパームだしね。

八木　前の炎がバーナーで奥が爆発というわけではないですよね。

佐川　バーナーを使うのはほとんど本編で特撮はあんまり使わない。だからボロ布を置いておいてそこにガソリンを撒いて、「ヨーイ」の瞬間に松明みたいなもので火を点ける。それで「スタート!」のタイミングにちょうど合うんだよね。まあ火薬としてはこの回が一番すごかった。映像を見ても炎でウルトラマンがほとんど見えないもんね。古谷さんもよくやったよ。

八木　これは怖いでしょうね。

佐川　実際に古谷さんの話を聞くと、もう火の海しか見えなかったんだって。

八木　着ぐるみは視界も悪いですからね。

佐川　バーナーを使っている場合は絞ればタイミングよく消えるんだけど、このときはバーナーを使っていないからね。要は炎が実際に消えないといけない。だからこれは実際にウルトラマンが炎を消しているわけです。見えないように管を仕込んで消火器を使ってね。

八木　コントロールできない炎をウルトラマンが実際に消していた。すごい映像ですね。

「ダーク・ゾーン」ペガッサ市の撮影

八木　『ウルトラセブン』(67-68)のこともお聞きしたいのですが、『セブン』のライブ撮りは佐川監督が担当されているのでしょうか?

佐川　あれは高野さんが撮っているんじゃないかな。私は『セブン』のライブ撮りのときは一さんと海外に行っていたんだよ。

八木　『スパイ　平行線の世界』（66／円谷一演出）ですか？　あの作品に佐川監督がかかわられていたんですね。
佐川　内海（正治）さんと2人、仮のＴＢＳの社員になってね。そのころ、フィルムで回せるキャメラマンがテレビ局にいなかったんだよ。ニュースとかは回せる人がいたけど、35ミリのフィルムで回せる人っていなかったの。それで一さんだから、この作品だけ一応ＴＢＳの社員になってくださいということで。
八木　撮影はアメリカでしたっけ？　見たことのある人がいない幻の作品なんですよね。
佐川　回ったのは西ドイツ、イタリア、フランス、それでアメリカのニューヨーク。フランスのプロデューサーが岸惠子の旦那だったイヴ・シャンピ。タイアップがエールフランスだったから、岸惠子にもパリで会っているよ。全部で2〜3週間の撮影じゃなかったかな。だから、エールフランスの飛行機しか撮れなかった（笑）。
八木　それで『セブン』の最初のころは参加されていなかったわけですね。
佐川　だから最初のころはよく分からないんだよ。
八木　制作順では3番目となる「ダーク・ゾーン」から佐川監督の撮影クレジットが確認できますが、これが最初の作品のようですね。「ダーク・ゾーン」のセットの写真を見たことがありますけど、宇宙空間都市のペガッサ市はとても大きかったようですね。
佐川　あれは全部で2間くらいの長さがあったかな。普通はバックと星は別々に撮って合成するんだけど、これは黒バックに米球を仕込んで、その前にミニチュアを置いて撮っている。それで照明は「片光線」でやってもらっているわけ。片光線っていうのは、右なら右からの一方通行で押さえをしないことだよね。宇宙の場合はほとんど横かバックからの光で、正面の光っていうのはないわけ。それくらいの光線でやらないと宇宙の感じが出ないんだよ。それでペガッサ市なめでウルトラホーク1号が旋回しているでしょう？　ああいうときはセットがないから、ペガッサ市を少し縦に置いて撮影しているの。空中に浮いている場合はどんな格好をしていても大丈夫だからね。とりあえず空中に浮いているものはどんな動きをしてもおかしくないんですよ。どんな動きをしても、それを撮影して映像化すると、「ああ、こういう映像にもなるんだ」って。そういうものがいっぱいありますよ。飛行機を逆さにするだけで違ってくるし、先端を下に向ける、上に向ける、これも全部違ってくる。あるいは斜めにするだけでもね。そういうちょっとした変化が大きな違いを生むわけです。

八木　さすが「飛びの佐川」です。

佐川　飛行機の撮影は私の最も得意とするところだからね。話を戻すとこの「ダーク・ゾーン」は美センのセットで撮ったんだと思う。しかし最後にかかる曲がいいよね。音楽ではこの曲が好きだな。

八木　ジ・エコーズの挿入歌「ULTRA SEVEN」ですね。僕も大好きな曲です。

『マイティジャック』の発進シーン詳細

八木　そして『マイティジャック』ですが、発進シーケンスは基本的に佐川監督が撮影されているんですよね。

佐川　そうだね。基地内の移動シーンではセットにパースをつけていて、奥行きが小さくなっているの。で、マイティ号の方は水がだんだん増えてくるでしょう。これは倍数を上げて撮ったんだけど、メーターのカットなんかを入れないと間延びしちゃってとてもダメだった。ちなみにあのマイティ号は大きくて9尺あったんだよ。

八木　水の吹き出し方なんかは大迫力ですよね。

佐川　これは実際に水をドーンとこぼしているの。後ろに水を溜めたタンクを置いておいて、それをガッとひっくり返して一気に入れるんだけど。実はあのシーンはもともとオヤジさんが20倍で撮っていたんだよね。でも編集が「長くて編集できない」ということで、オヤジさんには悪いんだけどあの辺は全部撮り直している。確かにラッシュで見ても20倍というのはすごい迫力なんだよ。だけど倍数を上げればそれだけ時間がかかるわけ。それに後でコマを抜くのも大変だからって、後で4倍くらいに落として撮影し直している。あとは水が増えていくメーターなんかも作ってもらって、どうにかテレビでギリギリ使える長さにしているわけだよね。

八木　そういう経緯があったとは。

佐川　その後の水中を横から撮っているところは2倍か2・5倍くらいかな。ちゃんとイン／アウトしているよね。そしてマイティ号が浮上するところだけど、あそこは8倍に下げて撮ろうとしたのかな。でも1秒で浮上するとしたら、8倍だと8秒。特撮ではそんな長い秒数でカットは使えないわけだよ。じゃあ0・5秒で浮上させるにはどうするか？　それで操演と仕掛けをいろいろ考えたんだけど、あのプールは部分的に6尺の深さがあったのね。それで「逆お神輿」みたいなものを作って、その底にマイティ号を据えるようにした。お神輿とは反対に担ぐための脇棒（バー）が上にあって、それを8人がかりで「いちにのさん！」って持ち上げるわけだよね。脇棒と底をつなぐ縦の木はキャメラに入らないようになっていたから、仕掛けとしては十分なものだった。それで試したら最初はやっぱり1秒かかっていたんだけど、やっている間に0・5秒になり、最終的には0・3秒にまで早めることができた。これだったら10倍に上げても大したことはないじゃないかということで、実際にはそれを使っている。

八木　やはり特撮は工夫なんですね。

佐川　そしてそのすぐ後の飛び立つ直前のところは、操演が火薬のスイッチを入れた瞬間に3人くらいで思い切ってマイティ号を引っ張っているわけ。マイティ号自体は見えないところを上から吊ってブランコにしているから、思い切ってビャーって引っ張っても飛んでいかないわけだ（笑）。

八木　全くズレていない。すごいタイミングですね。

佐川　しかも窒素のエアーを後ろに吹き出すのも「いちにのさん！」で同時にやっているわけだからね。タイミングがたまたま合ったんだよ。これも10倍で撮っている。その後が実際に飛び立つところなんだけど、これは上から吊ったマイティ号をギリギリ上まで引っ張り上げておいて、その支えを電気で切って水面すれすれに着水するようにして撮っている。実際に使っているのは着水してから飛び立つまでだけど、その前があるということだね。これも10倍に上げて撮っている。ピアノ線も太いものを使っているんだけど、肉眼では見えるけど、撮影したら水のしぶきで見えないだろうということでやってみてね。そうしたら本当に見えないんだよ。でも10倍だからライトがすごくてさ。

八木　光量は大変でしょうね。

佐川　ましてや昔だからね。それで飛行機の吊り方にもコツがあって、こういう場合は前と後ろみたいな吊り方だとダメなんだよね。そうじゃなくて上を1点にまとめて吊ることで、そのまま降りてきてそのまま上がっていくということになる。とにかく使うのは飛び上がる瞬間だけだからということでね。

八木　上から水に落とすわけですからミニチュアも頑丈だったんですね。

佐川　ここで使ったのは4尺のマイティ号だったけど、木じゃなくて板金で作っているから重たいんだよ。普通は大事なところだけＦＲＰで作って後はバルサなんだけど、それでは軽くて使えなかったんだよね。

八木　ミニチュアというのは、落とすと本当に壊れちゃいますから。

佐川　水っていうのはコンクリートと同じだから普通は壊れちゃうものだけど、このマイティ号は大丈夫だった。

やっぱり船の形が水を弾くのと、そういう計算ができているミニチュアだったんだろうね。
八木　こういった発進シーケンスを佐川監督が撮り直される前に、円谷英二監督が20倍で撮っていたんですね。
佐川　編集が一応つないだものがあって、それを1／4とか1／5に短くしたいということでね。オプチカルでコマ抜きというのも試したんだけど、そうするとやっぱり面白くないんだよね。

水中と空中を逆転させたピブリダーの撮影

佐川　『スター・ウォーズ』（77／ジョージ・ルーカス監督）みたいにうわってマイティ号が来るやつはワイドで撮っていて、ホリゾントにギリギリくっついているの。バレない程度にキャメラが行って、マイティ号もギリギリの高さで吊ってね。
八木　特撮の現場に入って驚いたのは、1面だけのホリゾントでなんて広いものを撮っていたんだろうということです。使えるギリギリを使っているんですよね。
佐川　特撮は魚眼一歩手前のレンズがあるからこういう迫力が出るの。あれは12ミリくらいじゃないかな。
八木　しかし『スター・ウォーズ』の方が後ですからね。
佐川　あとは水の中のシーンでは東宝から9尺の水槽を借りてきて、1尺のマイティ号を石膏で型抜きして使ったこともあったね。
八木　石膏だと重いから浮かないですよね。
佐川　ピブリダーが空に飛び出すのは滑り台を作ってビャーって水の中に落とすの。で、実は水の中が空になっている。

八木　あれは不思議なんですけど、水の中が空だから水をまとっていく感じになっていて。

佐川　なぜかというと、キャメラを逆さにして撮影しているから。水の中ではキャメラが逆さだから、ジャボンって入った瞬間に泡は一緒に付いてくるんだけど。泡は上に行くでしょう。これを正常にすると、要するに上が空なんだよね。

八木　見たときにキャメラを逆にしているのは分かったんですけど、すごく面白いですよね。なんでこういう撮り方をされたのかはずっと謎だったのですが。

佐川　なんの作品だったかな、オヤジさんがそれを何回も使ったことがあるんだよ。つまり水の中が空っていうことで逆になっている。あのときは水面に扇風機をかけて波を立てないとダメなんだよ。

八木　しかしミニチュアも1尺、４尺、９尺とカットに合わせて全部作っていたんですね。

佐川　当時はそういうことをしていたね。今はもうそういうことはないだろうけど。

八木　そういうサイズ変えは全然していないでしょうね。

佐川　まあ、それはもうどうしようもないよね。

八木　しかし当時はまっとうなと言いますか、やるべきことをやられていますよね。しかもマイティ号やピブリダーの発進のようなすごい映像がたくさん撮られていたわけで。

佐川　繰り返しになるけどその辺は、東宝で「学生！」なんて呼ばれていたころに私が内緒で貯めておいた引き出しということだよね（笑）。

「お客さんの立場になって映像を作りなさい」

八木　『ウルトラマンコスモス』（01‐02）を作るとき、製作会議で今回は平成三部作とは違って予算を厳しく守って作るという話があったじゃないですか。その後に佐川監督と一緒に会社から成城学園前駅まで2人で歩いて帰ったことがあるのですが、監督が「今回は予算がないから予算を守っていこう。だけど、昔から俺は特撮で毎回なにか1つでも新しいことをやろうとしてきた。だから八木も今回は、1つでいいから新しいことをやるという考えでやっていこう」とおっしゃってくださって、それはよく覚えているんです。佐川監督は当時からそういうお気持ちがあったんでしょうね。

佐川　それは映像を作るのと私の引き出しがたまたま一致したということであってね。だから必ずしも毎回できたかは分からないけど、30分なら30分のドラマの中で1つだけでもそういうことがあればやりがいになるんじゃないか。脚本に書かれていることをただ画にするだけではなくて、その中でイメージショットを考えるとか、こういうのをやったら面白いんじゃないかと考える。

八木　毎回クリエイティブなことを試みておられたわけですね。

佐川　水は上から下にしか流れない。それを下から上に流すには逆回転だよね。でも逆回転は逆回転だって分かってしまう。じゃあどうするのか。例えばオヤジさんが『美女と液体人間』（58／本多猪四郎監督）のときにやっていて、『2001年宇宙の旅』（68／スタンリー・キューブリック監督）でも使われていた手法だけど、キャメラとセットを一体にしてしまうということがあるよね。そうすると、低いところから高いところに水分が上がっていける。『2001年宇宙の旅』だったら長い廊下があって、人が歩いていくわけじゃない？　それでぐるっと回って逆さになって部屋に入っていく。あれは人は全然逆さになっていなくて、ただ歩いているだけ。キャメラとセットが一緒になって回っているわけだよね。そういうようなことで、つまりは発想なんだよね。
八木　はい。考えてみれば当たり前なことですけど、誰もそう考えない発想の転換ですよね。
佐川　だからキャメラのポジションと、俳優さんが入る場合はそのアクションを考えればいろいろヒネったこともできる。私が育った時代は、そうやっていくらでも工夫したものを映像にできたわけ。でもパソコンでほとんどのことができるようになってからは、演出の人間がそういうことを考えなくなっちゃったんだよね。そんなのはCGを作る人だけが考えればよいことで、演出家が考えることではなくなってしまった。「自分はこういう映像にしたいんだよ」というときに、「じゃあどうすればいいの？」ということが要らなくなっちゃったわけ。
八木　どんどん特撮のよさから離れてしまいます。
佐川　オヤジさんはいつも「お客さんの立場になって映像を作りなさい」と言っていた。見る側に立って映像を作りなさいということだよね。そうすると自然に「こんな映像を作ったらお客さんも喜ぶだろうな」っていうカットが生まれてくる。だから相手の気持ちを考えるということなんだけど、それは要するにイメージショットということ。でもイメージショットっていうのは難しいんだよ。私と八木ちゃんの心の中、それから他の誰かの考え、これはそれぞれみんな違うわけだからね。脚本を読んだイメージにしたって人それぞれだけど、「この映像だったらなんとか納得してくれるかな？」というのはあるじゃない？　それをどこまで追求するかがわれわれの商売であって、その映像化は産みの苦しみではあるけどやっているうちにできるようになる。人物を撮る、芝居を撮るという中でも、その考えは捨てちゃいけないと思うんだよね。
八木　全くおっしゃる通りだと思います。
佐川　そういうことを1つのストーリーの中で1つでも2つでも入れられればいいんじゃないかな。テレビの30

分番組だったら、そういうのが1つくらいあってもいいんじゃないか。私も毎回あったわけではないにしても、一生懸命考えていたから。助手のときには助手として一生懸命やっていたからそこまで映像について突っ込めなかったけど、映像づくりの立場になってからはそれが大事だよね。

八木　そんな佐川監督にとって特撮とはどのようなものでしょうか？

佐川　それが常に発想の元にあるわけではなくて、あくまで考えて考えて……「あ、そうか！　こういうこともあるんだ！」というようなことなんだよね。まあ、ある程度の経験が必要なのかもしれないけど。例えば光線とか光線銃なんかは今はCGでやっていて、確かに艶があるし光線らしい感じも分かるんだけど、1つだけ足りないのは奥行き感とか立体感なんだよね。CGだとどうしても平面上でやっている感じになってしまう。それも2コマくらいの動きでピャッてやっているから。まあ光ってそんなもんではあるけど臨場感に欠けるんだよね。そういう映像をやっていた人間としては、もうちょっと工夫するといいんじゃないかなって思うところはある。1コマ1コマに艶があって、作画より素晴らしいとは思うんだけどね。そこへいくとディズニーの『アナと雪の女王』（14／クリス・パック、ジェニファー・リー監督）の光の表現は素晴らしかった。平面的じゃないんだよね。まあ制作費とか制作日程の問題もあるからどうしようもないところはあるし、自分たちだって「アメリカのああいう作品に少しでも近づけばいいなあ」なんて思いながらやっていたわけだけど。でも近づくのは無理だ。じゃあなんとか日本式に力を出そうという方法しかないなって。

思い出すのはやっぱりオヤジさんのこと

とにかく怒ってはいけない。だけど褒めすぎるのもダメ

八木　ではそろそろ最後の質問に向かっていきたいと思います。今日は円谷英二監督のことをたくさんお話しいただきましたが、佐川監督にとって円谷英二監督とはどのような存在だったのでしょうか？

佐川　オヤジさんとは呼んでいるけど師匠でしかないよ。要するに映画界に入ってから、「お前、こうした方がいい」「ああした方がいい」なんて言ってくれるわけでね。あるときなんかは、「お前、こんな大人しいんじゃこの世の中は渡れないよ。もうちょっと前に出ろ」って。別に人を押しのけろというわけではないけど、もう少し自分をPRしろっていうことでね。私はどっちかというと引っ込み思案なところがあったから。でもだんだん、40歳を過ぎてからくらいだけどみんなが認めてくれたっていうのかな。そう考えると年数が必要なのもしれないという気もするんだけどさ。それまで一生懸命、生活するためにいろいろなことをやったからね。アメリカだったらこれくらいの量の仕事をやったら一財産で左うちわじゃないのかな？　それはともかくオヤジさんと一緒に仕事をやっていて青春をいっぱいもらったっていう感じだね。変な言い方だけどなんとなく分かるかな？

八木　楽しさや躍動感、そういったことですよね。

佐川　うん。そういうものをいっぱいもらったね。もちろんダメなものはダメって言うし、褒めてくれることはあんまりなくて、影で拍手してくれているなんてこともあったけど、やっぱり注意してくれる方が大事だったよね。『マイティジャック』が『戦え！マイティジャック』（68）になってオヤジさんの手を離れてから、悪の組織Qが東京に攻めてきてめちゃくちゃにする話があったんだよね（「東京タワーに白旗あげろ」）。ビル街を壊すシーン

をライブなんかも使って撮ったんだけど、そのときは「佐川、ちょっとこっちへ来い」って呼ばれてね。「お前ね、これは素晴らしい映像だと思うけど、ここまでやっちゃうとテレビの場合は行き詰まっちゃうよ」と。「次になにをやろうかと考えても、これ以上のものを出せなくなってしまうよ。その辺をよく考えて、これからも勉強をしなさい」なんて言われたこともあったな。

八木　監督になってしまうと、そういうことを言ってくれる人がいなくなりますよね。

佐川　オヤジさんとはそんなにいっぱい仕事をしたわけではないと思うんだけど、やっぱりとても印象に残っているんだよね。

八木　本書のインタビューでも皆さん、佐川監督が一番円谷英二監督を受け継いでいるとおっしゃっていますから。実際に今日お話を伺っても、その通りだなと思いました。

佐川　なんの作品か忘れちゃったけど、3日間徹夜したことがあってね。それでフィルムを扱う助手の子が30分経っても40分経っても暗室から出てこないから、キャメラマンに「たぶんフィルムを開けちゃったかなんかしているんだよ。困っていると思うから、ちょっと暗室を覗いてきてごらん」って言ったんだよ。そうしたら案の定で、撮影済みのフィルムを開けちゃっていた。暗室でコックリしながらフィルムチェンジをしていたんだろうね。でも怒ったってしょうがない。放送が間に合わないんだから、とにかくリテイクできるものはリテイクしようということで。ただ開けた分のフィルムも一応そのまま現像に出しなさいって。

八木　使える部分があるかもしれないですからね。

佐川　だから特急で現像してもらいなさいって。それでスタッフのみんなには「ごめん、俺が間違えた演出しちゃった。だからもう1回やらせてくれないかな」って言ってね。だから知っているのは私とキャメラマンとその子だけ。で、夕方にラッシュが上がってきたらやっぱりフィルムに光が漏れているんだよ。全部で10カットか15カットくらいあって、3カットくらいリテイクしたのかな。だから10カットくらいは助かったの。表側はちょっと漏れていてダメだったんだけど、あとはフレームの中にちょこっと漏れているくらいでテレビフレームの中には入っていなかった。これは助かったということでね。それで助手の子に聞いてみたら、開けていた時間はよく覚えてないんだって。でもせいぜい1秒か2秒だったんじゃないのかな。しかも暗室の電気はやっと見えるかどうかくらいの明るさだから、光もそんなに強くないからね。だから助かったんだと思うけど、みんなは薄々知っていたみたいだね(笑)。それでも嫌な顔をせずにリテイクに付き合ってくれた。

八木 監督の気持ちに寄り添ってくれたんですね。

佐川 怒れば怒るほど周りの雰囲気も悪くなるから、怒ってもしょうがないわけ。語気が荒くなってチームがますます崩れるだけだから。そういうこともオヤジさんが教えてくれたことなんだよ。「1つだけ注意しておくことがある。着ぐるみの中の俳優さんに対して、褒めることがあってもけなすことをしてはダメだ。そして怒ってはダメだ。お前もいずれは監督になるかもしれないけど、そのときにはこれだけ頭に入れておけ」ということでね。

八木 素晴らしいですね。

佐川 とにかく怒ってはいけない。だけど褒めすぎるのもダメなんだって。「よかったね」くらいはいいんだけど「最高!」なんて言うと、その数カット後にはケガをしちゃうということがある。実際にオヤジさんが「これはいい芝居をやってくれた!」って褒めたら、直後にスーツアクターがケガをしちゃったんだって。私も同じような経験があって、褒めた後に足を踏み外すなんてことが起きるんだよね。

八木 褒められて張り切ってしまうんですかね。

佐川　どうなんだろうね。あとは注意するにしても、まずは穏便に済ますこと。それで2～3日後に注意すればチームが空回りしないでうまく回るよということも言われたね。あのときはオヤジさんの言葉が頭をよぎったわけではないけど自然にそうなったんだよ。まあ普通だったらカンカンになって怒っちゃうところだけどね（笑）。

怪獣の「出現」が大事なわけ

八木　佐川監督は平成三部作で『ウルトラシリーズ』に復帰されるわけですが、その辺のお話も伺えますか？

佐川　そのときは東映のヤジ（矢島信男）さんのところにずっといたんだよ。そうしたら高野さんが「そろそろこっちに来てくれないかな？」ということでね。人がいないというよりは、特撮でいい演出をしてくれる人がいないというような話だった。それでヤジさんに相談したら「本社がダメだと言っている」ということだったので、ついにはケンカして帰ってきたんだけど（笑）。

八木　それで『ウルトラマンティガ』（96‐97）に参加されるようになった。

佐川　でも八木ちゃんも知っているように、製作部からはしょっちゅう「佐川さん、予算通りにやってくださいよ」と言われるからいつも「予算通りにやってます」って答えていたんだけど（笑）。「佐川さんは必ず大オーバーです」だって。オーバーじゃなくて大オーバーだからね。でもなにがどうオーバーしているのか、それが分かるのは撮影が終わった3ヵ月後なわけじゃない。だから細かいところははっきりしないんだけど、やっぱり一番大きいのはオプチカルだよ。現像の場合はだいたい決まっているからオーバーしてもたかが知れている。ミニチュアだってそう。「じゃあそのオプチカルをどれくらい減らせばいいの？」って聞くと「考えます」となってしまう。

八木　終わりよければじゃないですけど、やっぱりみんなで一生懸命作っただけのことはあると思うんです。予算はオーバーしたのかもしれませんが、作品がしっかり残っていますから。だからトータルで見たら絶対によかったと思います。

佐川　平成三部作で戻ってきて思ったのは、昔の『ウルトラマン』とちっとも芝居が変わっていないなっていうこと。もちろん実際には変わっているんだけど、全体的に見た印象でね。怪獣なんかも画面に出てきてギャッと吠えてさ。毎回同じじゃない？　だから現れ方にしたっていろいろあるだろうって言ったの。「出現」っていうのは大事なわけだから。突然、画面の中にバッて出てくる場合もある。あるいは怪獣がいそうでいないなっていう感じで、あちこち探してここにもいない、あそこにもいないっていう映像を作っておいて、「ああ、怪獣は今いないんだ」って安心させてから次のカットでバッと怪獣を出すとかね。これはやっぱり人間はショックを受けて心の中に残る。そうすると、あの作品は面白かったねということになる。たったワンカットでそういうことにもなるわけじゃない。

八木　本当にそうですね。

佐川　だから円谷に帰ってきたときには、「脚本に『怪獣が出現』と書いてあるけど、これは空中に飛び出してくるようなアクションにしてくれ」って言ったんだよ。セットの影に怪獣がいてウワッて飛び出せってね。だから最初はセットの影に丸いトランポリンを置いておいて、怪獣は6尺のイントレからそこに飛び降りて出現するみたいな案もあったの。セットの影に隠れるくらい低くなって、それでバンって飛び出せっていうことでね。でも着ぐるみだからセットの影にどうしても隠れないわけ。だからといって怪獣が隠れるくらいのセットを作っちゃうと天井の高さが足りない。じゃあしょうがない、これは「吊りメーション」(ピアノ線)でいくかって。SEではなんとなく雰囲気がある音を流しておいて、怪獣がギャって飛び出す。このときはピアノ線が結構見えたけど、怪獣の演技に目が行ってみんな気がつかなかった。そういうこともあるんだよ。スピルバーグとかルーカスは出現の仕方がすごいんだけど、最初はなんの兆候もないわけじゃない。

八木　それで音が最初に入ってきて……。

佐川　そういうのが大事だと思うんだよね。

「平台爆弾」誕生秘話

佐川　それから平成三部作ではウルトラマンが駆けて来て土砂がブワッってなるところがあるじゃない？　あれなんかはわざとスローで見せているんだよね。普通の芝居ではなくて、そのときの演技の1つ1つを見せたいということで撮影しているわけ。操演は亀甲船の社長の村石（義徳）さんで、土煙を上げたいということを相談したらいろいろ考えてくれて。最初は『ウルトラマンダイナ』（97-98）で火薬を包んでやったみたいなんだけど、そうじゃなくて泥がドワッとなる感じでやりたいんだと。『ウルトラマンガイア』（98-99）でもちょっと試してみてよかったんだけど、『コスモス』でもう1回挑戦してくれない？って。それで平台の下に五分玉（一寸半分）を入れてくれて、「ドン！」っていうのが出来上がった。

八木　いわゆる「平台爆弾」ですね。

佐川　あれもなにかの拍子に火薬を仕掛けておいたのがよかったみたいで。

八木　たまたま発見した手法なんですね。平台の下に火薬を仕込んでおいて実際にその爆発の反動で平台の上に設置されているものが飛び上がるわけですよね。

佐川　そうそう。平台の下に五分玉を仕掛けておいて、それを火薬で「ドン！」ってやると平台の上にあるミニチュアが「バン！」ってなる。それをウルトラマンの出現のときと、相手に迫るときの怪獣の主観ショットで使うようになった。怪獣の「見た目」って言うとおかしいけどね（笑）。

八木　怪獣目線の画ということですね。

佐川　キャメラが真正面にいて、向こうからウルトラマンが駆けてくる。それでキャメラの上を飛んで、置いておいたマットに飛び込むわけだよね。自分ではブレーキがかからないからさ。で、マットにぶつかるときには本番は終わっている。「ドンドーン！」ってやっているのは1歩、2歩だから。そういうことをやったらみんなが使い始めちゃった（笑）。「これは佐川の特許なんだから」って言うんだけど（笑）、操演会社は頼まれたら断るわけにはいかないよね。実際には特許なわけでもないしさ（笑）。それにみんなが使ってくれれば迫力が出て私もうれしいわけだしね。

八木　「平台爆弾」や『ガイア』の話はまたゆっくりお伺いできたらと思いますが、今日は本当にありがとうございました。

佐川　おかげさまで昔の話ができてうれしいけど、どうしても昔を懐かしむ感じになってしまうね。

八木　佐川監督は特撮の黄金時代を過ごしてこられましたから。

佐川　まあでも思い出すのはやっぱりオヤジさんのことだよ。「こういうことをやりたい」と言ったときに、それを「ダメだ！」というのは聞いたことがないんだよね。だからやれたというわけではないんだけど、「ダメ！」って言ってしまったらダメだと思うんだよね。そのために私は撮影に入る前に必ず字コンテを書いて、難しいところは画コンテにしていたわけ。その後は樋口（真嗣）とか橋詰（謙始）さんが画コンテを描くようになったんだけど。

八木　平成三部作は橋詰さんでしたね。

佐川　しかし今日は久しぶりに話せてよかったよ。最後に、自分本位の映像ではなく、見る側の立場になって映像づくりをしないとお客さんは離れていくということを繰り返しておきます。頭に入れておいてください。

八木　はい、ありがとうございます。しっかり肝に銘じます。佐川監督には円谷プロ新入社員時代からお世話になっていましたし、デビュー作の『ウルトラマンガイア』でもたくさん学ばせていただきました。今日、お伺いしたことはあらためて学びにもなり自分の特撮人生の目標ともなりました。佐川監督にも高野宏一監督にも言われましたが、特撮というのは新しいことをやるのだということ。この言葉を大切に意識して、また新しい作品に挑戦しようと思います。お会いすることのかなわなかった円谷英二監督の素晴らしいお話をたくさんありがとうございました。また特撮のお話をお聞きしたいです。

佐川和夫（さがわ・かずお）

1939年10月29日　神奈川県平塚市生。1958年　日本大学芸術学部映画学科入学。1959年　大学在学中、円谷特技研究所入所（以降、円谷英二特技監督に師事）。同時に円谷監督の紹介により東宝特殊技術課へ。円谷特技研究所時代は大手各社CMの特撮部門撮影を手掛ける。また大学４年間の休みを利用して特殊技術課の円谷監督作品で撮影助手を務める。1963年　円谷プロダクション創立入社。以降『ウルトラＱ』『ウルトラマン』『ウルトラセブン』で撮影チーフ。1968年　『マイティジャック』で特技監督に。以降、多数の円谷プロの特撮作品で特技監督、撮影監督を務める。海外（アメリカ、香港、台湾、タイ）および他社作品も多数。2002年　後輩の指導に当たる。2020年　文化庁映画賞映画功労部門受賞。

思い出の円谷プロ

私が円谷プロに行き始めたのはもうかなり前のことです。それは1992年。円谷英二監督がご健在だった時代からは遥か後のことでした。後のことでしたが、でも、それは不思議な空間。まるで時間が止まったかのような円谷プロ社屋は、1960年代の黄金時代と全く変わらない姿でそのまま佇んでいました。

円谷プロへは小田急線の祖師ケ谷大蔵駅、または成城学園前駅から歩きます。祖師ケ谷大蔵駅からの場合は一本道。古い風情ある商店街を抜けてテクテク歩いて20分ばかり。広いとは言えない細い道を下って行くと坂の途中に円谷プロが見えてきます。写真で見て知ってはいても、きっと、不思議な感じを受けます。それは昭和の時代からちょっと時間が止まってしまったかのような雰囲気。静かで品の良い成城や祖師谷の雰囲気にもマッチして、のんびりしたおっとりと好ましい風情です。門の脇にはウルトラマンとミラーマンの等身大の人形が立っていました。しかもヤシの木が生えていて東京なのに南国風。東宝ビルトと同じく楽しげな雰囲気です。こんな場違いな素敵な場所が、この世界にあるのかと感動さえしてしまいます。

円谷プロの入り口は登り坂になっていて、その坂を上がるとごちゃごちゃと社屋が並んでいました。小さな敷地に後からプレハブを増築した窮屈な昭和らしい編成で、そのいい加減な感じも円谷プロらしいのです。入って右側にある最も大きな社屋が本館。この社屋を入ってすぐ右側の一番大きな部屋が昔の製作部で、後の営業部でした。灯油ストーブが部屋の真ん中に置いてあっていかにも昭和な風情ですが、作りものではありません。本当に灯油ストーブを使っていました。いくら30年前のことと言っても、当時そんな会社は東京にはほとんど残っていなかったでしょう。部屋の壁には作品を書き出す黒板まで飾られ、とても最先端の作品を生み出す製作会社のオフィスには見えません。でも、もちろん、私は大好きでした。とても好ましい空間でした。この部屋の主は当時営業部長だった円谷一夫さんです。この本でもインタビューしています。当時はいつも遅くまで仕事をされていましたから、営業部からは毎日遅くまで明かりが漏れてきていました。

この本館は奥へ行く廊下がミシミシと軋んで可笑しいのですが、その周囲には編集室、線画台室、機材室、資料室、総務部、フィルム倉庫、そして社長室などがありました。編集室は『ウルトラセブン』の「狙われた街」で警察の取調室として実相寺昭雄監督が撮影したりして有名ですが、もちろん本来は編集室です。『帰ってきたウルトラマン』から編集技師で、当時は総務部所属だった小林熙昌さんが完全にメンテしていましたから、フィルム編集が完璧にできる体制でした。円谷英二監督が使われたという編集機まで残されていましたし、すごかったです。そしてここは試写室でもあって、映写機もしっかりと現役でした。線画台室には往時から活躍している立派な線画台が鎮座していました。機材室にはアリやミッチェルの35ミリ、16ミリのフィルムカメラが揃っていました。資料室は狭い部屋でしたが、古い資料の山でしたね。見たこともない脚本や聞いたことのない企画書などがたくさんありました。そして総務部には黄金時代の関係者がたくさんいらっしゃいました。部長は『ウルトラマン』の制作進行だった梅本正明さんでしたし、『ウルトラQ』以前から円谷作品にかかわられていたプロデューサーの今津三良さん、先ほどの編集の小林熙昌さんもここです。そして社長室には円谷皐社長がいました。応接セットがある小さな部屋でしたが、ウルトラマンのグッズがたくさん並べられていて特に楽しげな部屋でした。

本館の2階にはあの有名な怪獣倉庫がありました。ここは何度入っても感動します。時間が止まったような円谷プロの中でも最も時間が止まった場所だったでしょう。元は京都衣装（現・東宝コスチューム）の衣装倉庫だったというこの部屋は当時の風情のままで、そこにたくさんの怪獣や宇宙人の着ぐるみが吊られている。壁には昔からの『ウルトラ』関係のシールがたくさんイタズラに張られていて郷愁を誘いますし、入り口の横の作業場にはメンテの打出親五さんが座って丁寧に仕事をされていました。打出さんは俳優でもありとても楽しい方。実相寺昭雄監督が『ウルトラマンマックス』で「狙われない街」のアイデアを話してくださったとき、お話の舞台となる怪獣倉庫の描写には、打出さんが打出さんとして最初から登場していました。実相寺監督もお気に入りだったのです。シンナー臭いのもこの部屋の特徴で、空調も利かないから考え方によっては劣悪な環境ですけれど、昭和の時代に空調なんてなかったと思えば、全くあの時代のままとも言える素晴らしい環境。すべてが完璧。怪獣たちに囲まれて童心に帰れる素晴らしい場所でした。

　怪獣倉庫の階段を下りると中庭で、奥にあるのが事業部と企画室。事業部と企画室は幽霊が出るということでも有名でしたね。ちなみに、私は幽霊を見たことはありませんが幽霊の声は聞いたことがあります。それは円谷プロ本館に深夜いたときのことです。このことは上原正三さんが雑誌『幽』に書いていますのでご興味のある方は読んでみてください。怖いです。企画室の主は企画室長の江藤直行さんです。江藤さんには私もとてもお世話になり教えていただきましたし、昭和から平成の円谷作品になくてはならない要の方でした。この部屋には後に脚本家になられる右田昌万さんも、若手企画室員として在籍されていました。

　さて、そして製作部です。私がいた部屋です。小さなプレハブ作り。黄金時代にはここは制作準備室だったそうですが、私がいた時代にはここが円谷プロの製作の中枢でした。この部屋には第一製作部と第二製作部が入っていて、それぞれの部長の席が奥にありました。第一製作部長の高野宏一さんの席が奥の右側にあって、第二製作部長の満田穧監督の席が奥の左側にありました。その後ろには巨大な黒板。製作中の作品のスケジュールが書き出されます。両部長の前にはそれぞれの部員の席があります。鈴木清プロデューサーや円谷昌弘プロデューサーや私の席がそこにありました。とても狭い部屋でしたが活気がありましたし、いつも人が訪ねてきていました。それは関係者である特撮レジェンドだったり芸能プロのマネ

©円谷プロ

『ウルトラセブン』第14～15話「ウルトラ警備隊西へ・前後編」の特撮でウルトラセブンとキングジョーを演出中の高野宏一監督（中央の眼鏡の人物）。特撮プールで神戸港を緻密に再現しての大がかりな撮影

ージャーだったりさまざまでした。製作部の入り口には小さなテーブルがあって、そこでお茶を飲んだり、お酒を飲んだりできるようになっていました。しかもテーブルにはいろいろな調味料も用意されていて簡単な料理も作れるし、寛いだ楽しい場所でした。お客さんが来て飲もうとなるとここでよく宴会をしたものです。この本でインタビューしました佐川和夫監督との出会いも、この場所でのお酒だったと思います。佐川監督が高野宏一監督を訪ねていらっしゃり、そのまま宴会になったのでした。新人だった私にとっては素晴らしい環境でした。学びの場でした。まだ実際の制作経験のない私にとっては、このお酒の席でいろいろなことをお聞きできましたから。この場所で円谷英二監督のことや円谷一監督、金城哲夫さんなど伝説の方々のことをたくさん伺いましたし、制作上や創作上のいろいろなこともお聞きできました。円谷プロの製作部にはたくさんの特撮レジェンドの方々が遊びにいらっしゃいましたから、いつもここは賑やかでした。いろいろな方と言えば、

余談ですが『スター・ウォーズ』チューバッカ役のピーター・メイヒューさんがいらしたこともありました。メイヒューさんの友人が熱烈な怪獣ファンで一緒に来たということでしたが、あれは驚きました。私は『スター・ウォーズ』の大ファンで、この映像の世界を志すキッカケになった作品の1本が『スター・ウォーズ』です。とてもうれしいことでした。

さて、このテーブルでは実は来客がなくても頻繁に飲み会が行なわれていました。私が入社した1992年ごろはちょうど番組制作のエアポケットで、作品数も少なくて円谷プロ製作部には少し時間に余裕がありました。なので、夕方4時ぐらいになると高野さんが中心になって「今日は飲もう」ということになって、お酒やつまみを買って飲み始めるのです。仕事を早く覚えたい私はとんでもないなあと思いながらも楽しく飲んでいました。今から思い返せば、あの時間も宝物です。やはりたくさんのことを学びました。私の特撮の基礎知識はあのお酒の席が中心だったかもしれないと思うほどあれは大切な時間でした。

今はもう、あの素敵な場所はありません。円谷プロの可愛らしい砧社屋は壊され更地になり、マンションが建ちました。残念です。もう一度、あの素晴らしい場所であの素晴らしい人たちと一緒に飲んでみたいなと思いますが、それは叶わぬ夢です。でも、特撮黄金時代はかなり最近まで続いていたのです。あの場所はもうありませんが、あの場所で作った作品は残ります。そして作品の輝きは永遠だと思います。だから私も今この本で、あのころお世話になった先輩方に感謝を込めて、あの素晴らしい場所を書き残したいと思うのです。

TOKUSATSU GOLDEN AGE

本多隆司

RYUJI HONDA

とにかく楽しかった円谷プロの現場

円谷英二監督と多くの作品でタッグを組んだ本多猪四郎監督の長男として、幼いころから東宝スタジオに足繁く通っていたという本多隆司氏。撮影所を遊び場のようにして育ったということで、そうした環境が自然に氏を映像制作の仕事へと向かわせたのは想像に難くない。円谷プロでの助監督時代のお話を中心に、円谷英二監督のこと、本多猪四郎監督のことも伺うことができた。往時の現場の雰囲気をぜひ味わっていただきたい。

聞き手：八木毅

円谷プロに入るまで

幼少期の東宝撮影所体験

八木　本多さんは本多猪四郎監督のご子息ですから、東宝の撮影所は幼少期からおなじみの場所でしたか？

本多　そうですね。小学校の高学年から東宝に遊びに行っていたから、円谷英二監督とも面識がありました。だから特撮でどういう撮り方をするかとか、どういう風に模型を飛ばすのかというのも全部見て知っていた。あと二重に登ってライトをいじっていても怒られなかったな。「落ちるなよ！」って言われるくらいでね（笑）。

八木　子どものときに二重に上がられていたんですね。

本多　成城の町のガス屋さんだったかな、そこの息子さんが照明部にいたんだよね。その人がやたら可愛がってくれて、僕が行くと「おーい！」って呼ぶんだよ。なぜだか知らないけど、5キロのライトを持つ練習なんかさせられたりして（笑）。それでお昼になって東宝のレストランに行けば親父と円谷さんが話をしていて、別に話を聞いているわけではないけど横の椅子でポケッとしていたりね。そんな感じでした。

八木　とても特殊な環境というか、羨ましいですね。

本多　子どものときはそれが普通だったけどいま考えれば特殊だよね。円谷さんから「戦艦大和ができているよ」なんて言われて、美術室に行って見せてもらったりしてね。長さは1メートル半くらいあったのかな？　あの大プールに浮かすやつだから重みもないといけないしね。でも円谷さんは子ども扱いが下手だったと思うんだ。「戦艦大和ができているよ」くらいしか話をした記憶がないからね。だけど側にいて優しい感じではあったよ。

八木　やはり優しい方だったんですね。

本多　そういえばあの大プールに金魚を放して怒られたなんてこともあったけど（笑）。

八木　それはすごいですね。その大プールは僕が円谷に入った1992年ごろはまだありました。

本多　大プールの前に1つプールがあって、そこを潰してスタジオにしたんだよね。あと大プールができてから、オープンセットがだいぶ小さくなったのを覚えている。黒澤久雄とか円谷粲とかと比べても、僕が一番東宝に遊びに行っているんじゃないかな。

八木　確かに粲さんはそれほど行かれていないようでしたね。

本多　粲とは同い年なんだよね。あいつが玉川大学で僕が成城大学で。でも東宝ではいろいろ教わったな。フィルムの編集室に行くと、35フィルムを鉛筆のニューム管みたいなサックに細かく切って入れてから折って蓋をして、下からろうそくで炙って見ているの。そうするとフィルムが燃えてバーって飛ぶんだよ。ただ真っすぐは飛ばないよ。どこに行くかは分からない。だから逃げて見ているんだけど、そんな遊びを編集の女の人が教えてくれたの。

八木　余ったフィルムだとはいえすごい話ですね。

本多　フィルムもいっぱいもらったけど、あれは取っておけばよかったね。カット尻って言ったってガンガン回っているわけだから。まあ、当時は燃えるフィルムだったから保管は大変だったろうけどね。

八木　ちなみに先ほどのお昼に行かれたというレストランは入って右にあった東宝のサロンでしょうか？

本多　そうそう、噴水のところの。東宝のカレンダーって昔はよくあの噴水のところで撮っていたけど、子ども心になんであんなところで写真を撮るんだろうなって思っていたね。

八木　聞いたところではあの噴水と守衛室が一番古くからある建築物らしいですね。

本多　その守衛室を入るとすぐ左側にダーって部屋が並んでいて、本多組はいつも3番目なの。もうほとんど決まっていたね。隣が稲垣（浩）組で、黒澤（明）組が一番奥だったかな。もうだいたい決まっていた。

八木　黒澤監督は本多監督のことをとても買っておられましたよね。それこそ助監督仲間ですけど。

本多　好きだったね、あの2人は。おかしいよ。親父は戦争が長かった分、黒澤さんの方が先に監督になったけど2人とも山本嘉次郎監督の助監督だった。

「円谷じいさん」は僕に撮影をやらせたかったんじゃないかな？

八木　黒澤監督は本多監督のことをお好きだったし尊敬されていますよね。

本多　確かにリスペクトしているよね。でも2人でなにかをぎゃあぎゃあ議論するというようなことは見たことがない。本当に話をしないもん。「ボソボソ」「うん、そうだな」とか「ボソボソ」「俺は違う」とか、そんなことしか言わないんだから。

八木　お互いに分かり合っていたんでしょうね。

本多　武蔵荘（東宝の寮）にいたころからそうだったみたいだね。谷口（千吉）さんとか他の人とは黒澤さんもバーバーやるんだけど、親父とはやらなかったみたい。お袋（本多きみ）がお金のことをやっていたからずっと側にいて見ていたんだけど、「あの2人は不思議だよ。私にも分からない」と言っていたくらいだから。

八木　本多監督は軍隊での経験が豊富でしたから、合戦なんかの大掛かりなシーンでエキストラに的確な指示を出すことができたそうですね。合戦で兵士が複雑な動きをする場合なんかも全部指示をできたって。

本多　戦いになると全部親父に任せていたみたい。黒澤監督が「こっちはこういう感じで作りたい」「あっちはああいう感じで作りたい」と言って、それで「分かった」って指示するのが親父だったということですね。

八木　鈴木清さんが『帰ってきたウルトラマン』で本多監督と山にロケハンに行ったときは、戦争に行かれているから足腰が強かったとおっしゃっていますね。誰よりもスイスイ進んでらしたということで。

本多　それで言うと親父は清さんのことを「あいつはちょっと真面目すぎるんだよな〜」って言っていたね。清さんってキャメラの前に座ると突然変わるじゃない？　台本を前にして考え込んでいるときは話しかけても返事をしてくれない。どういう風にしてどう撮るかをすごく考える人で、完璧に近い人だからね。でも、こんなことを言ってはいけないかもしれないけど、円谷プロを卒業して自分というものを一番出して独立していったのは撮影部だよね。つまり清さん、中堀（正夫）、稲垣（涌三）でしょう。清さんは世代が上だけど、中堀と稲垣ちゃんとか僕は同じくらい。それで「円谷じいさん」も、本当は僕のことを撮影部に入れたかったんだよ。

八木　皆さん「オヤジ」「オヤジさん」と呼ばれていたようですが、本多さんは「円谷じいさん」なんですね。

本多　小さいときから知っているからおじいちゃんだよね。それで模型が好きで東宝に来てはいろいろ見ていたわけだから、撮影をやらせたかったんじゃないかな。「キャメラ、キャメラ」って言っていたから。

八木　確かに円谷プロの伝統としては撮影部から特撮監督になります。

本多　高野（宏一）さんも成城大学だったしね。あの辺が人間的には一番面白かったね。みんなそれぞれ個性があったけど、だからといってあんまり自分を押し出さない。あそこはそういう不思議なグループだったな。

八木　高野さんが年齢的には一番上ですか？

本多　そうじゃないかな？　稲垣ちゃんは僕より1つ上で、彼が円谷プロに入って数ヵ月後に僕が入ったの。

『ウルトラマン』『ウルトラセブン』の日々

弁当配りなんかはうまくなったね

八木　実際に現場に付かれたのはどの作品からですか？

本多　『快獣ブースカ』（66 - 67）が最初ですね。学校を卒業してもなにもすることがないし、かといってなにもしないでいるのはよくないと思って親の前で「半年は遊ばせてもらいます」って宣言したの。そうしたら2ヵ月くらい経って親父が「円谷プロで呼んでいるよ」って。それで行ったらスタッフ会議で、いきなり「今度入るサードの本多だ」って言われたわけ（笑）。だからそれで入ったの。作品としては『ブースカ』をやっている途中で『ウルトラマン』に行って、それで『ウルトラセブン』『マイティジャック』をやって『怪奇大作戦』（68 - 69）までですね。

八木　ではほとんど全部をやられているわけですね。

本多　ちょこちょこだけどね。さっきも言ったけど特撮のやり方は見て知っていたけど、自分の手でやるのは初めてで楽しくてね。操演も手伝ったし、照明も一緒になってやったし、美術もやったりして。とにかく現場がものすごく楽しかったんだけど、やっぱりサードをやっているときっていうのはその日その日のことばっかりでね。最初の1年ちょっとはお話するような立派なことはなにもないんだよ。

八木　僕も経験があるので分かりますがサード助監督は本当になんでもやるんですよね。

本多　そういう意味では弁当配りなんかはうまくなったね。弁当が「赤提灯」から届くと、まずは3つくらい隠しておくの。そうじゃないと配ってから絶対「弁当がない！」とか言い出すやつがいるからね。特に照明さんなんかはどこかに隠しておいて「ない！」って言うわけ。そういうときに慌てないで「はい、やるよ！」ってできるように、ということまでやっていたよ（笑）。

八木　厳密に言えば弁当を配るのは製作部ですよね。

本多　製作部もすごく大変だったから、やっぱり一番の小間使であるサードが雑多なことをやるんだよ。それにみんな他で忙しいからサードしかできない。特に特撮なんかは、ワンショットを撮るのでも極端に言えば3時間はかかるような準備をしていたわけ。そうするとその間に暇なのってサードだからね。それであっちに行っては手伝ってあげて、こっちに行っては手伝ってあげて。そういうことで最終的には全部を見れるようになる面白みはあったよね。

八木　操演のお手伝いというのは例えばどのようなことをされたのでしょうか？　竿を振ったりは？

本多　振った振った。竹竿の先にピアノ線を吊るして、その先に板を十字にしたのを付けて飛行機につなげるわけだけど、遠心力で上手に回らないといけないから鉛の重りを付けてね。それでもうちょっと重い方がいいとか、いやいや軽い方がいいなんてやって飛ばすんだけど、よく清さんには「こんなの飛んでねぇ！」って怒られたよ（笑）。あれを振るのは助監督しかいないでしょう。それから親線も張ったし、いろいろやりましたね。

「今度は本編をやらせてください」

八木　本多さんは助監督としては本編も特撮も両方やられているんですよね？

本多　『ウルトラマン』では特撮だったんだけど、『セブン』をやるときに円谷じいさんに「今度は本編をやらせてください」って言ったの。それで本編に行ったんだよね。

八木　円谷英二監督に直接そう言われたのはすごいですね。

本多　小さいときから知っているし、東宝には遊びに行っていて他にもいろいろな監督を知っているわけ。だから大変失礼な言い方でしたけど、礼儀もなしにボンボン言っていた。よく言えばみんなに可愛がってもらっていたということでね（笑）。

八木　『ウルトラマン』では佐川（和夫）さんと鈴木さんの班があったということですが。

本多　僕はB班、清さんの班ですね。池（谷仙克）ちゃんとかもいたし、あっちの方がよかったね。清さんは、新しいものを発明したっていうのは自分であんまり言わない人なんだよ。現場で突然自らやり始めるの。だから撮影助手なんかはドキドキしていた。あとキャメラをハンディで回すじゃない？　それで終わるとパッて離しちゃうんだよね。三脚を立てていて撮り終わるとキャメラをパンって回すのと同じ感覚で、キャメラを助手に渡しているつもりだったんだろうけど。それが速いから助手は大変だったと思う。思い出すと、清さんはいつも小さいパイプに長いタバコを挿して吸っていてキザだったね（笑）。

八木　『ウルトラマン』で他に印象的だったことがありましたら教えてください。

本多　確か『マン』だったと思うけど、照明部が1人二重で寝ちゃって、池ちゃんなんかが作った雑木林の奥に落ちてきたことがあった。20キロライトなんかが当たり始めると、冬なんかは二重は暖かくて眠くなるんだよね。すごくびっくりしたんだけど、自分は平気で雑木林の真ん中をかき分けて歩いてきて途中でぶっ倒れたんだから。

八木　われわれのときはホリゾントと壁の間に落ちたことがありましたけど、結構なおおごとですよね。そのときはホリゾントを壊して助けたんですけど。

本多　『マン』のときは池ちゃんが飛んで来て、全員で黙々と直してね。ああいうところはよかったと思うよ。

八木　別に誰が悪いということではないのは分かりますし、直して撮らないとその人の責任問題になってしまう。

本多　だから現場としてはすごく楽しかったよ。あとすごいなと思うのは、アリフレックスの16ミリの小さなファインダーであの『ウルトラマン』の特撮を撮ったということ。ピアノ線の色だって覗いても分かりはしないでしょう。それを撮影部の連中は「まだ白い」「ちょっと濃い」とか言っていたわけだからよく見ていたなって。そういう意味では思わぬ特技をみんなが持っていたよね。あとは飛行機が飛ぶんだって、ライブ（ライブラリー）を作ればいいじゃんって思うけど、みんな「ライブは違う！」って。あの意固地さはすごいなと思う。

八木　やっぱりライブじゃいけなかったんですね。

本多　ライブにしちゃうと雲とかバックがみんな同じになっちゃうからね。そうすると好きな人間にこそ「ああ、またあれを使っているな」ってすぐバレちゃう。1つはそれもイヤだったんだろうね。

八木　全部ライブでやる番組もありますが、飛んでくるとか、横に行くとかは円谷プロは全部撮っていますもんね。

本多　基地が開いて飛行機が飛んでくるとか、ああいうのも高野さんが何回か撮り直しをしているんだよね。じゃあなぜ覚えているかというと、「なんで今回だけ急にやるの？」って思ったから（笑）。

ポインターのギアがバックにしか入らない！

八木　『セブン』では本編をやられて現場はいかがでしたか？

本多　面白かったよ。ロケはほとんど東急沿線で、あのころの東急沿線は竹林が多かったの。そうすると竹林を全部綺麗にして新しい住宅地を作るとかいうことで、更地になったところに火薬を仕掛けてどんちゃんやっていた（笑）。一番近くは江田じゃないかな？　あの辺はまだ全然田舎だったからね。で、ポインターもあそこくらいまでしか持っていけないんだよ。

八木　ポインターはすぐに故障したという話ですね。

本多　整備が大変だったね。面倒を見ていたのは安田さんという人だったかな。それで現場に行って走るときはだいたい僕なんだよ。僕はちょっと草レースをやっていたからね。

八木　鈴木さんがおっしゃっていたんですけど、本多さんはA級ライセンスをお持ちだということで。

本多　よく言うよ（笑）。遠くのときには安田さんがやっていたんだけど、運転している人の影が見えるくらいのときは僕がヘルメットをかぶってやっていた。でもまあひどいクルマだったよ（笑）。

八木　満田稸監督からお聞きしたのですが、伊豆にロケに行ったときにギアがバックにしか入らなくなったこともあったとか（笑）。「だから逆回転で撮ったんだよ」って。

本多　そうそう、突然ギアが入らなくなったんだよね。あのときは正面にキャメラを置いて、それでバックさせたのを撮影してリバースしたんだから。

八木　正面だと逆回転したら分からないですよね。

本多　横も試したんだけどバックだからノロノロなんだよ。じゃあ倍速にしちゃおうっていうことがすぐできる時代じゃなかったから、正面からの撮影でバックしたんだ。もしかしたらズームも一緒に使っているかもしれない。そういう変なところで苦労した覚えがあるね。

八木　かっこいいんですけどね。

本多　かっこいいかな？　あれは美術の井口（昭彦）ちゃんに怒鳴りこんだのを覚えている。「なんだよこのクルマ！　トラックじゃないんだよ！」って。

©円谷プロ

ウルトラ警備隊のポインター。美術総監督の成田亨さんがデザインした最高にカッコいい劇用車。まさに、未来の車です

八木　確かにでかいですよね
本多　だから公道を走るときはどこかを外したんじゃないかな。元になった箱型セダンはかなり人気があったクルマだよね。でも改造する前に美セン（東京美術センター、後の東宝ビルト）に来たときに、なんでこんなボロいのを持ってきたのって思ったからね。新品なんて買えないのは分かるけど、いくらなんでもこれはって。

成田（亨）さんにはよく「うるさい！」って怒られた

八木　やはり成田亨さんって素晴らしいと思うんです。『セブン』を見るとポインターは颯爽と走っていてかっこいいじゃないですか。実際に乗ることを考えたらボンネットとか後ろの長さは長すぎますけど、デザインとしてはクルマ離れしていますよね。
本多　あれは戦車だよね。でも成田さんはやっぱり怪獣でしょう。それぞれにコンセプトがあってすごい。まあ性格も独特だったからね。ものすごく頑固でちょっと付き合いにくい人みたいな感じで。
八木　でも現場にはあまりいらっしゃらないわけですよね？
本多　いやいや、すぐ隣にデザイナー室があったから。昼の弁当の時間なんて、セットの脇にいたりしてね。デザイナー室は階段を上がってすぐのプレハブみたいな部屋で、成田さん、池ちゃん、それから深田（達郎）っていうのが仕事をしていた。僕は深田くんと仲がよかったから一緒に弁当を食べたり、後片付けが終わってからも上に登って話したりしていたんだけど、成田さんにはよく「うるさい！」って怒られたな。まあ成田さんがぐわーって描いている側でギャアギャアやっていたんだから当然なんだけど（笑）。
八木　成田さんはデザイナー室で怪獣デザインをされていたわけですね。

本多　そうそう。あとは機電の倉方（茂雄）さんのところも面白かったね。造形では怪獣の頭をぶった切って別の頭を据えたりしていたんだけど、いつも酔っ払いそうな匂いがしていてさ。いろいろな薬品なんかを使うじゃない？

八木　それは主にシンナーの匂いじゃないですかね。造形室は本当にすごいですから。

本多　僕はそのころ谷を越えた岡本町に住んでいたの。それでときどきふっとクルマで美センに来ては、誰かいるかなって覗いたりしていたんだよね。そうすると造形の人たちが黙々と仕事をしていたな。その次に黙々とやっているのが池ちゃん、成田さんだったね。

八木　遅くまで仕事をされていたわけですね。

本多　それでスタジオに入れば撮影部とか照明部の若いスタッフが仕事をしていた。そんな感じだったけど、最初に美センに行ったときはびっくりしたよ。「こんなところで撮影するのかよ?」ってね。小さいときから東宝を見ているとすごく静かで床も厚いじゃない？　そういうところに慣れていたからびっくりしてね。

八木　東宝のステージから見るとすごくボロっちく感じられたということですね。

本多　もともと東京美術センターだから、あくまでも美術の作業場だったわけじゃない。でも『マン』も『セブン』もアフレコだったから撮れたんだろうけど。

八木　東宝の本編はシンクロだけど『ウルトラシリーズ』の現場はアフレコだった。

本多　東宝でも特撮と組み合わせるところは富士の裾野とかで撮っているからアフレコで、だからシンクロと両方だったね。親父のアフレコを見に行くと、みんながそれぞれしゃべりを変えるのが面白くてね。だから『マン』とか『セブン』でもアフレコには立ち会いたかったんだけど、サードだったから1つ終わるとすぐ次が始まるのでアフレコには行けなかったな。

結局、教えがしっかりしているんだよ

八木　円谷にいらっしゃったのは『怪奇大作戦』までということでしたが。

本多　円谷を辞めたのは半分解散みたいになったときで、それも清さんからだよ。「小林（哲也）さんの日本現代企画っていうところに行くからお前も来いよ」って言われて。それで行ったの。だから『孤独のメス』（69）もそうだよね。

八木　鈴木さんはその後は監督になり、もともとの希望だったプロデュースの仕事に移っていかれます。

本多　僕は清さんが監督になったのは知らないんだよ。久しぶりに会ったらもうプロデューサーだったから。『プロ野球を10倍楽しく見る方法』（83）のときなんだけど、僕はアメリカにいたの。そうしたら清さんが訪ねて来て、今度作品をやるんだよって。だから「え、清さんがこんなところで特撮なんかやるの？」と思ったんだけど、そういうことではなかった（笑）。その後にもう1回来たんだけど、円谷プロの中ではポツンポツンと一番会っている人じゃないかな。

八木　そのとき本多さんはニューヨークでお仕事をされていたんですよね。

本多　僕はプロダクションを作っていたんです。民放4局とNHKがサテライトをやり始めたころで、当時は各局とも法律で支局を作れなかったの。だから出張所という名前で3～4人しかいなくて、技術は全部僕の方で請け負っていた。あとはスペシャルもの、四季折々で年に4回ある2～3時間の特別番組を請け負ってね。

八木　特撮から入られて映像の仕事をさまざまされてきて、今はどのようなことを思われますか？

本多　僕は最初からドラマ、劇って好きじゃなくてドキュメンタリーが好きなんだよ。小さいときに親父から「映像にはドキュメンタリーという世界があって、これは二度と作れないものなんだ」って教わっていたからね。自分の目で見たものを大切にしていくのが一番基本だぞって。あと、天気がいいと親父が犬を連れて散歩をするんだけど、小田急線にかかっている富士見橋と不動橋から富士山を見ながら何気なく「今日のこの富士山は1回しかないなあ」って言うわけ。そういう親父だったからね。自分のことで言えば小学校の2年生か3年生の夏休みの宿題で蜘蛛の採集をしたんだけど、軽井沢から御殿場から歩き回って蜘蛛を取って標本にして。そうしたら蜘蛛はそれぞれ顔が違うし、取った背景もみんな違う。ああ、ドキュメンタリーってこういうことを言うんだなって思ったね。

八木　特撮とドキュメンタリーはある意味では真逆のものですが、本多監督の根っこにはそういうお考えがあったのですね。でも『ゴジラ』を見ていても本編はリアルな感じがありますから。

本多　本編から特撮にふっと入る、そして特撮から本編に戻る。そこはすごく注意をしていたよね。どういう風に入ってくるかによって怪獣が強くなったり人間が強くなったりするわけだから。怪獣が現れてそれにびっくりするリアクションも、怪獣の勢いに合わせて撮らないといけない。そういうのをすごく大事にしていたから円谷じいさんと気が合ったんだろうね。

八木　本編と特撮がうまく合わないと映画は全然ダメですからね。だから1班体制の方がいいという話にもなるんですけど、本多監督と円谷英二監督はそこのつながりが素晴らしいんですよね。

本多　監督仲間からも裏で「いのさんはよく円谷さんとできるなあ」と言われたことが何度もあったみたい。これはお袋から聞いた言葉だけど、それくらい円谷さんも自分のものをすごく持っているし、それを活かしていいかないと特撮の映画は成り立たないということを親父も知っていた。それで2人とも気が合ったんだろうと言っていたね。

八木　本多監督はいろいろな方と組まれたと思いますが、特に大きいのは円谷英二監督と黒澤明監督だと思うんです。それぞれ世界をお持ちの監督ですから。

本多　でもそういうのって円谷プロの時代からあったよね。楽しかった、よかったっていうのはそこだよ。ケンカしているのは1回も見たことはないしさ。もちろん腹の中ではいろいろあったかもしれないけど、それは作品を作っていく上でのことだというのを理解している人たちだったと思う。合同芸術っていうのは、やっぱりそこだよね。

八木　円谷英二監督は現場にいなくても存在を感じられたという話ですが、いかがでしたか。

本多　そう。だから結局、教えがしっかりしているんだよ。映像というのはなにかということから始まってね。だから自分たちが困ったときに「オヤジならどうするかな？」っていうことになって、いい意味でいつもみんなのバックにいたんだよね。これはすごいことだよ。それと円谷じいさんは画というものに対する興味と探究心がすごかったよね。それで機械にまで遡って「このキャメラだからダメなんだ」というところにまで広げていくことができた。それで自分で「円谷ミッチェル」を作っちゃったわけでしょう。そういうところはやっぱりすごいよね。

八木　本当にすごいです。興味と探究心の先にキャメラを作ってしまうなんて。本当はそうなのかもしれませんが、普通は誰もできませんし聞いたことがありません。やっぱり天才なんですね。本多さん、今日はありがとうございました。本多さんの視点をお聞きできましてとても勉強になりましたし、まだまだ学ぶことがたくさんあると思いました。特撮の流れに連なる者としてとてもうれしかったです。

本多隆司（ほんだ・りゅうじ）

生年月日：1944年01月31日
生まれ：世田谷区成城

作品歴

円谷プロ（助監督）
『快獣ブースカ』『ウルトラマン』『ウルトラセブン』『マイティジャック』『怪奇大作戦』
ディレクター
『スポニチテレビニュース』『ゴルフ番組』『世界の結婚式』『世界のあの店この店』『日本F-1グランプリ』『ジャパンボール』、等
大林宣彦作品（アシスタントP）
『あした』『風の歌が聴きたい』『SADA』『三毛猫ホームズ』

円谷プロで思い出すのはいつも夏の風景。ここは暖かなおとぎの国（撮影／八木毅）

TOKUSATSU GOLDEN AGE

中堀正夫

MASAO NAKABORI

「すごい特撮」への対抗心

『ウルトラセブン』「史上最大の侵略・前後編」で特撮キャメラマンデビュー後、『シルバー仮面』『ウルトラマンタロウ』に参加。映画『無常』『曼荼羅』『哥《うた》』『あさき夢みし』のATG作品のほか、テレビ映画やCMも含む多数の実相寺昭雄作品でタッグを組んできた中堀正夫氏。当時の撮影風景はもちろん、円谷英二氏のこともお話いただいた。現場の熱気をぜひ追体験してほしい。

聞き手：八木毅

写真を志していた学生時代

始まりはワイドレンズ

八木　円谷プロに入られる前のお話から伺いたいのですが、ご出身が日本大学芸術学部ということで映画や撮影ということにはもともとご興味をお持ちだったのでしょうか？

中堀　僕は親父が転勤族で、小学校1年生のときに東京から信州の松本に行っているんです。そこには6年間いて金沢に移ったんですけど、写真好きだった親父に撮影会なんかにも連れられて行きました。キャメラは2台あって、人物を撮るのに最適だったブロウニー（6×6）のローライフレックスとニコンのSで、まだSしかないころだったのかな。

八木　高級機ですよね。

中堀　Sには28ミリのワイドレンズを付けていたんですよ。そうするとビューファインダーが付くわけだけど、親父はそれを俺に預けちゃうの（笑）。それで撮影会だからキャメラマンが半円形になってモデルを囲んでいて、親父が動き回るとどこにいるかはすぐ分からなくなっちゃう。だから探していると、「ダメダメ、そこはフレームに入るから！」って注意されてね。

八木　写っちゃうからどいて、と（笑）。

中堀　そんなことで暇だからニコンのビューファインダーを覗いたら、ワイドレンズで「なにこれ？」となって。要するに見た目よりぐっと広くなっちゃう、遠くに見えるわけじゃない。これは面白いから撮っちゃおうって（笑）。絞りは親父がだいたい入れていたからね。小学校2〜3年のときにそんなことをしていたんですよ。

八木　最初のレンズが28ミリだったんですね。

中堀　なぜだかね。それで家に帰って、押し入れを閉めて自分たちでネガ現像して引き伸ばしまでしていたんです。だから最初が面白かったね。でもそうじゃないときには毎週、親父といい映画を見ていた。昭和25（1950）年ごろだから、黒澤明、小津安二郎、木下恵介……もう片っ端から見まくったね。最初に『酔いどれ天使』（48／黒澤明監督）を5歳のときに見ていて、『野良犬』（49／黒澤明監督）、『晩春』（49／小津安二郎監督）が6歳、この年は『異国の丘』（49／渡辺邦男監督）なんていうのも見ている。そして『お茶漬の味』（52／小津安二郎監督）が9歳かな。『喜びも悲しみも幾歳月』（57／木下恵介監督）なんて幼いながら泣いていたからね（笑）。でもなぜか親父は東映を見に行かないんですよ。だから俺もそのころの東映は見ていない。まあそんなわけでいろいろ映画も見ていたけど、高校に行く前には写真が面白くなっていて。親父からは「写真をやりたいのか？」と聞かれるくらいだった。それで「やりたい」って答えたら、「でも大学には行ってもらわないと困るから、1回だけ写真の大学を受けさせてやるよ」と言うわけ。自分が教え込んだ手前もあってチャンスをくれたんだよね。でも当時、写真を教える大学は日本に3つしかなかった。千葉大学の工学部は科学的なことをやる。あとは日大の芸術学部、東京工芸大学があったから、その3つのパンフレットを取り寄せろと言われてね。

八木　それは何歳くらいのときですか？

中堀　中学3年になるときですね。それで送ってきたのを見ると、千葉大学は国立だから全科目試験じゃないですか？　だから千葉大はや〜めたって（笑）。日大の芸術学部のパンフは映画学科の説明から始まるんだけど、映画学科は写真もやるし映画もやる。だからつぶしが効くって書いてあったの。

八木　映画全盛期ですからね。

中堀　それでつぶしが効くんだったらいいな、映画もやれるんだったらいいなということで日芸志望となったわけ。

八木　最初は写真から入られて映画もたくさんご覧になっていたわけですしね。

中堀　そのころの映画は標準レンズしか使っていなくて、50ミリだけで撮っていて、40ミリと2本しか持っていないような時代でした。そんな画面が映像として自分の頭の中に入っている。子どものときから植え付けられているわけ、ピシッとした4対3の画面がね。だからおかしいのは、最初に面白いと思ったのはワイドレンズで、見ている映画はそうじゃなかったの。もちろん当時はそんなことも考えていないけど、物語の中に入りやすい画ということだよね。そんなわけで映画に興味はあったけど、映画に行こうとまでは思っていなかった。だけどつぶしが効くんだったらいいやっていうことでね。高校3年生のときには親父が福岡に転勤になったんですけど、俺は金沢にほんの少し残って下宿して、1人で東京に行って日芸を受けてから福岡に初めて帰ったんです。でも、いくら待っても合格通知が来ない。それでおかしいなと思っていたら、社宅の玄関の下駄箱の裏に郵便が3、4通落ちていて、その中に合格通知もあった。格子戸の玄関の反対側の隙間から郵便屋さんが配達していたから、そんなことが起きてしまった（笑）。

八木　届いてはいたけど、変なところに入っちゃっていたわけですね。

中堀　でも期限があと3日しかなかったの。見つけたのが土曜で、月曜までに入学金を払わないといけない。だけどあのころは銀行も土日が休みでお金を下ろせないじゃない。それで親父が「お前は先に行ってろ！」と言うので東京に行って手続きだけして、「お金はギリギリですけど持ってきます」って（笑）。落ちていたら浪人して普通の大学に行けと言われていたから、下駄箱の裏を見ていなかったら親父のコネで東京海上に入っていたかもしれない。まあ、行っても窓際族だったろうけど（笑）。

八木　その時点では円谷英二監督関係の特撮映画はそこまでご覧になっていなかった？

中堀　親父は日本の映画を好きなんだけど、外国映画の特撮もの・戦艦もの・戦記ものは大好きで見ていたの。だけど円谷さんの昔のものは見ていなかったですね。

特撮ってお金がかかって大変だな

八木　外国の特撮というのはどのようなものでした？

中堀　アリかなんかが巨大化しちゃうやつ（『放射能X』54／ゴードン・ダグラス監督）とか。それと戦記ものだと『ケイン号の叛乱』（54／エドワード・ドミトリク監督）とかね。そういうのを見ていたんですけど、円谷英二の名前は全く知らなかった。それで日大に入ったら（鈴木）清さんが同じ映画学科の1年上にいてね。知り合ったのは1年生のときのクラブ活動の勧誘で、名前が劇映画製作研究会というところだった。映画系ではもう1つ新映研というのがあって、これは足立正生なんかがやっていた。時代に合わせたものを作るクラブでね。一方の劇映画製作研究会は運動部みたいなところで、なにかミスしたら罰として正座させられる。しかもその上に5キロライトを乗っけられて、「なんでこんなことをされるんだ」って。とんでもない時代でしたね。だから新映研と旧映研みたいなものでしたよ（笑）。

八木　まさに旧映研。そこに鈴木さんがいらしたわけですね。

中堀　そうですね。それでクラブの自主映画を作るというので、1年生のときの夏休みの半分はみんなが各パート5〜6人に分かれて泊まり込みで映画を作ったりして。そういうところでした。まあ正座をさせられるようなクラブだから長続きしなくていいやなんて思っていたけど、中野（稔）さんも佐川（和夫）さんもいたんだから。それで俺が2年生のときには中野さんも佐川さんも卒業して円谷プロに行ったんですよ。

八木　中野さん、佐川さんとは3学年違うわけですね。

中堀　俺が2年生のときに卒業されていた。清さんはまだクラブにいて、夏休みにちょうどいいからバイトに来いって誘われたのが『太平洋ひとりぼっち』（63／市川崑監督）。それで千葉の勝浦ロケで台風を狙っていたわけ。マーメイド号のミニチュアを大小で3台作って、毎日台風が来るのを待ちながら海に出ていってね。海の中には8畳くらいの、上がちょっと海面から出ている小さな島みたいなところがあったんだけど、そこの岩に杭を打って小屋を作り、置いていけるものは置いて毎日通っていました。持って帰るのは大変だからね。

八木　ちょっと心配ではありますね。

中堀　実際、ものすごい強い台風のときに全部なくなっちゃったの。

八木　しかし台風を狙うというのも撮影的には不思議なシチュエーションです。

中堀　原作に「猫の爪のような波の上をマーメイド号がポーンポーンと飛んでいった」という文章があって、それにはワイヤーを張ってそこにヨットをつなぎ置いておけば高い波が来たときに撮ることができるのではと。ひっくり返ったりするのも撮れて、そういう仕掛けで毎日やっていたんだよね。あと、台風を待っていても晴れればダメだから、太陽を隠すために缶スモークの黒を焚こうという話になって。ちょっと離れたところに岬みたいなのがあるから、そこから「太陽を隠せ！」って（笑）。バカなことを言ってるんじゃないよ、太陽なんて隠せるわけないだろうって思いながら5～6本の缶を焚いてみたけど、案の定全然ダメでときどき隠れるくらい（笑）。あれは当時1本1500～1600円したんだけど、こんな作業が続いたから特撮ってお金がかかって大変だなっていうのが第一印象。

八木　その現場には円谷英二監督は？

中堀　あのときは一切来ていない。見学にも来ていないと思うよ。それでそのころ、三脚は全部木製だったんですよ。これが塩水をかぶっているから毎日磨かないといけない。大小合わせて4本、俺らは外で三脚磨きをしているだけ。そして清さんたちは部屋でミッチェルをバラバラに分解するんですよ。水をかぶっているから部品を油に浸けて、それが終わるまでは飯も食えない。勝浦には2ヵ月半ずっといたけど、あるときから三脚はもうツルツルになっちゃって綺麗なものだった（笑）。あとは日活の撮影所には小さなプールがあったから、東京に帰ってからそこで「波おこし」の仕掛けで波を作り、1／2の大きさで作ったマーメイド号を撮ったんです。

八木　お金があったんですね。今はそんなことは不可能ですよね。

中堀　撮影部は俺らの特撮班を入れて全部で8班あった。その中から外国に行くのが2〜3班あって、そういう時代だった。でも結局、特撮が撮って使ったのは1分48秒とかなんだよね（笑）。

八木　2ヵ月半いて1分48秒！

中堀　でもちゃんとしたところも撮れてはいるんだよ。なにしろ1／2サイズのマーメイド号で、ちゃんと乗れるくらいの大きさだからね。バランスも取れるしアンカーもきちんと入っている見事なものでした。そしてその夏はずっと『太平洋ひとりぼっち』で過ごしていたんです。その後はたまには円谷に呼ばれることもあってね。レナウンの「イエイエ」のコマーシャルを作るときはブルーバックでやるから手伝いに来いとかね。まあそんなことは滅多になかったですけど、あることはあったんです。それで就職するときには親戚のコネで日本テレビに入れそうだったんだけど、実際に話を聞いたら「東京は無理かもしれないけど大阪の読売テレビだったら行ける」

ということだった。ただ大阪なんて行ったこともなかったから悩んでいたら、もう『ウルトラQ』が始まっていたから清さんたちが「円谷プロに来れば?」と誘ってくれて。そのまま、試験もなにもなく円谷プロに入ったんです。

八木　その時点までに円谷英二監督とは会われていたのでしょうか?

中堀　家には行っているんですよ。庭に作った掘っ立て小屋みたいな研究所、そこには中野さんや佐川さんがいたから行っていたんです。でもお話は全くできなかったですね。清さんは東宝に手伝いに行っていたし。

八木　劇映画製作研究会の皆さんは優秀だったんでしょうね。佐川さん、中野さん、鈴木さん、中堀さんが東宝や円谷プロに行かれていたわけですから。

中堀　中野さんは大学在学中に円谷英二さんを訪ねていて、「円谷さんのところに行きたい」と言っている。それでも家では大学を続けろという話だったので、「大学を卒業してから来ます」ということだったらしいです。だから中野さんは優秀だったんですよ。でも俺なんかは、なんで円谷プロに入ったのか。円谷さんに憧れてっていうわけではなかったし『ゴジラ』も見ていなかったですから。

怖いもの知らずの無双キャメラマンの誕生

初めて特撮のキャメラマンをやった「史上最大の侵略・前後編」

八木　円谷プロに入られてからは円谷英二監督とも接する機会があったかと思いますがいかがですか。

中堀　『ウルトラマン』の「悪魔はふたたび」で円谷英二監督の現場には行っているんだけど(ノンクレジット)、

1日来てやっただけ、ぶっ壊しただけだからね。まあ編集をよく見ると普段の柳川（義博）さんがやったのとはちょっと違うなと思うところもあるんですけど。でもいろいろ考えると、作品にかかるお金が円谷プロの美セン（東京美術センター、後の東宝ビルト）っていうボロなスタジオで撮るのと、東宝のでかいステージで撮るのでは極端に言えばゼロが2～3個違ったんじゃないかな。だから俺らが撮影部に入っていろいろ教わっていくこと自体、そこでガンって差がついちゃっているわけ。円谷さんは「2000カットあったら2000カットのミニチュアが必要だ。キャメラやレンズが違ったら全部大きさが違うんだから」って言っているけど、俺らはそういう考え方なんか全くできない。ただ砂をまいて植木を並べてミニチュアを並べて……というようなもんですよ。東宝なんかは撮る前に最低3～4日かけて見事なミニチュアを飾るんだから考え方が違う。注文で持ってきてもらってなんていうこともできるし、大きさをどんどん変えられるわけだからね。

八木　もちろん『ゴジラ』とは予算も違うしスタジオも大きさは違うんですけど、あらためて『ウルトラQ』『ウルトラマン』『ウルトラセブン』を見るとしっかりしていると思うんです。というのは俯瞰の画も撮っているし、そもそも最近の作品とは違ってホリゾントに山の絵が描いてあったりするじゃないですか。で、その前には山のミニチュアが飾ってあるから3層になっている。東宝の映画と一緒で丁寧で、手前のミニチュアの層、奥の層、その後ろの空の前に画があるからすごく遠近感があるなあと。

中堀　この間、ジャミラ（『ウルトラマン』「故郷は地球」）を川崎の大きなスクリーンで上映したんだけど、特撮の画があれに耐えられたんだよね。テレビのモニターの画面よりもっとちゃんと奥行きが出るから、やっぱりすごいな、俺らがやっていたことは間違いじゃないんだって勝手に思ったけど（笑）。

八木　作り方は東宝の映画と近いところがある。

中堀　それから当時、本編は東宝のキャメラマンが来ているじゃないですか？　円谷プロからの本編のキャメラマンって誰もいないんですよ。そういう違いもあったね。

八木　それはいつごろのお話ですか？

中堀　『Q』から始まって『マン』『セブン』『怪奇大作戦』くらいまでですね。そうするとやっぱりものの見方が全然違う。監督にしても東宝とＴＢＳの監督ではやっぱりちょっと違う。本編でも特撮でも実相寺（昭雄）さんが来ると、東宝では全く考えられないような撮り方を指示してくる。そういうときは逆らわないで撮るし、そうじゃない監督のときは自分たちが先行してやっていたりした。やっぱり東宝から来た監督とは扱い方が違いましたよ。

八木　そういうことがあったんですね。

中堀　撮影部は美術と一緒に全部やっていた。キャメラを置いてみたら「天井が分かるから歩道橋！」って言って、自分たちで歩道橋を並べて天井を隠したりしてね。美術は作るけど、天井のことなんて考えていないじゃない？　特撮のキャメラ助手には「お前、画を作っていていいよ」って言われて作らせてくれる。それで勝手に考えて、違うところから、こういう角度で……って撮り始めたわけ。しかも特撮はワイドを使ってパースがつくから、ミニチュアの扱いがきちっとできるんです。キャメラはミッチェルとカメフレックスと16ミリのアリで、必ず5台出るわけですよ。

八木　ミッチェルは35ミリですよね。

中堀　それは合成用ですね。必ず朝7時半ごろから来てキャメラを全部スタンバイする。だから撮影前に全部並んでいるわけ。で、合成になったらこのキャメラって。そんなことをしている中で、初めて特撮のキャメラマンをやったのが『ウルトラセブン』の「史上最大の侵略・前後編」。クレジットだと永井仙吉さんが本編の撮影で、特撮は鈴木清さん、俺は撮影助手になっているんだけどね。このときは清さんが「俺は今ギャラでもめているからお前が撮れ」って。他のことでやりたくないとか、清さんにはなにか理由があったのかもしれないですけど、そういう話で急に臨時のキャメラマンになったのです。

八木　代役であの傑作「史上最大の侵略・前後編」の特撮を撮影された。

中堀　でも2年半ほど毎日そうやって撮影をしていたわけだから、いつそういう話が来てもできるんですよ。だから清さんも簡単に「お前、撮れ！」って言って。もちろんイヤとは言えないし。普段やっていることだし、高野（宏一）さんが監督だからね。台本には高野さんの書いたカット割りを写してあって、ただそのまま写すのではなく「これを間に入れたらどうなの？」なんて変更はあったかも分からないですけど。だからなんの恐れもなく、好き勝手に撮った（笑）。まあ、自分の中ではそれまでの反省会みたいなもので。あのときはこうだったからこうした方がいいよなとか、そういうことでやっています。飛行機なんかも相当撮ってきたからね。

八木　飛行機はいっぱい飛んでいます。最初は2号ですよね。それから1号も出てきて。ステーションV2の親線とクレーン操作の1号が絡んだりしている撮影も素晴らしい。

中堀　そういうやり方は、いつもやっていないことを考えようっていろいろ試しているんだよね。キャメラを90度倒して、とか。そういうことも考えながらやっていた。もちろんある程度のことは高野さんが決めていたけどね。で、撮っていくうちにこれが欲しい、あれが欲しいっていうのも出てきて、それは自由にやれよっていうことで。ただ最後の夕景のところだけは外に出て、朝焼けのシーンにしているんですよ。夕暮れ時に撮って朝焼けにした。満田𥶡監督もそこだけは「すごいね、よかったよ」って。

『ウルトラセブン』最終回『史上最大の侵略』の脚本。これはウルトラセブンとパンドンとの最後の戦いの字コンテ（中堀正夫氏提供）

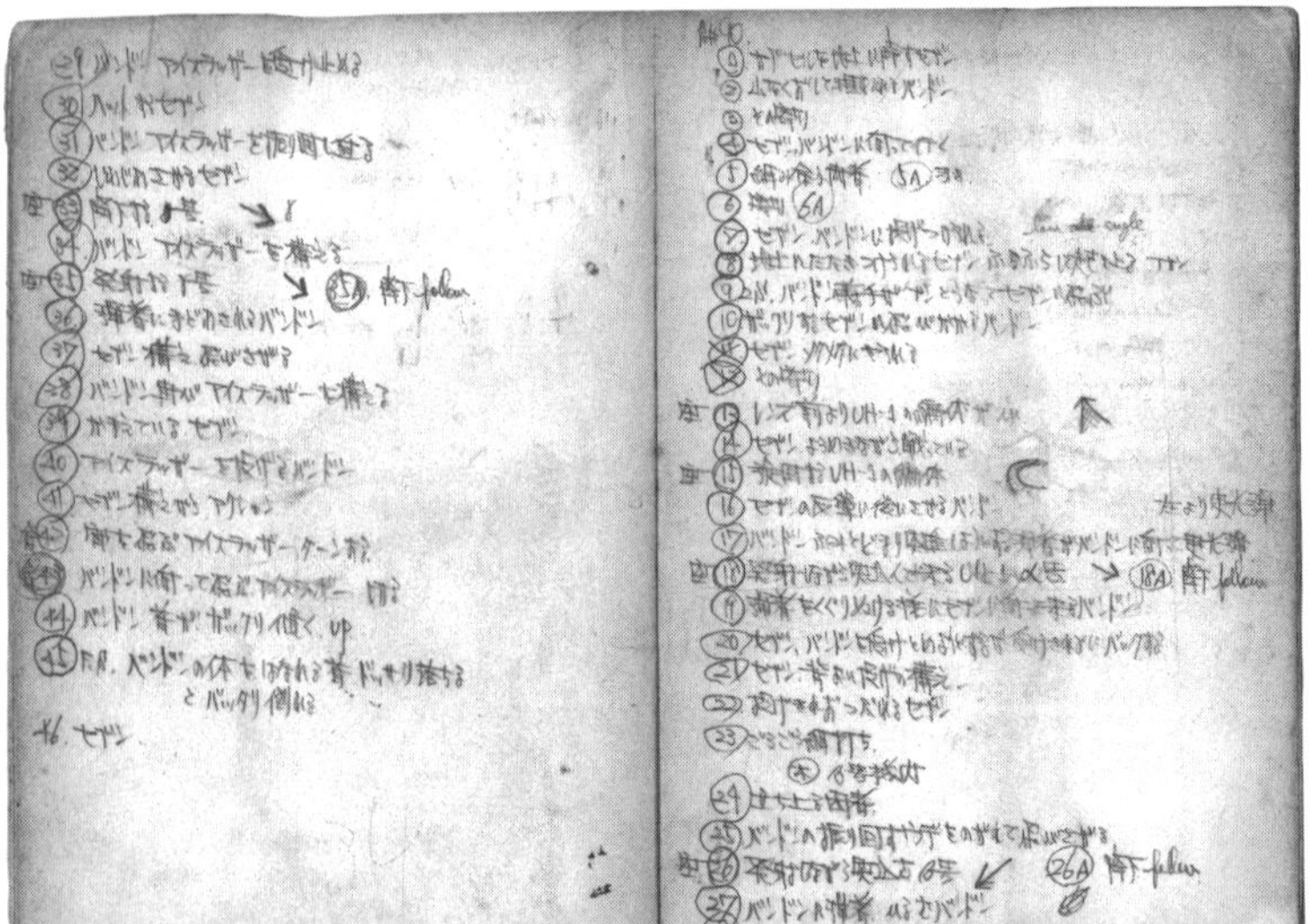

八木　最後のセブンが立っているところですよね。あれは本当に素晴らしい画だと思います。ちなみにあのシーンとダンが変身して登場するシーンはオープンで撮っていますよね。

中堀　オープンで撮っています。本編が撮れなかったものを本編の代わりにっていうことでね。

ワイドレンズとの再会

八木　撮影助手時代には中堀さんたちがどんどん画を作っていかれたということで、その経験が「史上最大の侵略・前後編」で活かされたということですね。

中堀　メインは清さんが作るじゃないですか。それでCキャメまでは必ずいるわけだから、ローアングルに入ってアップとか、ホリゾントに合わせて撮れる画は勝手に撮るわけです。「お前、撮っておけ！」ということでね。1年もすればそれは撮れるわけですよ。あれが一番ためになったんじゃないかな。子どものときに見たワイドの体験があるから、ワイドレンズの使い方も抵抗なく「こういうものだな」ってなったしね。それで普通の監督はあんまり本編でワイドって言わないんだけど、実相寺さんが来て「ワイドで撮りたい」となっても「はい、分かりました！」ってできるようになっていたから。

八木　40ミリとか50ミリの標準レンズの時代に、中堀さんが最初にキャメラを持って撮影したのが広角レンズだったということでした。以前よくお話をされていた『市民ケーン』（41／オーソン・ウェルズ監督）は当時ご覧になっていたのでしょうか？

中堀　日本で公開された最初はATGだったから（日本公開は1966年）、円谷プロに入った後に見ているんだよね。あれは32ミリくらいをメインレンズとして撮っているんだよ。だって、広い画ならキャメラが後ろに下がっても撮れるようなでかいスタジオで撮影しているわけだから。
八木　そして中堀さんは最初から28ミリだった。
中堀　覗いたときには見た目とは違って、遠くへ「ぽん！」って行っちゃうわけだから「あれ？」って不思議になるよね。

フィルムなんか湯水のように使っていた

八木　『ウルトラマン』や『セブン』で一番印象に残っている現場はどの回でしょう？
中堀　やっぱりペスター（「オイルＳＯＳ」）かな。いま見てもすごく印象的だし、現場は本当にすごかったですよ。
八木　それこそ5キャメとか出ていますよね。
中堀　もっと出ていたんじゃないかな？　Ａスタジオには二重を吊っていて、清さんは白い手袋をしていてキャメラを二重に持っていったんだけど、下には海の中に浮いた小さなドラム缶があって中にガソリン（ナパーム）を入れてあるんですよ。爆発しちゃうといけないから一応小さな穴が開けてあるとはいえ、熱でバーンって弾けて炎が二重まで届いちゃった。それでも清さんは我慢して撮っているんだけど、そのうちに「これはヤバい」って（笑）。二重を吊っているロープに火が点いちゃって、片方は全部燃えきって二重が傾いてライトが落ちてくるわけ。それでも他の二重の隙間を狙ってキャメラは回っている。だからとんでもない状態でしたね。
八木　よく火事にならなかったですね。
中堀　本編のスタッフなんかがみんな見学に来ていたんだけど、途中からいなくなっちゃったから。
八木　見ちゃいけないっていう（笑）。

中堀　操演の平鍋兄弟がいたんだけど、作業中に弟の頭にウエスの火が飛んで乗っかっちゃって。それでペスターが入っているプールに向かって逃げていくのを、後ろから水をかけながらスタッフが2人追いかけて行ってね。そんな中をハイスピードで5台以上のキャメラが回っているわけだから。

八木　撮影は何回くらいされたのでしょうか？

中堀　みんな燃えちゃうから1回きりしかできない。ロールチェンジできるようにフィルムを用意して、2倍のキャメラもあるし、アリの16は上がっても3倍だからどれかは撮れている。あとは移動車がいてマガジンの上に飛んできているウエスを排出しながら、それでも静かに移動している。本当にすごかった。たぶん10分以上は回しっぱなしですよね。

八木　フィルムの使用量が映画並みというか、すごいですね。

中堀　フィルムなんか湯水のように使っていた。しかも35ミリも回っているからね。そのころの円谷プロの編集ではポジのカット屑のフィルムは全部ドラム缶に捨てていたんだけど、あれを全部取っておいたらすごかったと思う。『コヤニスカッツィ』（82／ゴッドフリー・レッジョ監督）じゃないけど、それをつないだだけで延々と続くすごいフィルムになったでしょうね。あんなすごいことは二度とあり得ないから。

八木　しかしなぜそんなすごいことをやってしまったのでしょうか？

中堀　火が点いちゃったからどんどんやるしかないということだよね。ただ、ドラム缶がああなるとは思っていなかったの。でも30本くらいあったから、それが爆発したら火柱が上がってすごかったということですね。予測できなかったことですが、火事にならなかったのは幸いでした。他に記憶に残っているのはジャミラの回（「故郷は地球」）かな。あのときは国際会議場のところで、実相寺さんがウルトラマンとジャミラの戦いのシーンで「万国旗を踏んでいるところを撮ってくれ！」「踏め！　踏め！」って怒鳴ったの。「万国旗を踏む」なんていうカットは字コンテにはどこにもなかったんですよ。やっぱりそれでジャミラに対しての思いっていうのが分かるじゃないですか。

八木　万国旗を踏むところは印象的でした。それと最後に死ぬときに、円谷特撮ではあまりやらないですけど水をつけてドロドロにするじゃないですか。そういった表現は残りますよね。

中堀　とにかく「踏め！」ということで実相寺さんがその場で撮って、それで赤ちゃんの泣き声でしょう。そういうところがすごいよね。円谷英二さんはそんなことはやらないですから（笑）。

八木　でも円谷英二監督と実相寺監督はすごく合ったというお話ですよね。

中堀　それは認め合っていたと思います。

八木　実相寺監督から円谷英二監督のことを聞いたりはされましたか？

中堀　それはあんまりないかな。実相寺さんが『現代の主役ウルトラQのおやじ』（66）というのを撮ったでしょう。あれだってアップばっかりだったりして、自分のことしか考えないで撮っているからね（笑）。

八木　実相寺監督のそんなところも円谷英二監督は楽しまれていたんでしょうね。

中堀　あと思い出すのは「狙われた街」の本編で、喫茶店の2階からタバコの自動販売機を撮っているのが清さんのBキャメなんですよ。俺はそれに助手として付いていったということがありましたね。本編で実相寺監督と一緒にいたのはそれが最初だったな。

実相寺昭雄監督との出会い

八木　実相寺監督と最初に会われたのは『ウルトラマン』「真珠貝防衛指令」のときでしたっけ？

中堀　監督が怪獣の人（着ぐるみに入る俳優）に真剣に「女の人が真珠にこだわるっていうのはどういう気持ちなのか分かりますか？」なんて話しかけて唖然としたんだよね。そんなこと怪獣の中に入っている人に聞いたって答えられないじゃないですか。着ぐるみの中ですから（笑）。学校を出たての撮影助手としては、監督っていう仕事はこういうものなんだ、すごいなって思って。学校が撮影科だったから演出のこととかも一応勉強したけど、現場でそういう監督に会ったから驚いたね。変な人がいるな、とは思ったけど（笑）。みすぼらしい格好をしていた監督が、本番前に怪獣のところに行って「真珠を求めるってどういうことか分かりますか？」「そういう思いになって食べてください」って言うんだから。特撮現場に来た本編監督がそんなことするのは珍しいしできないよね（笑）。一方で『ウルトラマン』の最初の3本持ちのときに付いた飯島（敏宏）監督は正統派というか紳士でした。だから全然違うよね。

八木　飯島組は最初、本編と特撮が1班じゃないですか。

中堀　両方やっていますよ。1班だといろいろなことが全部分かるから絶対に違いますね。まあ、最初の3本は走り回っていたからなにをやっているかなんて分からないし、芝居なんて見ている余裕はなかったけど（笑）。

八木　そして実相寺監督はそのころは真摯に演出されていますよね。

中堀　すごいよ。だから4本撮って特撮に呆れ果てて、特撮の途中でストップモーションにしたりと逆らうわけです。ずっと逆らっていた。でもシーボーズがひっくり返ったのは（「怪獣墓場」）、本当に滑って転んじゃったの。でも実相寺さんは「ふざけんなよ」って怒っていた。そういう意味では、「円谷英二みたいな特撮をやらないとダメだ」「キチッと撮れよ」とは思っていたはずなの。それで後には、「あれは僕の間違いでした」と書いていますけどね。

八木 本音は分かりませんが、後年は確かにそういうことを書かれています。

中堀 やっぱり『ゴジラ』なんかを見て、円谷英二監督のようにしたかった。でもお金のこともあったはずだし、TBSから来て、という戦いはあったはずですよね。それで『怪奇大作戦』「呪いの壺」では1／8のミニチュアでお寺を作って、本当に火を点けて燃やしちゃった。あれはすごい、あんな特撮はないよね。というか、もう特撮じゃないみたい。舞台『風と共に去りぬ』(66)のときに成田(亨)さんが作ったものもすごかったけどね。帝国劇場の舞台用に東宝撮影所のプールの場所を使って撮ったんだよ。仕事が入っていて撮影現場には行けなかったけど、東宝の大プールに作ったから本当にすごかった。

八木 それは見てみたいです。

中堀 それで「呪いの壺」のときはキャメラ3台で俺が一番前のデブリというハイスピードキャメラだった。本当は1人じゃダメでフィルムの送りを助けていかないとテンションがかかって切れちゃうわけ。だけどもう火が点いてきているから慌てて1人でやってしまう感じでしたね。本当に炎に近いところだったから、熱くて俺は下に潜り込んで撮っているんだよ(笑)。

八木 「呪いの壺」の東京部分での撮影は美センのオープンですね。

中堀 回転が一番上がるキャメラは6倍で、あとは4倍のミッチェルだったね。寺のミニチュアは1／8の大きさで作っています。京都の妙顕寺ですね。門ナメで燃える寺は、中野稔さんが門と手前の人物も手描きのマスクを作って合成していて、当時、この放映を見た檀家の人から「ウチの寺が燃えている」と連絡がきたという話もありましたね。

八木　炎が広がっていくところ、崩れていくところは操演も含めてすごいと思います。

中堀　池谷（仙克／美術）さんは手を抜くところがあるけど、あれは見事でしたね。本当に火を入れて待っているんだから。

八木　「呪いの壺」はもしかしたら円谷テレビ特撮の1つの到達点かなと思います。

中堀　石堂（淑朗／脚本家）さんも気に入っていたシナリオだったんだよね。『怪奇大作戦』の京都の2本（「呪いの壺」「京都買います」）は撮影や照明はプロの仕事で、こっちはアマチュアが長い間やって訓練されただけ（笑）。だからああいう深みはないんだよ。本当は京都にも誘われていたんだけど、（円谷）一さんの最後の2本に行けって言われて行けなかったの。でも、あれは俺が行かないでよかったね。向こうのベテランのキャメラマンがメーターをやっているんだから。

八木　確かに円谷プロは若かったのでしょうが、でも驚くような技術力ですよね。これはあっという間に成長したということでしょうか。

中堀　そういう細かいことをコツコツやって、映画を撮りたいという気持ちもあって、そういう風に育てられたんだよね。

「恐怖の電話」のワンシーンワンカット撮影

八木　話が前後してしまいますが、『セブン』から『怪奇大作戦』に移るころはどんな感じだったのでしょうか。

満田穧監督は『セブン』の撮影が進む中で、「こういうものを作るのはもう最後だろう」と思われていたそうですが。

中堀　満田さんはそういう気持ちがあったでしょうね。ただ、そのころ俺たちは『怪奇大作戦』の準備に入りかけていたから、「次はこれをやるんだ！」というのがあったけどね。『怪奇大作戦』は本編も一緒にできるって。

八木　確かに『怪奇大作戦』は1班体制ですから全部やられているわけですね。実相寺組ですと最初が「恐怖の電話」となります。

中堀　監督の画コンテを写して、どういう風に撮っていくかも含めて考えていくわけだけど。それで「恐怖の電話」のときは40カット近く割られていたものを、ワンカットで撮っているわけじゃないですか（笑）。でもそれは、スタッフは早く終わりたいだけなんだから。

八木　冒頭のところですよね。あれは現場でワンカットにしようっていう話になったんですか？

中堀　画コンテが来て写したら40カットくらいあって、なんでこんなにいっぱいあるんだよっていう話になった。だから挑戦だよね。こんなのワンカットでいいじゃない、早く帰れるしって。

八木　それは誰が「ワンカットでいいじゃないか」と言ったんですか？　すごいですね。

中堀　誰だったのかな。でも、それはよくあることなんだよね。『波の盆』（83／実相寺昭雄演出）のときだって「ワンカットにした方がいいんじゃないですか？」って。あれは笠智衆さんがタイトバストで話し始める画から始まって、5分強のワンシーンワンカットだからね。廃屋になった家に座りズームバックと移動バックを使い、廃屋のフルショットまで。中に3カットだけカットインが入るけど、独り言で昔の移民の話を語るカットでね。撮影前にどう撮るかを話し合ったけど、笠さんがセリフをすべて暗記していたのでワンカットでと進言しました。監督も数日考えていたけど、撮影当日の朝「ワンカットでやろう！」と決断したんだよね。実相寺さんのドラマ作品『おかあさん』「あなたを呼ぶ声」（62）では、トップカットで黒からフェードインしていく1分55秒のワンシーンワンカットが印象的だった。主演の池内淳子のアップカットにつけてフォローしていく画だけど、スタジオの中にセットや歩く人々も入れていてとても大胆でしたね。

八木　確かに、割ったのを「監督、こんなにやるんですか？」と言われて、「じゃあワンカット」っていうことは僕にもたまにあります。でも大変なんですよね、ワンカットって（笑）。実は時間がかかる。

中堀　だから「恐怖の電話」でもテストをしていたら徹夜になっちゃった。

八木　それはずっとリハーサルをされていたということですか？

中堀　そう。普通に朝来て、昼飯のころにはワンカットにしようっていう話が出て、どうやったらいいかとかいろいろ考えたんだよね。それでリハーサルをしていてもなかなかできないから時間がかかった。それからブリューゲルの絵を見せなきゃダメだっていうことで、途中から岸田森さんが肩車をしてみたり……そういうことも試したんじゃないかな。そういうリハーサルを何回もやって、しかもアフレコだからね。でもアフレコでよかったんだけど、徹夜だからカチンコをたたいたら安心して助監督が寝ちゃったの（笑）。それで二重の上からカチンコが落ちてきた。同録だったら大変だよ。

八木　いま見ると音楽のような流麗なキャメラワークで、芝居も含めて完璧ですよね。でもこれはリハーサルを繰り返していたからこそ実現したんですね。

中堀　あとは撮り終わった後にもう1回やったんじゃないかな。頭の5〜6カットは後で撮ったと思うけど。ワンシーンワンカットですごいなと思うのは、森繁久彌さんだね。『怪奇大作戦』が終わって、行くところがなくて現代企画に行ってちょこちょこやっていたら東京映画に行けって言われて。それで『S・Hは恋のイニシァル』

（69）っていう布施明の主演ドラマに付くんだけど、東京映画の裏口から森繁さんの家に入れるようになっているんだよ。それでみんな朝から掃除をしてライティングも全部済ませて森繁さんが来るのを待つわけです。そうすると30分くらい遅れて入ってきて「あ、お前が今回の監督か。これ、何カットで撮るの？」って聞くから、監督が「8カットです」なんて返すと「そんなに割れるんだ？」と言われちゃうわけ（笑）。だから森繁さんはワンカットで行くつもりなんだよね。それで流れの確認でリハーサルをした後に、森繁さんが俺のところに来て「あそこでハレーションが入るよ。大丈夫？」って。もちろん自分ではギリギリ大丈夫だと判断してやっているわけだけど、お前、本当にこれでいいんだねって念押しされてね。普通の俳優はそんなこと分からないのに、危ないのが分かるから注意しろよっていうこと。実際、キャメラマンがちょっと上に振ればライトが入っちゃうわけだからね。

八木　完全に森繁劇場ですね。

中堀　それでなんで割れないかと言ったら、芝居が全部連続しているわけ。普通はちょっと止まったりするんだけど、森繁さんは手から足から顔からすべてがつながって動いている。だから割れなくて、1回で全部が終わってしまった。「どうだ、これでいいだろう？」って言われて、監督も「はい、結構です」。来て15分くらいで帰っちゃったからね。

「暗ければ暗いほどいい」

中堀　しかし東京映画はすごいところだったね。露出のことなんかも含めていろいろなことを学びました。円谷にいるときは大胆不敵に絞りも決めていて、実相寺さんがいたから暗いところは1／16じゃダメだ、1／32まで絞れなんてこだわってやっていた。でも東京映画ではブラウン管の白から黒までを6段階のチャートにしていて、

「1マイナス」とか「1プラス」とか言っているんだよ。俺が行ったときに最初はフォーカスを送っていたんだけど、なにを言っているんだろうなと思っていたの。それが「1マイナス」というのは白の反射のピークよりも1つ下で、「1プラス」はオーバーということ。それをメーター（露出計）で測っていたんだよね。この6段階に入っていればバランスが取れているわけ。岡崎宏三というキャメラマンはそこにいて、俺の学校の先輩なんかがメーターで付いていた。アークライトというものに初めて出会ったのも東京映画で、要するにデイライト、でかいライトですね。

八木　ジャミラのとき（「故郷は地球」）はデイライトじゃなかったんですか？

中堀　あれはサンライトだった。円谷プロではアークライトなんて1回も使っていないよ。だけど東京映画ではアークライトがロケセット、人の家の廊下にも入ってくるわけ。それで窓外とのバランスを考えて……という仕事を東京映画はしていたからね。触ると熱いから「あっちっち！」なんて言いながらね（笑）。そんなわけで、自分がメーターで覚えたことが全部整理されていった。だから、そこからは余計に怖いもの知らずっていうか。

八木　円谷での経験がすべて理論づけられて、無敵です。

中堀　東京映画の8年も先輩でメーターをやっているチーフが、俺のところに来て「お前、うまくやっているな」って言ったからね。その人は太陽を見ながら絞りを変えていたんだよ。太陽が雲に隠れるとグーッと絞りを開けていて、そんなこと本当はよくないんじゃないかなと思っていたけど。俺には「お前、なにもしてないけど絞りはうまいよな」って。「どうしてだ？」なんて聞かれたけど、そんなの答えられるものじゃない（笑）。円谷プロの撮影部のメーターの取り方ってちゃんと見ればいい加減なものだったけど、それで覚えてきたことは間違いではなかった。その裏付けを、それはこういうことだぞって東京映画がきちんと教えてくれたわけだよね。

八木　途中で太陽が出たり陰ったりする場合に、その方は絞りを変えていたということですね。

中堀　女優の顔が暗くなると困るからその人がうまくやるわけ。俺だったら太陽が曇ってきたらそのままで、ずっと撮っているからいいんだけどね。『幻の光』（95／是枝裕和監督）なんかでもそうだった。もちろんずっと曇りっぱなしだったらもう1回ってなるけど、長い芝居の途中でまた太陽の光が戻ってくればそれがちゃんと効いてくるんですよ。それはゴダールの映画みたいなものだよね。どこがギリギリで、女の人の肌が微妙に見えるのかを決めていて、それが見事だから作品を見ておけっていうのは実相寺監督に言われていました。実相寺さんは「暗ければ暗いほどいい」と言っていて、真っ暗は全然許すと（笑）。だからやっぱりすごいなって。それであるとき、「監督、ラウール・クタールと一緒にフランスで映画を撮った方がいいんじゃないですか？」って言ったんですよ。そうしたら「お前、そんな面倒くさいことできるかよ」って（笑）。

八木　ラウール・クタールはゴダールの60年代の作品のほとんどすべてを撮影しているヌーヴェルヴァーグを代表するキャメラマンですが、実相寺監督はラウール・クタールの話をいつごろされていたのですか？

中堀　『無常』（70）のころは完全にフランス映画で、もうその話ばっかりでしたよ。ラウール・クタールの画がいいから見てこいっていうことでね。実際に見事ですけど、あれは日本では絶対にできない。パリに撮影に行ったときに現地のクルーとかち合ってしまって困っていたら、向こうは3時間くらい撮って終わっちゃうわけ。なんでかと言うと、太陽が動きすぎちゃっているから。だからそこで止めて、次の日にまた同じ時間で撮るんだって。ロケセットとかオープン、庭先で撮っていたりしたら、ある時間帯だけは撮るけどそれを過ぎたらダメっていう。それが普通みたいで、すごいなって思ったよね。

円谷プロでの特撮体験

「特撮は工夫だよ」

八木　円谷英二監督のことでは、「悪魔はふたたび」以外で印象に残っているのはどんなことでしょうか？

中堀　『セブン』の「史上最大の侵略・前後編」を別としたら、キャメラマンになったのは『シルバー仮面』（71-72）からだから、直接話をしたことはほとんどないんだよね。東宝のスタジオには当然見に行ったことがあったけど、遠くから見ているだけだったし。でも、すごいことをしているよなっていうのは思ったけどね。作品名は覚えていないけど東宝のスタジオの中にプールを作って、船先にミッチェルを取り付けて上から水面に向かって「どかーん！」って落とすんだからね。プールの左右両脇には5トンの水を用意しておいて、向かって左の水を先に落として、波が届いたときに今度は向かって右の水を落とすと波が帰ってくる。しかも船先は原寸の大きさですよ、船先だけだけど。そしてミッチェルが水に向かってダーンって落ちていく。そんなことは特撮でもやったことがないから驚いたよね。ああ、ワンカットのためにここまでやるんだって。そういう大きさとかはこっちはやっていないですから。やることが桁違い、すごいなっていうね。

八木　やはりテレビとは桁違いだったということですね。

中堀　円谷英二さんの影響があるとしたら、逆にそういう「すごい特撮」とは全くかけ離れているところなのかもしれない。小手先だけでやっているようにも思うけど、ミニチュアの扱いなんかもだんだんうまくなっていくわけ。そういうことでは、東宝の特撮の歴史は世の中にあんまり出てこなかったじゃないですか。でも『ウルトラマン』をやっていた特撮の人たちは世の中に出てきていますよね。

『ウルトラセブン』第３話「湖の秘密」の特撮を撮影中の撮影部・中堀正夫さん（中堀正夫氏提供）

八木　確かにコマーシャルだったり映画だったり、いろいろなところに進出されています。

中堀　「特撮は工夫だよ」というくらいに工夫をすることを覚えたから、そのことはすごく大事なことですよ。なにをやるにも工夫です。だから円谷英二さんが教えてくれたと言うよりは、むしろ逆らってものを考えたことが逆に円谷さんあってのことだったたと、そう思いますね。

八木　鈴木さんは「寄らば寄れ、引かば引け」というのを教わったと話されていますね。

中堀　清さんは『孤独のメス』でまさに同じことをやっていますよね。うまかったし、清さんはやっぱりすごいなと思いました。

八木　素晴らしい映像美だと僕も思います。

中堀　でも、本当に最後まで円谷英二さんは優しくてニコニコ笑っていてね。厳しい顔なんて1回も見たことなかったですよ。（円谷）粲ちゃんがスタッフになっていたりするから訪ねてはいるけど。オヤジさんに会うっていうことはほぼなかったけどね。

八木　粲さんは最初は助監督をやられていたんですよね。

中堀　後から入って来てね。円谷プロには本多猪四郎さんの息子さんの本多隆司も入ってきていたんだよ。本編もやっていたし特撮もやっていた。「史上最大の侵略・前後編」本編の助監督は本多隆司だからね。

実相寺監督との「年代記」

八木　あらためまして、中堀さんにとって特撮とはなにかを伺わせていただけますか？

中堀　もう本当に工夫しかないということですよね。東宝も当然工夫をするけど、それはもっと大掛かりなものであって。みんなで打ち合わせをして知恵を寄せ合うような、そんな小賢しいような工夫ではないよ。さっきの本物の大きさの船先を水に落とすなんて、もう「工夫」というレベルではないじゃない？

八木　そういったことを前提にしても、今日お話していて思ったのは円谷プロの方々は経験値が多いからかデータを内面化しているんだなということです。これは露出が分かりやすい例ですが、もちろんそれに限らず。

中堀　清さんも大胆不敵には撮れるけど、たぶんメーターは苦手だと思う（笑）。でも清さんは本当に器用ですごい人だよね。『孤独のメス』では主演の加藤剛さんが鈴木さんを気に入っちゃって、「この人はすごい」って言ったくらいだから。

八木　本当にそう思います。では最後に、中堀さんの円谷体験がどのようなものだったかを教えてください。こういう言い方は失礼かもしれませんがすごいと思うんです。日芸を出られて『ウルトラマン』の現場に入られて、それから10年も経たない内に『哥《うた》』（72／実相寺昭雄監督）を撮られているわけですから。そのきっかけとなった円谷プロでの経験を今はどう思われていますか？

中堀　極端に言えば、一生懸命やっていたから余計なことはあまり覚えていないんだよね。でもまあいま思えば、そんなに特撮をやりたいと思っていたわけでもないし映画をやりたい方が多かったけど、本当にツイていたというか恵まれていたかな（笑）。シネマスコープの映画（『哥《うた》』）を30手前の28歳で撮っているし、実相寺監督との出会いも含めてツキまくっていたという感じです。言葉では教えてくれないけど、そこで出会って、実相寺さんの書いたものなんかをいろいろ見たりしながらどんどん身につけていったわけだから。それはずっとメモしてあって、「年代記」っていうわけじゃないけど、実相寺監督が生まれてからと、俺が生まれてからなにをやったかをずっと書いているんです。だからコマーシャルなんかも含めて、この年代記を見ればどこでなにをやっていたかが分かる。最初は監督のことを書き始めたんだけど、時の流れと共に記してあるわけ。

八木　それはすごく貴重な資料ですね。

中堀　だからもちろん時代もよかったんだけど、そういう出会いがあったということだよね。

八木　素敵なことですよね。僕も実相寺昭雄監督の「怪獣戯曲」（『ウルトラマンダイナ』）で助監督として中堀さんたちコダイグループ（円谷プロのスタッフを中心に結成された制作会社）の皆さまの素晴らしいもの作りに触れて大変刺激になり、そして憧れたということがありました。あのときに実相寺監督や中堀さんとお会いできていなければ、その後の自分の作品もずいぶんと違ったものになっていたのではないかと思います。円谷英二監督から始まる中堀さんたち皆さまの末席に加えていただき、今も特撮をできることを幸福に思います。

中堀正夫（なかぼり・まさお）

1943年、東京生まれ。日本大学芸術学部映画学科卒業後、円谷特技プロダクションに入り『ウルトラマン』の特撮部助手よりスタートする。そこで実相寺昭雄監督と出会い、『ウルトラセブン』『怪奇大作戦』と続き大きな影響を受ける。その後、映画ATG作品『無常』（1970）、『曼荼羅』（1971）に参加。1971年にテレビ映画『シルバー仮面』でキャメラマンとなり、1972年ATG3部作のラストとなる『哥』で映画キャメラマンデビューとなる。その後、映画、CM、テレビ作品を撮り続けている。

作品歴

映画：1974年『あさき夢みし』（実相寺昭雄監督）／1977年『歌麿・夢と知りせば』（実相寺昭雄監督）／1984年『蜜月』（橋浦方人監督）／1988年『帝都物語』（実相寺昭雄監督）、『悪徳の栄え』（実相寺昭雄監督）／『ウルトラQ ザ・ムービー 星の伝説』（実相寺昭雄監督）／1994年『屋根裏の散歩者』（実相寺昭雄監督）／1995年『幻の光』（是枝裕和監督）／1997年『D坂の殺人事件』（実相寺昭雄監督）／1998年『落下する夕方』（会津直枝監督）／2001年『鐘の女たち』（吉田喜重監督）、『幸福の鐘』（SABU監督）／2004年『姑獲鳥の夏』（実相寺昭雄監督）／2005年『疾走』（SABU監督）／2006年『シルバー假面』（実相寺昭雄監督）／2009年『はりまや橋』（アロン・ウルフォーク監督）／2015年『ポプラの秋』（大森研一監督）／2019年『葬式の名人』（樋口尚文監督）
テレビ：1983年『波の盆』（倉本聰・脚本、実相寺昭雄・監督）

COLUMN

特撮の夢工場、東宝ビルトのこと

ご存じ、東京美術センターのことです。特撮黄金時代を支えた素晴らしいスタジオ。今は残念ながら閉鎖されてしまいましたが、ここでたくさんの名作が生まれました。『ウルトラQ』『ウルトラマン』『ウルトラセブン』などから始まり、昭和『ウルトラシリーズ』も『平成ウルトラマン』もここで作られました。私の監督デビュー作『ウルトラマンガイア』もここで撮影したものです。余談ですが、東宝ビルトは2007年に閉鎖されましたが、このスタジオで最後に撮影されたのは閉鎖後にオープンを使用して撮影した私の映画『大決戦！超ウルトラ8兄弟』の素材撮りです。自分の映画がお世話になったスタジオの最後を飾ったと思うと誇らしい気持ちです。ここは本当に素晴らしいスタジオでしたから。われわれの、そして円谷プロの特撮作品にはなくてはならないスタジオでした。このスタジオがあったからこそたくさんの名作が世に出たのだと私は思います。

東宝ビルトは砧にあった当時の円谷プロからすぐ近くにありました。ちなみに、当時は東宝ビルト以外にも特撮の関係会社はほとんどが砧の円谷プロから近い場所にありました。歩いて行けたりクルマですぐに行けたり。あのころの世田谷界隈は特撮の街だったのです。文字通り特撮の聖地でした。

それでは、東宝ビルトに行ってみましょう。円谷プロから東宝ビルトまでの道のりはこんな感じです。まず、円谷プロ前の小さな坂をテクテク下りて行きます。下りきったところには実相寺昭雄監督が絵にも描かれた風情ある蕎麦屋「紅葉家」があり、その紅葉家を右に曲がって仙川という小さな川を越え東宝撮影所を通り過ぎて歩いて行きます。そのまま世田谷通りの交差点を渡り、狭い田舎道に入ってグングン進んでいきます。途中にお寺や台湾料理「玉蘭」などの名店がぽつんと現れますが、周囲は静かな畑や住宅街です。東宝ビルトはそこを抜けて行くとありました。道のりはなにかノンビリした感じですが、特撮黄金時代に円谷英二監督を始めとして特撮レジェンドたちが数々の名作を撮影した場所だと知っているからでしょうか、現れたスタジオは迫力が違います。しかも、もともとここは黒澤明監督の『隠し砦の三悪人』などが撮影された東宝時代劇オープンでもあります。東宝ビルトとはそんな映画的、テレビ的に重要な場所でしたから、寂れた場所にあっても重々しく存在を見せつけていました。

でも、実際の東宝ビルトは暖かくてノンビリした素敵なスタジオでした。入り口の守衛さんに「おはようございます」と挨拶すればそのまま中に入れます。一般的なスタジオの入り口ではいろいろとチェックされるものですが、セキュリティがないのでした。スタジオの入り口にはヤシの木が茂っていて南国風。楽しげな雰囲気でハリウッドの映画スタジオみたい。それはまるでキラキラしたおとぎの国のようでした。と書くと言い過ぎかもしれませんが、でもそんなイメージです。

そんなヤシの木を眺めながら特撮ではあまり使わなかった大スタジオ、6スタをやり過ごして中へと進んで行くと大きな中庭が現れます。クルマがたくさん駐まっていて、そして木が生い茂る。その中庭にはサロンという名前の食堂、俳優たちの控え室、スタッフルーム、衣装メイクルーム、打ち合わせルームなどが並んでいました。ここは総敷地面積6000坪。小さいといいながらもそれなりに広大なスタジオなのです。

中庭の右奥にある大きなスタジオが5スタでした。『ウルトラマン』『ウルトラセブン』などの撮影当時はAスタと呼んでいた、数々の素晴らしい特撮が撮影されたあのスタジオです。この本のインタビューでも何度も登場します。特撮黄金時代、このスタジオの地面は特撮用のプールになっていて数々の水を使った特撮も撮影されました。そしてこのプールを平台で覆えば普通に特撮セットが組める。万能のスタジオだったのです。カッコいいですね。状況に応じてプールが現れたり、セットが現れたり。まるで『サンダーバード』です。でも、すごいことだけでもありません。5スタのホリゾントは2面だけでした。ホリゾントというのはスタジオの背景で、ここに空を描いたり雲を描いたり山を描いたりして撮影します。それが2

面のみで残りの2面では撮影できないということは、360度ではなくて180度しか撮影ができないということです。と言いますか、ほとんど90度しか撮影できないということです。実は、特撮はほとんどこの状況で撮影されました。つまりそのままでは映像上の切り返しができない環境で撮影されていたのです。特撮カットではライティングと飾りを替えて、反対方向の切り返しとして同方向で撮影するのが普通のことでした。特撮は無限のイマジネーションを映像化しますが、このような結構不自由な環境から創造されていたりするのです。

東宝ビルトというのは不思議な場所です。決して広くもなく最新鋭の設備があるわけでもないあの5スタはアトリエのような場所でした。なにか居心地が良くて撮影がしやすい。切り返しが撮影できないなんてことは全く問題ない。そんなことはいくらでもなんとでもなる。それよりもあの空間が持つ独特な雰囲気。それが特撮にはきっと素晴らしく良かったのだと思うのです。創造的にさせるなにかが東宝ビルトのスタジオにはありました。これがあそこで名作が生まれ続けたムービーマジックの秘密かもしれません。

さて、そんな5スタを出て上り坂に向かうとその中腹に4スタがありました。平成の時代にはここは倉庫になっていましたが、特撮の黄金時代には科学特捜隊の司令室のパーマネントセットなどが建てられていたところです。東宝ビルトの中で一番狭いスタジオなのですが、ここであの素晴らしいお芝居が撮影されていたということは不思議です。巨大で最新鋭の科学特捜隊基地の司令室が、坂の途中の小さな倉庫のようなスタジオに建てられて撮影されていた。やはりなにかムービーマジックな感じです。

そのまま坂を上がると、坂の上にあるのは東宝ビルトオープンです。オープンは草むらになっていて素敵な広場でした。ここには野生のウサギなどの動物たちが住み、のどかな東宝ビルトの中でもとびっきりのどかな雰囲気がありました。このオープンで飛び立つウルトラマンの撮影をしたりするわけです。夕景狙いや薄暮狙いの特撮などもここで行なわれました。昔の雑誌スチールを見ていると、怪獣や宇宙人、あるいは隊員やクルマなどさまざまな特写もここで行なわれているのが分かります。どこだかよく分からない緑バックで撮影されているスチールは、だいたいがこの東宝ビルトオープンです。ところで、天気の良い日にはここでクルマを洗ったこともありました。良い時代でした。

このオープンの横には美術ルーム、美術倉庫、大道具、そして1、2、3スタがありました。ここ東宝ビルトは東宝スタジオなどに比べれば小さなスタジオでしたが、必要なものはすべて揃っていましたね。そのまま一周して反対側の坂を下りていけば先ほどの中庭に戻ります。そこでサロンという名の食堂に入ればおいしい食事が食べられます。私が好きだったのはカレーライスと野菜たっぷりの特製ラーメンでした。自動販売機コーナーには実相寺昭雄監督が好きだったカップラーメンコーナーがあります。お腹が空けば、ここも良かったです。

東宝ビルトは生活の場のようでもありました。そして、東宝ビルトにいればなんでも作れたのです。完璧な特撮ができました。東宝ビルトはそんな場所でした。特撮の黄金時代に特撮のレジェンドたちが夢を紡いだおとぎの世界。夢工場だったのでした。

ビルトの中庭で寛ぐ猫たち。後ろに見えるのが伝説の特撮ステージ5st（撮影／八木毅）

TOKUSATSU GOLDEN AGE

満田穧

KAZUHO MITSUTA

オヤジさんの「光る眼」を感じる

助監督で参加した『ウルトラQ』ですぐさま監督デビューし、その後も『ウルトラマン』『ウルトラセブン』で監督を務め『ウルトラシリーズ』の礎を築いた満田穧監督。円谷英二監督ともさまざまな思い出をお持ちで、今回はそうしたエピソードを中心にしつつざっくばらんにお話しいただいた。円谷プロの黎明期には、どのようなことが行なわれていたのか。その息吹、情熱をぜひ感じ取ってほしい。

聞き手：八木毅

『ウルトラQ』で始まった助監督生活

自分は作る側ではないなと思っていた

満田　円谷プロに入る前には、円谷英二監督とは1回しかお会いしたことないんだよね。だから関係っていうほどのものがあったわけじゃないんだけど。

八木　そうだったんですね。でも円谷プロに入られてからはいろいろお話をされたと思うので、今日はそういったことを伺えたらと思います。ちなみに満田監督は大学時代から映画をやりたいというお考えはあったのでしょうか？

満田　それは全く思っていなかった。TBSのアルバイトもいわゆるお金を稼ぐための仕事という感覚で。ただ、やっているうちに「ああ、面白そうだな」と思っただけでね。もちろん映画なんかは好きだったけど自分は作る側ではないなと思っていた。今でもテレビは毎日見ているけど、やっぱり見る方が楽だよ（笑）。

八木　そうですよね（笑）。学生時代にお好きだった映画というと？

満田　洋画よりも邦画で、石原裕次郎全盛期だったからあの辺の日活もの。あとは東宝の愚連隊シリーズ、サラリーマンシリーズ、社長シリーズ、駅前シリーズとかね。そういうのはよく見ていたよ。

八木　でもそういうこととは関係なくTBSのアルバイトをされていたんですね。

満田　そうそう。それで現場のロケなんかが多かったから、やっていくうちに「面白そうだな」となってね。あとはテレビは映画よりもモダンっていうか、新しいなと思ったし。当時ブラウン管は一番大きくても画面が14インチしかなかったんだけど、映画よりは面白いかなと思っていたね。

八木　1960年が映画のピークと言われていますから、当時はまさに映画の全盛期です。

満田　円谷プロになっても東宝からはバカにされていたからね。今は「ウルトラマン商店街」になっているけど、あの通りは「東宝通り」って言っていたくらいだから。

八木　僕が円谷プロに入った1992年ごろはまだ「ウルトラマン商店街」ではなかったです。でもまだ少し名残があって、小さな商店街なのにお寿司屋さんとかがとてもたくさんあって、そういうお店はきっと映画の人たちが行っていたんだろうなと思っていました（笑）。それはともかくテレビをモダンだと思われていたということですが、TBSでアルバイトをする中で円谷一監督とも出会われたということでしょうか？

満田　バイトのADだからいろいろな番組に付かされるわけ。ドラマもあり、バラエティもあり、音楽ものもありでね。寄席中継にも行ったりとかいろいろやっていたんだけど、中でもドラマがやっぱり多くて、そのドラマの中でも円谷一ディレクターが多かったわけ。そうしたら1回、「今日は円谷英二監督が特撮をやっているから見に行かないか？」って誘われて、それで東宝撮影所にお邪魔して見学させてもらったの。題名はちょっと分からないんだけど、戦争もので海のシーンを撮っていたな。有名な「寒天の海」っていうやつで、そこを船団が進んでいくのを撮影していたのを覚えているよ。

八木　大学生のときにそういう現場を見学されたわけですね。

満田　円谷プロ入社以前にお会いしたのはそれだけだよ。

八木　そのときは円谷英二監督となにか会話はありましたか？

満田　いやいや、「ご苦労さん！」って言われただけ（笑）。でも、あのときは寒天の海っていうのがなんだか分からなかったね。後々には有名になったけどさ。

「円谷プロに行け！」

八木　満田監督が円谷一監督に付くことが多かったというのはなにか理由があったのでしょうか？

満田　ローテーションでいろいろなディレクターが現れるんだけど、たまたま円谷一ディレクターが多かったんだよね。だからなにか特別な理由があったわけじゃないと思う。

八木　その中で『煙の王様』（62）にも付かれているんですね。

満田　一番下で付いているね。

八木　まだ円谷プロの新入社員のころに満田監督にＶＨＳテープをお借りして見ましたが、とても素晴らしい作品でした。確か川崎の辺りで撮影されているんですよね。

満田　昭和37年度の芸術祭賞を受賞しているから撮ったのが昭和36年だよね。だからもう60年前の話だよ。当然白黒作品でオールフィルム。犬が成長していく段階があったんだけど、なかなか同じ色の犬が見つからなくてさ。白黒だからバレないっていうことで、小道具がブチの犬を泥絵の具で塗ってね。犬がすごく機嫌悪くてやる気をなくしていたのは覚えている（笑）。しょんぼりしちゃってさ。

八木　犬を連れてくるのは助監督の仕事ですよね？

満田　美術だよね。私はＡＤの一番下でなにを担当するなんていうことはなかった。

八木　円谷一監督の演出はいかがでしたか？

満田　チームも前々からのものだったし、キャメラマンもいつも部分ロケに行くときのキャメラマンだったりしたわけだからみんな慣れていたよ。

八木　チームでは樋口祐三監督も助監督でクレジットされていますね。

満田　私たちの言葉で言えば樋口さんが円谷組のチーフだったんだよね。ただ『煙の王様』だけはディレクタークラスの人が「俺も入りてぇ！」って言ってＡＤグループに入ってきたの。それで予告なんかを作ってもらったりしたし、現場にも何回か現れている。

八木　社内的にもそれだけ魅力的な作品だったということでしょうね。音楽（山下毅雄）もいいですし、ロマンチックというかセンチメンタルで素敵な作品です。

満田　主演は市川好郎、オールフィルムの1時間ものでアフレコだったね。

八木　それは結構大変ですね。

満田　最初は芸術祭参加候補作品ということで「候補」が付いていたわけ。ＴＢＳは芸術祭に3本用意していたんだよね。だけど1本が制作の途中でポシャってしまって、2本が残ったから参加作品に昇格した（笑）。

八木　それで受賞したわけですからすごいですよね。『煙の王様』に関して円谷英二監督はなにかおっしゃっていましたか？

満田　それはひとことも聞いていないな。たぶんそのころは、私は円谷英二監督を知らなかったと思うんだよね。だから東宝撮影所に見学に行く前の話なんじゃないかな。

八木　では『煙の王様』も含めて円谷一監督の作品に付くことが多かったという流れの中で、一監督から「円谷に来ない？」という話が出てきたわけですか？

満田　「来ない？」じゃなくて「行け！」だよね。

八木　「円谷プロに行け！」と命令された（笑）。

満田　当時はフィルムで作る番組のことを「テレビ映画」って呼んでいたんだけど、親父の会社、つまり円谷英二監督の会社である円谷プロで初めてテレビ映画を作ることになったからお前は行けということで。それは『ウルトラQ』ではなくてフジテレビとの『WoO』っていうシリーズだったの。そういうわけで円谷プロに行ったんだけど会社にはお金がない。金なしでできることってホン直しなんだけど、助監督はそこにはタッチできない。それでホン直しのお手伝いとか段取りばっかりをやっていたね。作家を呼んでホン直しの打ち合わせをするのはタダだから（笑）。それが確か1964年なんだけど、その年の夏は東京が水飢饉だったの。だから給水車があちこち走っていた年なんだよね。円谷プロはそのとき宝酒造のタカラビールのコマーシャルをやっていて、全部じゃないだろうけど、部分的なことを請け負っていた。だから撮影のためにビールを何十本と取り寄せて現像液を冷やす冷蔵庫で冷やしていたから、「水がないのでこれ飲んでください」って出していた（笑）。水はないけどビールはあるなんて言っていたんだよね。まあ会社といっても円谷英二監督の祖師谷のお屋敷だった時代の話だから。

『WoO』がそっくりそのまま『ウルトラQ』に

八木　円谷プロが円谷英二邸にあった時代なんですね。
満田　ほとんどホン直ししかできないし、ロケハンに行こうと思ってもクルマがないから電車で行ってくれって言われちゃうしでさ。
八木　ロケハンということは『WoO』の監督は決まっていたわけですか？
満田　監督は決まっていたね。梶田興治さんっていう『ウルトラQ』の制作1～3話を撮った監督で、主演の佐原健二も決まっていた。

八木　では『WoO』で決まっていたことが『ウルトラQ』にスライドしたわけですね。
満田　そっくりそのまま行ったわけ。
八木　しかし水代わりにビールを飲みながら脚本を直すなんて素晴らしいですね（笑）。
満田　打ち合わせ用の部屋もないから円谷英二監督宅の応接間でね。その後にも応接間には結構お邪魔しているんだけど、そこをお借りしてはホン直しの打ち合わせなんかをよくしていたな。あとは近くの喫茶店だよね。祖師ヶ谷大蔵の駅を背中にして成城に向かうまっすぐの道の左側に「AZ」っていう喫茶店があったの。そこは近いからしょっちゅう行っていて、出前なんかも取ってくれる喫茶店だった。喫茶店だからビールとかハイボールなんかもあったんだけど、私たちが飲んでばっかりいるからだんだんメニューがそっち寄りになってしまってね。最終的には昼間は止めて夜の部だけになっちゃったんだよ（笑）。
八木　円谷プロ恐るべしですね。
満田　喫茶店がバーになっちゃった。
八木　皆さんが集まられていたということでAZは有名なお店ですよね。円谷邸の応接間やAZでのホン直しには、金城哲夫さんや上原正三さんも参加されていたのでしょうか？
満田　上原ちゃんはまだいなかったね。上原ちゃんが円谷プロに来たのは『ウルトラQ』の撮影が始まってからだった。上原ちゃんは芸術祭で脚本賞をもらっているんだよね？
八木　『収骨』という短編ですね。
満田　その授賞式で来たんだっていう説明は聞いたけどね。だから授賞式で東京に来て、そのままいろよっていうことになったんじゃないの？　もともと上原ちゃんも学校は東京（中央大学）だったわけだしね。まあ、そういうことで上原ちゃんは『WoO』のときにはいなかった。

八木　『WoO』はフジテレビの番組なのに円谷一監督が行けと言ったということでした。しかも一監督は実際にはタッチしてないわけですよね。

満田　フジテレビの作品だからタッチしていない。でも皐さんも直にはタッチしていないんじゃないかな。

八木　そして『WoO』自体がなくなってしまった。

満田　なくなったっていうか、凍結しちゃったわけ。フリーズになって、そうこうしているうちに円谷英二監督が合成の機械を買っちゃったじゃない。これは有名な話だけど。それでTBSが肩代わりしてあげようって引き取ってくれて、オプチカルプリンターをTBSに置いてくれたんだよね。TBSとしてもせっかくこんな優秀な機材があるんだったら有効活用しないと……ということで「なにか企画して」という話になって、『ウルトラQ』の前身で『UNBALANCE』というタイトルの企画が始まった。世の中のバランスが崩れたらどうなるかっていうことで……怪獣も出てくるだろうし、不思議な現象もいろいろ起きるだろう。まさにSFドラマだよね。そんな企画が急遽通って、『WoO』のスタッフも出演者も全員そっちに行っちゃった。私に言わせればなかなか発車しないバスに乗っていて、走ってきたバスに全員が乗り換えちゃったっていう感じなんだけど。

梶田監督の「よーーーい！」が聞こえたときは涙が出そうだった

八木　満田監督はクレジットで名前が出てきますからチーフ助監督だったわけですよね。

満田　そうだね。

八木　TBSのアルバイト時代から考えるとすごく早いですよね。

満田　当時27歳だから早いよね。しかも監督になったのも27歳なんだよ。28歳になる2ヵ月くらい前に監督をやっているからね。

八木　それはすごいですよね。『ウルトラQ』ではチーフでスタートされて、円谷英二監督とお話をされたりはしましたか？

満田　助監督はあんまり話せる立場じゃないからね。助監督と社長だと話すテーマも別にないしさ。だから本当に「ご苦労さん！」だけだよ（笑）。

八木　『ウルトラQ』には円谷一監督も入られています。

満田　でも一監督は最初から参加するつもりではなかったんじゃないかな。ただTBSはわりと制作会社に監督を出していたから、いずれはどなたかがいらっしゃるかなとは思っていたけど。国際放映だとか、民芸との合作だとか、結構ディレクターを出していたんだよね。

八木　『ウルトラQ』がスタートしたころの円谷プロの雰囲気は覚えてらっしゃいますか？

満田　円谷プロで仕事が始まらないんじゃないかと思っていたから、私は個人的にもすごくうれしくて「ようやく始まる！」と思ったもんね。「マンモスフラワー」のワンカットなんだけど、「テスト行こう！」ってなって。梶田監督の「よーーーい！」が聞こえたときは涙が出そうだったよ。お堀のロケで、いまだにキャメラポジションからなにから覚えているよ。

八木　35ミリのでかいキャメラですよね。

満田　でかいって言ってもそれほど大きくない35なんだよ。撮影は内海正治さんでね。

八木　東宝のキャメラマンですね。満田監督の回も撮られています。

満田　ほとんどが内海さんで、あとは田島文雄さんとか2人くらいだったかな。
八木　満田監督の回は2作とも内海さんですね。社長シリーズなどを撮られている方で明快な映像が印象的です。しかしお堀がファーストカットだったんですね。
満田　古谷（敏）ちゃんなんかも出ているカットなんだよね。準備が始まったのは64年の4月で、『ウルトラQ』自体のクランクインは64年の9月下旬。何日かまでは忘れたけど、いずれにせよ土曜日だよ。お堀は土曜狙いだったからね。そうじゃないとOKが出なかったから覚えている。
八木　土曜日だったから撮影OKが出たんですね。でも涙が出そうだったっていい話です。
満田　それから、当時は『ウルトラQ』じゃなくてまだ『UNBALANCE』だったんだよ。『ウルトラQ』になったのは10月の20日くらいになってからだったね。
八木　クランクインして1ヵ月ちょっとでタイトルが正式に『ウルトラQ』になったんですね。
満田　1ヵ月もなかったと思うけどほぼ1ヵ月だよね。前の東京オリンピック（1964年）の体操競技で「ウルトラC」っていう言葉が連発されて、TBSのどなたかが使えそうだと思ったみたい。それでCをQに変えて、「超高級難度のクエスチョンということで『ウルトラQ』はどう?」って。でも個人的には嫌だったんだよね（笑）。そこにあるものからもらってくるなんてあまりにも安直すぎるっていうか。
八木　『UNBALANCE』の方がかっこいいですよね。
満田　チーフ助監督だから毎日予定を出すわけだけど、それには『UNBALANCE』って書いて張り出していたからね。
八木　現場としてはそういう感覚だったんですね。でも50年以上経ってみると『ウルトラQ』はすごくインパクトのあるタイトルです。その後はみんな「ウルトラ」になっていくわけですし。

満田　どなたが考えたのかは分からないんだけどね。後々、ヒットしてからは名づけ親が何人も現れてさ。まあそれでタイトルは『ウルトラQ』になったんだけど、放送枠は決まっていなかった。だから「何日までにあげないといけない」という使命感みたいなものはあんまりなかったね（笑）。とにかくダラダラやっていた感じだったな。

八木　66年1月からの放送なので、2クール、半年分を1年半かけて作られたということになります。

満田　放送が始まってからも仕上げなんかをやっていたからね。ダビングは1月の21日くらいまでやったのかな。

八木　さすが師匠、すごい記憶力です。

満田　なぜ覚えているかっていうと私が結婚した年だから。新婚旅行から帰って来た翌日に、伊勢の赤福もちをお土産にダビングルームに行ったのを覚えている。あれは「SOS富士山」か「地底超特急西へ」で、たぶん「地底超特急西へ」だと思うんだけど。

八木　制作順で最後の2本です。ということは監督の回はもうダビングが終わっていたということですね。

満田　私が監督したのは前の年だから。それで実際の放送の順番は全部仕上がってから決まっているわけ。制作番号は確かホンができた順で打っているんだけど、撮影が後になったものもある。梶田監督の「マンモスフラワー」「変身」「悪魔ッ子」が最初に撮影した3本で、「206便消滅す」「甘い蜜の恐怖」は一緒じゃなくて別ブロックで少し後の撮影だったね。

八木　脚本だと10番目の「甘い蜜の恐怖」が梶田監督の1本持ちになるから変だなと思っていたんですけど、そういうことだったんですね。

『Q』では合成カットに合わせて本編カットも35ミリで撮影

八木　チーフ助監督でいろいろな監督をご覧になっていると思うのですがいかがでしたか。

満田　監督は梶田監督、円谷一監督、中川晴之助監督、それから後に飯島敏宏監督にしか付いていないんだよね。チーフ助監督にもローテーションがあったから野長瀬三摩地監督には付いていないんだよ。それから初期のころの特撮監督は1人しかいなくて、ほとんど川上景司監督だった。

八木　現場の雰囲気はいかがでした?

満田　円谷プロはドラマを撮ったことがないから東宝流なわけ。コマーシャルの部分請負だとか日活の『太平洋ひとりぼっち』のヨットのシーンだとかしかやっていないから、いろいろなことが東宝方式だったんだよね。

八木　撮影はもちろん35ミリで行なわれています。

満田　後で聞いた話ではどうも合成が多くなるからということで35ミリだったらしいね。合成カットを撮るのは35ミリじゃないとダメだったので、だったら全部35で撮ってみようと。それを16ミリに縮めて(リダクション)納品すればいいじゃないか。画も鮮明だしということでね。

八木　50年経ってみると大正解でしたね。

満田　当時、写ってはいたんだけど見えなかったものが4Kだと見えたりするんだよ。例えば窓外の景色とかね。不思議な現象だよ。

八木　鏡になにかが映っているとか、キャメラのバイザーの反射とか面白いですし、すごく綺麗ですよね。勘違いかもしれませんが『Q』だけ音がよい気もするんです。アフレコは他の作品と同じ場所だったんですか?

満田　『Q』『マン』『セブン』は同じスタジオかな。でも狭いところだよ。

八木　キャスティングに関して覚えていらっしゃることはありますか?
満田　桜井浩子はオーディションがあったって言うんだよね。でも私は記憶がないんだ。だから今みたいに助監督が手配して何人かを集めて、「それじゃ次の方!」っていうようなオーディションではなかったんじゃないかな。私が知らなかったくらいだから。
八木　東宝の女優さんですしね。
満田　だから個々に会ったんじゃないかなって思う。それをオーディションって言っているのかな。東宝のサロンの一角で梶田監督と俳優さんが会ったりしたんじゃない?
八木　監督に連れていっていただきましたが、東宝を入ってすぐ右の食堂が「サロン」でしたね。
満田　今はもうないよね。撮影所のどこかにそれっぽい施設はあるらしいんだけど。話は全然違うけど、東宝のサロンのカレーライスにはなぜか生タマゴが付いてきたんだよ(笑)。なんでだろうなと思っていたら、規定のカロリーにするために生タマゴを1個付けたみたい。ゆでタマゴならなんとなく分かるんだけどね。まあ、しょうがないからそのままカレーにかけていたけどさ。
八木　サロンのカレーはお好きでした?
満田　食べるのは定食の方が多かったんじゃないかな。
八木　定食も美味しかったですよね。僕が円谷プロに入社した1992年ごろは新入社員がお昼の出前の手配をしていました。監督のオススメは元来(祖師谷にあった中華料理店)だったらオムライスでしたね。
満田　元来のオムライスは今でも食べたいくらいだよ。タマゴの薄焼きが乗っかっていてふわとろじゃないやつでね。

八木　薄焼きでケチャップがかかっていましたね。あと東華飯店の場合は三目そばでしたっけ？

満田　三目そばとロースライスと東華重っていう3つの繰り返しだったね。

八木　美味しかったですよね。ところで、あの辺りに古くからあったキッチンマカべとか、焼き鳥のたかはしなどは円谷英二監督も行かれたのでしょうか？

満田　いや、どうかな。

八木　トンカツの椿はどうですか？

満田　それも分からない。東宝正門のそばのオートバイ屋の隣に小さなレストランがあって、そこは昼を食べに行っていたみたい。高いんだよ。

八木　よくお弁当を取っていた増田屋食堂の辺りですか？

満田　そうそう、「赤提灯」ね。

八木　この間行ったときには看板がなかったです。

満田　もうやってないんだよ。あのオートバイ屋も昔からあったの。吉岡モータースっていう名前で、劇用車やジープなんかを『Q』のころから借りていた。私が初めてクルマを買ったのもあそこなんだよ。10万円の中古だったけど、免許を取ってもらってきた日に昼飯を食いに行ってね。それで目の前の吉岡モータースで「これください」って言って。金はなかったんだけど、いつでもいいからって言われてさ。

八木　今は修理屋さんみたいな感じですよね。

満田　成城なんとかって洒落た名前になっているんじゃない？

八木　しかし増田屋なんかにはよく行きましたけどやっていないと寂しいですよね。

満田　うん。そうだね。

黎明期の円谷プロ

八木　話がそれましたけど、当時の円谷プロはどのような状態だったのでしょうか?

満田　さっきも言ったけど東宝システムでやっているから、スタッフルームが東宝撮影所の中にあったの。それが円谷プロだった。映写技師の控室で、10畳くらいのスペースだよ。そしてスタッフルームでもあったから、そこからロケに出ないといけないわけ。そうすると守衛のところで「この機材は今日持ち出します」という機材チェックが必ずあったの。で、帰りは帰りで「持って帰りました」って。演出部はそういうチェックはなかったけど、撮影部とか照明部なんかはあったらしいね。

八木　砧の社屋はあったのでしょうか?

満田　1964年の忘年会シーズンはあそこで話をした気がする。だから最初からじゃないんだよね。『ウルトラQ』が9月にクランクインして、砧の円谷プロができたのが12月くらいじゃないかな。まあ建物自体はあったんだろうけど円谷プロではなかった。京都衣装、今の東宝コスチュームの倉庫と作業場だったわけだから。和服の作業場は中庭にしばらく残っていたんだけど、八木くんがいたころはもうなかったかな。和服のサイズ直しをするところね。

八木　僕が入社したころはもうなかったですね。

満田　玄関の右側にあったんだけどね。

八木　入って右側に円谷プロの本社があって、そちら側に中庭もありましたよね。そして製作部の部屋が左側にあって。

満田　製作部は離れたところにあったんだっけ。あれは最初ブースカの控室だったの（笑）。いろんな意味での控室ね。ブースカは控室がなくて、そこに小道具を置いたりしていたんだよ。その隣が（屯田）大作の部屋のオープンセットだったから。

八木　事業部かなんかが作業していたところですね。

満田　だから最初のころの製作部は空き部屋だった。忘年会なんかはその部屋でやったような気がするんだよね（笑）。

『Q』『マン』『セブン』の時代

「宇宙指令M774」「燃えろ栄光」で監督デビュー

八木　では続いて『ウルトラQ』の監督作のことを伺っていきたいと思います。「宇宙指令M774」「燃えろ栄光」は2本持ちで入られていますよね？

満田　その後もいろいろ考えているんだけど、結局は何本持ちが効率いいんだろうね？　『ウルトラQ』の場合だと最初は3本持ちで、30分が3本だとちょうど映画の長さなんだよ。だから3本持ちがいいんじゃないかっていうことで入ったんだけど、なんかいろいろ効率が悪くてね。それでなんとなく2本持ちの方がいいかなっていうことになったりして。だから途中からはカップリング、2本持ちが普通だった。ただし中川（晴之助）監督だけは1本持ちで「俺は1本しかやらねぇ」と言っていたね。

八木　3本あるとロケ場所なんかも多くなっちゃいますよね。
満田　なんかハンパなんだよね。でももう1回チャレンジしたのが『ウルトラマン』で、これも制作が3本なんだよ。今度こそっていうことでね（笑）。それでもやっぱりダメで、以降はほとんど2本持ちだよね。
八木　2本持ちの方が段取り的にはいいですよね。
満田　ちょうどいいみたいなんだよね。で、このときは2本持ちだったから「どちらがデビュー作ですか?」なんて聞かれると困るわけ。放送順で言えば「宇宙指令」だけど、2本持ちだからどっちが先とは言えないんだよね。
八木　撮影も混ざっているでしょうし。
満田　そうだね。仕上げは1本ずつやるんだけど、実はこのときは仕上げと編集がかなり後になったんだよ。撮影が終わった直後に飯島敏宏監督にTBSから来てもらったんだけど、製作部長に「お前が付け!」って言われてね。だから「撮影が終わってこれから編集や仕上げがある」って返したら、「お前の仕上げと先輩とどっちが大事なんだ!」なんて言われてね。
八木　千束北男脚本で「燃えろ栄光」を撮った後に、今度はチーフで飯島敏宏監督のお手伝いをされたということですね（千束北男は飯島敏宏監督の脚本家としてのペンネーム）。
満田　「お前の編集なんかどうでもいいから」とか言われてさ（笑）。飯島監督も2本持ちだったんだけど、こっちも編集したりアフレコしたりしないといけないから「申し訳ないですが1本だけ付かせてください」って。それで「2020年の挑戦」だけにしてもらって、カップリングの「虹の卵」は別のチーフなの。
八木　そういうことは可能だったんですね。
満田　そうなんだけど、両方ごっちゃでスケジュールを組むからさ（笑）。結局は同じなんだよね。

八木　2本持ちだとそうなっちゃいますよね。

満田　まあ放送日も別段決まっていないから、急いで仕上げなくてもいいわけだけどさ。

八木　今では考えられない（幸福な）状況ですよね。ちなみに「宇宙指令」と「燃えろ栄光」はどちらも思い入れのある作品だと思いますが、2本持ちだとどちらか力が入る方があったりしませんか？

満田　それはないね。どんなシリーズでも常にそうだよ。私は子どもが3人いるんだけど、それは「どのお子さんが可愛いですか？」って聞くようなものでね。ただ可愛いのはみんな同じだけど、印象に残る子どもっていうのはあるわけ。病気がちで苦労したとか、そういう思い出はあるからね。よく「ナンバーワンを選ぶとしたら？」なんていうことも聞かれるけど、それはわりと難しい質問なんだよ。

円谷一監督用だった「燃えろ栄光」、ゼロスタートの「宇宙指令M774」

八木　「燃えろ栄光」では、千束北男さんとホン打ち（脚本打ち合わせ）をされているんですよね。

満田　もちろんしているけど、ホン打ちっていうほどのものじゃなかったよ。ちょっと直させてもらって、その打ち合わせという感じでね。当時、飯島さんは蓄膿かなんかの手術で入院されていたんだよ。それで東横線の菊名駅の近くの病院までお邪魔してホンの打ち合わせをした覚えがある。まあちょっとのことなんだけどね。

八木　最初の2本はテイストが全然違いますけど、これは先にプロットがあったのでしょうか。

満田　「燃えろ栄光」はもうホンが出来上がっていたね。タイトルは「ダイナマイトジョー」というものだったけど。これは円谷一監督用で、そういう作品としてホンが仕上がっていた。でも、円谷一監督がフランスとの合作『スパイ　平行線の世界』というシリーズを撮るために急遽TBSに引き上げることになって、その脚本が浮いちゃったわけ。とはいえ野長瀬さんや梶田さんに「よろしく！」というわけにはいかんだろうと。それで「お前がやれ！」ということで監督に抜擢されたんだよね。

八木　かくして弱冠27歳にして監督になられた。すごいです。

満田　一方でカップリングは自由にやっていいからということで、ちょうど上原正三と一緒にデビューしてみたらどうかという話になってね。でも「ただし」が付いていて、怪獣はクラプトンという名前でもうできちゃっていたわけ。あのエイみたいなやつね。これを使ってほしいというのが条件で、あとはどうぞということでさ。怪獣の名前は最終的にはボスタングってなったんだけどね。

八木　ボスタングありきだったわけですね。

満田　「オイルＳＯＳ」っていう精油工場が舞台の話があるじゃない？

八木　後に『ウルトラマン』で作品化されています。

満田　精油工場の廃液が海に流れて怪獣が出現するっていう話で、ロケハンまでは行ったんだけどね……。まあそういう設定だから精油工場が貸してくれるわけないんだよ（笑）。「ダメだ！」って言われて結局１本浮いちゃったんだけど、怪獣だけは作っていたからさ。

八木　そのおかげで満田監督と上原さんがデビューされることになった。ということは「宇宙指令Ｍ７７４」は脚本を最初から作っていったということですね。

満田　まさにゼロスタートでヒントもなにもなかった。ただ「ＳＦだらけにしような」っていうことは話していて、まさにＳＦだらけのホンにしてもらったんだよ。

八木　そういう打ち合わせをされたんですね。最後の「ほら、あの人も」というナレーションは、すでにたくさんの宇宙人が地球に来ているということですごく斬新だったと思います。

満田　その辺も一緒に作っていったんだけどね。

八木　プロットから始めて何度もやりとりされたわけですか？

満田　いやいや、そこまで何度もキャッチボールはしなかった気がする。

監督への抜擢は栫井巍プロデューサーから伝えられた

八木　話が少し戻りますが、「監督に」というお話は円谷一監督からあったのでしょうか？

満田　それは円谷一監督から言われたんじゃなくて、ＴＢＳの栫井巍《かこいたかし》プロデューサーなんだよ。「ガラダマ」の撮影で水上温泉の奥の洞元湖にいるときに栫井さんが来られて、「ちょっと部屋に来て」って。水上の奥だから5月なのにまだコタツが必要なくらい寒かったんだけど、「一杯やりなよ」なんて言われてね。それで飲みながら話をしていたら、「こういうわけでツブちゃんを引き上げるから、その代わりにお前さんが監督をやりなさい」ということだったの。

八木　局のプロデューサーがそういう話をされたんですね。すごい話です。

満田　それで「いやー、私はまだ経験もないし若造ですし」なんて答えたら、「これは決まった話だ」と。「ロケが終わって東京に帰ったら会社の命令で言われるから、その前に伝えてあげたいと思って来たんだ」って言ってくれたわけ。栫井さんはそのためにわざわざ来てくれたんだよね。

八木　監督になられるときのお気持ちはいかがでしたか？

満田　言われたからには一生懸命やるしかないよ。おかしいんだけど、それまではチーフ助監督として監督に進言なんかをしていたわけ。「このカットはこうしたらどうですか?」なんてね。でもそれが急にケチになっちゃって(笑)。「あ、これは自分の引き出しに入れておこう」って、アイデアがあっても進言しなくなっちゃった。急に黙りこくるんだから、自分ながら「ケチだなぁ私は」って思ったよね(笑)。

八木　そして上原さんとホンを作られるわけですね。めちゃめちゃSFをやろうというお話を聞いてすごく分かったんですけど、「宇宙指令M774」は本当にSF作です。演出意図がSFというか……。

満田　この間、NHKで放送されたのを見たけど新人なのに贅沢をさせてもらっているなと思ったね。

八木　ロケもいっぱいですし。

満田　客船が出たり海上保安庁の船が出たりね。客船は、当時は大島に行くのはあれしかなかったの。今みたいに高速船で行くという時代じゃなかったから。それで本当に大島にも行っていて、「ここはどこかな?」っていう地球か宇宙か分からないみたいなところのシーンは大島で撮るはずだった。実際には後に鬼押出し園で撮っちゃったんだけどさ。

八木　大島の三原山ですね。

満田　だけど霧がかかっちゃって全然周りが見えないんだよ。1メートル先も見えないくらいの霧で、これはダメだっていうことで中止してそのまま帰ってきた。だから船中シーンの撮影だけで終わっちゃったわけ。

八木　後に撮られたという鬼押出し園の画は本当にSF的だし異空間の感じが出ていていいですよね。

満田　ポツンと喫茶店が見えるというのも画合成で、当時は描いてもらっていたわけだよね。

八木　あれはすごくいい画です。中はセットですか?

満田　中はロケで、新宿の東口にあったウェスタンっていうニッカバーだね。学生のころによく行っていた店なんだよ。1杯いくらの時代にボトルでポンと出してくれて「ご自由に」って。それで最初は遠慮して1杯分を入れて飲んでいたんだけど、ボーイがいないときに友達とガーって入れちゃってさ。そうしたら後でちゃんとモノサシでどれくらい減ったかを測ってくれるんだよ（笑）。高野（フルーツパーラー）を背中にして前の道を少し行って右側にあったんだけどね。

八木　ジュークボックスなんかもあってすごく楽しそうなお店です。

満田　ドアを開けて向こうに見えるのが鬼押出し園なんだけどそこは合成で。ジュークボックスやなんかは小道具で持ち込んだものだね。あの店にはジュークボックスがなくてさ。

八木　ジュークボックスにＴＡＩＴＯと書いてあったのも印象的でした。タイトーってあのころからあった会社だったんですね。「宇宙指令Ｍ７７４」の合成では最後の植物園かどこかのシーンも素晴らしかったです。

満田　あれは向ヶ丘遊園のバラ園だね。『ブースカ！ブースカ!!』のセットが立っていたけど、あの下にバラ園っぽいのがあったでしょう？　あそこだよ。

八木　（向ケ丘遊園閉園の後も）1回だけ行ったことがありますが、バラ園だけは残してあったんですよね。

満田　それで遠くに見えるビル街は画合成だね。

八木　一発目の引きですよね。植物園があって後ろにビルがあって素敵でした。あの辺の特撮は的場（徹）監督ですか？

満田　そうだね。

八木　先に本編を撮ってくると思うのですが、こういうときは特撮監督も来ていたのでしょうか？

満田　中野（稔）ちゃんなんかはよく現場に来ていたけど、それ以外で自分が直接合成しないものは来ていないね。

だから画合成なんかは来ていない。

八木　では満田監督があれを決められたということですね。

満田　でも、こっちだってなにを描いているか分からないわけ。見たりはできないから、「ビル街をよろしく」って言って描いてもらうだけでね。

八木　マット画とかいろいろな撮影場所を含めてすごくSFチックですよね。

すべてのカット、アングルに意味がある満田作品

八木　『ブースカ！ブースカ!!』で満田監督の演出を横で見ていて思ったことなのですが、ムダなカットが全然ないんですよね。なんとなくマスターショットで撮ってしまうのではなく、どこをどう使うかは全部決まっていました。「宇宙指令M７７４」を見ていても、やはりすべてのカット、アングルに意味があると思うんです。「燃えろ栄光」ではそれがさらにテンポにもかかわってくるわけですけれど。

満田　でもいま見ると稚拙だよね。それは『セブン』の作品を見ても、「うわー、もうちょっとこうすればよかったな」っていうのがいくつもあるもん（笑）。そう言えばなんのシリーズかは忘れたけど、あるとき円谷英二監督に「オヤジさん、１回全部仕上げてから、もう1回同じものを撮れないもんですかね」って言ったら、「そんなことできたら私だってやりたいよ」と言っていたな。

八木　円谷英二監督でもそうだったんですね。でもあらためて「宇宙指令M７７４」を見てみると、もちろん満田監督が指示されていると思いますが内海キャメラマンの画も素晴らしい。ああいう風にはなかなか撮れないものです。どうしてもムダというか、あまり意味のないアングルで撮ってしまったりすることがあるものですけど。

満田　35ミリだからフィルムをあんまり使うなって脅かされるしね。だからケチなんだよ。

八木　確かにフィルムだからムダな画を撮らないということはあったのでしょう。でもそれを考えてもやはりすごいことだと思います。ちなみに「宇宙指令M774」に関して円谷英二監督にはなにか言われましたか？

満田　特には言われなかったな。試写は東京現像じゃなくて東宝の試写室に16ミリの映写機を置いて見たような気がする。客席っていうと変だけど、そこに16ミリの映写機を置いてね。

八木　東宝にはMAや試写をやったりする場所がありましたからね。円谷一監督や上原さんは試写をご覧になっているのでしょうか？

満田　どうなんだろう。そういえば私は直接聞いていないんだけど、上正（上原正三）さんは脚本家としてのデビュー作だから当然見ていて、「感動した」と言っていたらしい。これは後に他の人から聞いたことだけどね。

八木　なかなか直接は言わないものですよね。円谷一監督や梓井さんはいかがでした？

満田　ちょっと覚えていないな。完成試写はわりとTBSの皆さんは一緒じゃなかった気がするんだよね。持ち帰ってTBSで見ていたのかもしれない。その現場で一緒に見たという記憶はないね。

デビュー作の監督の仕事はラストシーンからのスタートだった

八木　「燃えろ栄光」の方は、SFをやろうとした「宇宙指令M774」とは全然違う作品じゃないですか。

満田　でも、ある意味でのSFだからね。それと『ウルトラQ』自体で怪獣シリーズをやりましょうということが決まっちゃった後だから。その前までは怪獣が出ない話もあったんだけど、基本的にはとにかく怪獣が出てくるっていうことでね。

八木　ロケは赤坂プリンスホテルですよね。
満田　プールサイドのショウとそれを見ているシーンはそう。シリーズでチーフ助監督がそのまま監督になっているから、レギュラー出演者の佐原健二、西條康彦、桜井浩子とはやりやすかったね。違和感は別になかったと思うし、後で聞いたら出演者の皆さんも「自分の家の長男が親父を継いだみたいな形だから」って言ってくれてね。
八木　気のせいかもしれないですけど皆さん楽しそうにお芝居をされていたように見えました。
満田　どうなんだろう。それは気のせいかもしれないけど（笑）。
八木　プリンスホテルの「マリンファンタムショウ」は仕込まれたのでしょうか？
満田　もちろんそうだよ。お客さんはエキストラでね。
八木　大掛かりですよね。しかも赤プリを1日か2日は借り切っているわけですから。
満田　でも撮影は夏のシーズンに入るちょっと前じゃなかったのかな。例えばビアガーデンをやるにしても、そのちょっと前だった気がする。
八木　プールに出てくるピエロもいい雰囲気でした。話自体はいいお話ですけど、あそこは幻想的でしたね。ところで最後、主人公はメイクを外してポスターを戻して歩いていくじゃないですか？　あれは戦いにいくということでしょうか？。
満田　まあ、どうなるかは見ている方のご自由にということで（笑）。これで覚えているのは、デビュー作の監督の仕事がラストシーンからのスタートだったこと。田園調布で撮ったんだけど、オープンカーで見ているレギュラー3人のカットが第1カットなの。
八木　あれは田園調布だったんですね。青山かと思っていました。

満田　デビュー作の最初のカットがラストシーンっていうね。

八木「いろいろありました」というところから撮影がスタートしたわけですね（笑）。

満田　まさに若造で27歳、独身だから貫禄のなさって言ったらないんだよ。だからなんとか早く30歳になりたくてね。それと結婚も早くした方がいいんじゃないかと思っていたしね。「そのどっちかかな？」って。

八木　65年の5月に梼井さんから話がきているわけですから……。

満田　誕生日が8月20日でクランクインしたのがその前、28歳になる2ヵ月くらい前のことなんだけど。

八木「燃えろ栄光」はホンもできていたから準備が速いんですね。それにしてもクランクインまであっという間です。

満田　ロケハンも行くことは行ったけど、あちこち探してのロケハンじゃなかったしね。「宇宙指令M774」の鬼押出し園なんかはロケハンもしていないんだよ。かつて個人的に旅行したのをチラッと覚えていてね。ゴツゴツした、火山が吹き出たようなところがあるなと思っていて。それであそこはぶっつけで行ったような気がする。

八木　あれは作品の中でも一番くらい印象的なカットですね。僕はあそこと向ヶ丘遊園のカットが好きでした。

満田　向ヶ丘遊園は会社から近かったからね。

「合成がうまく行き過ぎている」

八木　中野さんがやられたのかもしれませんが、「燃えろ栄光」はワイプなんかもかっこいいですね。

満田　中野稔にはいろいろ協力してもらって、合成なんかもうまくやってもらったしね。このとき唯一、円谷英二監督から注意されたのが「合成がうまく行き過ぎている」っていうことでさ（笑）。「これじゃちっともお金がかかっているように見えない」って。「ああ、ここはお金をかけているんだな」と思わせるようにあざとくやれよということだよね。でも見ていたらすんなり行っちゃったから。

八木　ちょっと分かるくらいの方がいいということですよね。

満田　あざとくね。「ああ、ここはやっているな、お金がかかっているな」って分かるくらいにした方がいい。

八木　確かに最後の向ヶ丘遊園なんてちょっと見たらなじみ過ぎています。パッと見だと「ああ、こういう場所で撮ったのか」なんて思ってしまいますよね。

満田　撮影からはだいぶ先になったけど、放送を見て「行けば実際にあるんじゃないか」と思って向ヶ丘遊園で「撮影場所はどこですか？」って聞いた人がいたという話もあったよ。

八木　そうでしょうね。僕も４Ｋでじっくり見るまではどこかのデパートの屋上かしらと思っていました。

満田　今だったら奥に高層ビルがあっても普通だけど、当時はそんなものなかったわけだからね。今は高層ビルが見える方が当たり前になっちゃった（笑）。

八木　ナチュラル過ぎて合成に見えませんでしたけど、当時としてはまさに不思議な光景だったということですね。

満田　それが合成じゃなく見えちゃったわけよ。

八木　特撮ってそういうところがありますよね。アメリカだと特撮って分からないようにやるじゃないですか。一方で日本の場合はちょっと分かるけど、そこがいい。でもこのカットはアメリカ的に上手く行き過ぎています（笑）

最初から監督候補だった『ウルトラマン』

八木　続いて『ウルトラマン』ですが、これは最初から監督として参加されていますよね。

満田　円谷プロの人間なわけだから最初から監督候補だった。それで企画書の監督候補の中にも名前を連ねさせてもらっていた。最初は『レッドマン』というタイトルだったんだけど、そのシリーズを担当する監督の候補ということでね。

八木　そのころの円谷プロの雰囲気はいかがでしたか?

満田　カラーは初めてだからみんな大変だったよね。東宝から来ているスタッフは映画でカラーに慣れているけど、私たちにしたら初めての体験なわけ。だからどうやっていいか分からないっていうか……。監督をしていて一番困ったのは、3時半くらいになると撮影部が色温度計を持ってきて「ああ、もう色が出ます。赤くなりますから今日はこれまでにしてください」って言うわけ。肉眼だと「どこが?」っていうくらいなんだけどさ。それが『セブン』からはそんなにうるさいことを言わなくなったの。現像所で色補正ができるようになってきたのかなって思うんだけど。もちろん今どきだったら暗くなるまで撮れるわけだけど、当時はそんなことがあったね。

八木　後に「ウルトラ警備隊西へ」では何度も綺麗な夕景を撮影されているじゃないですか。あの撮影も苦労されたということでしょうか。

満田　関西に行ったのは前後編で6泊かな。あとは東京でセットもあったし、神戸港なのに東京湾で撮ったりもしている。「水は同じだろう」なんて言ってね(笑)。

八木　そうだったんですか。あれはいわゆるマジックアワーですよね。しかもそれを何度も撮られている。1日では撮れないですから、すごく狙われているなとは思っていたんです。

満田　ナイトシーンはなかったけどね。せっかく神戸に行くんだから夜は酒を飲みたいなってことで、金城哲夫には「ナイトシーンを書くな！」って頼んでおいたから。

八木　しかし『ウルトラマン』では初めてのカラーで撮影部もナーバスになっていたわけですね。

満田　そうだね。現像所の色補正技術があまり簡単にいかない時期だったんじゃないかな。技術的な詳しいことは分からないけどね。

八木　カラーにしようというのはそもそもどこから出た話なのでしょうか？

満田　カラーが当たり前になってきた時代だからね。後で日テレが『快獣ブースカ』もカラーにしておけばよかったって嘆いていたよ。あれもスタートは1966年だからね。

八木　『Q』のときは円谷英二監督がオプチカルプリンターを買っちゃったという話がありましたが、『ウルトラマン』でもこれは使われていたのでしょうか？

満田　当然使ったんだろうと思うし、TBSともそういう約束で次から次へとシリーズが進んでいったんだよね。タイトルに「東京映画社」とか「TBS映画社」と書いてあったりするんだけど、それがオプチカルプリンターの置き場所、つまりは作業をしてくれるところだったわけ。その後、あのオックスベリーのオプチカルプリンター自体は中野ちゃんの助手の兵藤文造くんが引き取って会社で保管していたんだよね。「監督、見に来てください」って言われてわざわざ調布の方まで見に行った覚えがあるよ。さすがに今はもうないと思うけど。

新人監督は怪獣の着ぐるみを新調してもらえない

八木　最初の「謎の恐竜基地」は金城さんの脚本です。作っていくに当たってはどのようなことを話されました？

満田　特にはなかったね。カップリングの「宇宙から来た暴れん坊」は宮田達男さんの脚本なんだけど、実は一度もお会いしたことがないんだよ。脚本家と一面識もないっていうのは私の監督人生の中でもあの1本だけ。

八木　すごく楽しいホンですよね。

満田　でも一面識もない。上原ちゃんか誰かに「ちょっと、ここをこういう風に直したいな」なんて言ったら、「じゃあ伝えておきましょう」ってなる。そうすると向こうから返事が来て……という形で、伝言ゲームみたいな感じだったんだよね。

八木　円谷プロではないのですが、僕もそういうことが一度だけありました。有名アイドルグループが出演するドラマでとてもシステマティックだったんです。プロデューサーが間に入って、一度も脚本家と顔を合わせずに脚本が出来上がりました。不思議な気分になりますよね。

満田　ただ条件があったのは、新人監督だから怪獣の着ぐるみは新調してもらえないわけ。それで「これを使え！」ということで渡された。だからギャンゴって命名したやつはもともとベムラーだったし、ジラースはゴジラを借りてきて使うという感じでね。

八木　それは誰の意見だったのですか？

満田　オヤジさんが「借りてきてやるからこれでなんとかしろ。ただし切ったり貼ったりしたらダメだぞ」って。つまりそっくりそのまま返せるような状況で使えということだったから、ペインティングとかなにかをくっつけるくらいしかできないんだよね。

八木　でもウルトラマンとゴジラが戦っているわけですから、いま考えたらすごいことですよね。

満田　せっかくだからそうしちゃおうかっていうことで、エリマキもわざと取っちゃったの（笑）。

八木　あれを取ったらゴジラですもんね（笑）。

満田　どうせだったらゴジラにしちゃうかって。私が考えてやっちゃったの。

八木　しかしジラースが円谷英二監督のお墨付きだったとは面白いですね。ちなみに「ゴジラとか使えないですかねぇ?」というような会話からそれは始まるわけですか？

満田　いやいや、「借りてきてやるからこれでなんとかしろ」っていうことでね。

八木　では、それありきで話を作られたわけですね。円谷英二監督が『ウルトラマン』にゴジラを出したかったということもあるんですかね。

満田　どうだったんだろうね。そこは分からないけど。

八木　子どもからしたらウルトラマンとゴジラが戦うのはうれしいですよね。そして「謎の恐竜基地」では『Q』の（戸川）一平くん役、西條康彦さんもちょっと出ています。

満田　釣り人でしょう。あれはゲスト出演だよね。それで言うとホテルのボーイで古谷（敏）ちゃんが出ているんだよね。ミニカーのレーシングカーを扱うボーイかなんかで。あれは「出演場面を作っちゃうから」と言ってワンカット作って、それでロケに来てもらったんだよ。

八木　古谷さんはあの時点ではウルトラマンのスーツアクターですよね。

満田　そうだね。もちろん面識はあって、『ウルトラQ』の「2020年の挑戦」ではケムール人の中に入ってもらっていた。それと「マンモスフラワー」では東宝のいわゆる大部屋の役者だったわけだから。

八木　そういう流れで出演されたのですね。そう言えばこの2作は両方ともホテルが出ています。

満田　タイアップで使った同じホテルだね。当時は下田温泉ホテルって言ったんだけど今は名前が変わっているのかな。

「ウルトラマンだけに頼るな」という話を金城哲夫が作った

八木　しかし下田まで行ってゴジラが出てと「謎の恐竜基地」は豪華な作品ですよね。ジラースのエリマキを取ったことに関しては、円谷英二監督はなにかおっしゃっていましたか？

満田　特には言われなかったけどね。

八木　でもそもそも「これで考えろ」みたいな感じでお話はされているわけですね。

満田　そうだね。そのころは特に他になにか言われたっていう記憶はないけど、『セブン』なんかも終わった辺りか後半かな。『マイティジャック』くらいだと思うけど、オヤジさんはもともとキャメラマンだからキャメラアングルをすごく大事にしてうるさいんだよね。現実的にあり得ないキャメラポジションはダメだ、そういう撮り方は絶対にするなっていうことで。例えば刑事ドラマなんかで拘置所の面会室が出てくるじゃない？　間に穴が開いているアクリル板があって。ああいうのはセットでしか撮影できないから、真横から2ショットを撮るわけ。八木くんだったら撮りそうなカットなんだけど。

八木　壁を外しちゃったり、ということですよね。

満田　でもそんなカットを撮ったら絶対に怒られるわけ（笑）。実際にロケに行ったら壁があるわけで、そういうカットは撮れっこないわけだから。

八木　壁を外したり、地面を外すというのがNGというのは意外ですね。

満田　実際にキャメラの置き場がないやつはダメなんだよね。

八木　でもクレーンに乗るのはいいわけですよね。
満田　それはいいわけなんだけど。まあキャメラマンだったから映像的にはいろいろなことを考えていたみたいだね。サイレントの手回し撮影機でも冷静に24コマを回していたらしいよ。他の人から聞いた話だけど、なにが起きても24コマ／秒で回していたって。サイレントだから監督が「♪チャンチャンチャンチャカチャン」って音楽を口三味線で弾くらしいの。そうするとそれに合わせてチャンバラが始まって、冷静じゃないキャメラマンだと音楽のテンポに合わせて手回しのスピードが速くなったり遅くなったりするらしいんだよ（笑）。
八木　冷静な方だったんですね。さて、『ウルトラマン』では続いて「撃つな！アラシ」と「小さな英雄」が満田監督作品です。ウチの子はまだ小さいんですけど、「小さな英雄」のピグモンにはすごく反応していました。あとイデ隊員のキャラクターもそうですが、『ウルトラマン』ってうまく子どもたちに届くようにできていると思うんです。この辺の演出はいかがでしたか？
満田　あんまり考えてはいないんだよ。
八木　そうなんですか（笑）。それで「撃つな！アラシ」が番組最高視聴率でしたよね？
満田　いや、「小さな英雄」だね。
八木　ではやっぱり子どもたちに届いていたんですね。「小さな英雄」は金城さんとの作品です。
満田　作る前の話なんだけど、全くゼロのときに栫井プロデューサーのお宅へ引っ越しの手伝いに行ったわけ。団地から戸建てに引っ越すということでその団地の方にお邪魔したら、坊やが怪獣ごっこをやっていてすぐ相手に捕まったわけ。それで金城哲夫が「ダメじゃないか、すぐ捕まったら」って言ったら、「いいんだよ、すぐウルトラマンが助けに来てくれるから」って。それで金城は「これはいかんな。そんな風に子どもたちは見ていたのか」と考えたんだよね。ウルトラマンに頼るだけの考えじゃダメだ、どうにかしないといけない。そういうことで、ウルトラマンだけに頼るなという話を作ってくれたわけ。

八木　無敵の人がいたらどうなるか……これは『ウルトラマン』のテーマでもありますからね。

「『セブン』はお前がメインでやりなさい」

八木　続いて『ウルトラセブン』になります。

満田　『セブン』のときからオヤジさんには「お前がメインでやりなさい」というのは言われていて。それはなぜかと言うと、放送局なんかからの応援はできるだけ少なくして社員を使った方が会社としては得なわけじゃない？　番組から監督料が出ることもないしさ。

八木　もちろんそれだけが理由ではないと思いますが、実際に満田監督と鈴木俊継監督は『セブン』ですごい作品をたくさん作られています。一方でＴＢＳの人は確かに実相寺監督以外あまりいらっしゃいませんね。

満田　飯島監督が1回3本で、あとは円谷一監督だよね。

八木　しかし『セブン』はメインでという話はやっぱり最初からあったわけですね。どれも印象的な作品ですが、例えば「ひとりぼっちの地球人」の思い出などはいかがでしょうか？

満田　あれは後に、ロケをした学習院のピラミッド校舎の中で映写会をやっているんだよね。ピラミッド校舎の中で、ピラミッド校舎がつぶされるのをみんなで見たわけ。

八木　それは受けたでしょうね。

満田　実は学習院には2回行っているんだけど、1回目は映写会の後にいきなりサイン会みたいな流れになっちゃった。で、2回目はピラミッド校舎がなくなるに当たって講演をやってくださいということで、今の天皇陛下……当時の皇太子殿下がお話をされて、私は私でピラミッド校舎に関することをいろいろしゃべったわけ。もちろん別々にだけどね。それで「ひとりぼっちの地球人」を客席で並んで見て、懇親会では「講師2人がそばにいてくれないと困る」って言われて2人でビールを飲みながら話したんだよね。

八木　そのときはどのような話をされたのでしょうか？

満田　いろいろ話をしたよ。例えば子どものころに母が見るのを許してくれたテレビ番組は『チロリン村とクルミの木』（56 - 64）、『ひょっこりひょうたん島』（64 - 69）、それと『ウルトラシリーズ』だったとかね。「母が」って言われて、「ああ、お母さんが」なんて思ったけどそれは皇后陛下のことだったんだよね。

八木　確かに陛下が『ウルトラ』ファンだというのはお聞きしたことがあります。

満田　一緒に見ているときも、見終わってから「アンヌ隊員、懐かしいですね」なんておっしゃってね。後でアンヌにも教えてあげたら「本当？」って喜んでいたけどね。

八木　学習院のその講演は行きたかったんですけど、ちょうど『大決戦！超ウルトラ8兄弟』の公開初日だったんです。2008年9月13日ですね、まだ覚えています。もし行けていたら満田監督の横にいて、陛下とご挨拶できたのにと思ってしまいますね。

満田　「名刺をさしあげていいですか」とお渡ししたら、「私も持っているんですよ」って出してくれてね。学芸員かなにかの名刺だったかな。まあいろいろお話をさせていただいて、なかなか育ちのいい青年だなと思ったよ（笑）。

八木　実際にあの校舎で学ばれていて、しかも『ウルトラ』ファンですから陛下もお喜びだったのでしょうね。ちなみに発進シーケンスで使われる「Fourth Gate Open」という声は満田監督の声ですが、どういう経緯で使われるようになったのでしょうか?

満田　あれは使うつもりじゃなくて。「こういう風にしゃべってね」と声優に言っていたわけ。そうしたらその声優が帰ってから録音スタッフが「監督、もう1回監督の声で録らせてもらえませんか?」って。いわゆる演技指導をしているときのを聞いていたら、監督の声の方が合うような気がするって言うわけ。まあ、ああいう係って複数人いてもいいわけだから「分かった」って言って録ったら、みんなが私のばっかり使うようになっちゃったんだよね。

『セブン』が終りに近づいていくのがすごく寂しかった

八木　では「ノンマルトの使者」はいかがでした? これも名作ですが、金城さんにしてはセリフがストレートなのかなと思っています。

満田　どうかな、あんまりそうは思わないけどね。「ノンマルトの使者」はそれほど細かく打ち合わせはしていないんだけど、わりとすんなり出来上がったかな。でもあの前に一度書き上げているらしいんだよね。

八木　それは読んでみたいですね。

満田　私も読みたいけど焚き火で燃やしちゃったって言っていた。渋谷のビアホールですれ違いになったという話で、これは携帯電話がない時代だからこそ起こり得たすれ違いだよね。また、会えなかった理由が金城哲夫らしくていいなと思ったのは、読んでも面白くないから読んでほしくなかった原稿の魂が2人を会わせなかったんじゃなかったかな。

八木　それはすごい話ですね。ちなみに金城さんってどういう方だったのでしょうか？

満田　お酒はそこそこ一緒に飲んだけど、2人だけっていうのはあんまり多くなかった。あと何人かも一緒という形でね。金城は砧の社屋まで自転車で通っていて、私は祖師ヶ谷大蔵から電車に乗るんだけど、一緒に商店街を歩いていると「どこかで軽く飲る？」ってなって。当然、それが軽くなくなっていくんだけどね（笑）。

八木　そして「ノンマルトの使者」の後が金城さんとの「史上最大の侵略・前後編」です。

満田　あれは「ノンマルト」の撮影中くらいにローテーション的に決まっていたんだよね。最終回をやりなさい、それから脚本はローテーション的に金城哲夫である。特撮監督もローテーション的に高野宏一で、この3人でやるということは決まっていた。そのときに金城が最終回は30分1本じゃ語り尽くせないと言い出して、じゃあ前後編にしようってなったんだよね。

八木　これもやはりムダなカットがない、すべてに意味があるという映像でした。

満田　最終回はときどき上映会があるんだけど、後から見返すとやっぱり稚拙だと思う。あのころの私は特にキャメラワークと編集が下手だね。「ああ、ここで切ればよかったな」「なんでここはレールを敷いて移動にしなかったのかな」「なんで三脚を立ててフィックスで終わったのかな」……そんなことを思うんだよ。あの当時はそれでよかったのかもしれないし、フィックスの方が訴えるものがあったからフィックスにしたんじゃないかとは思うけど。

八木　僕はとても素晴らしいと思っています。あの有名なダンとアンヌのシーンにしても、シルエットだけど目の感じがちょっと分かるじゃないですか？　すごく微妙な露出で最高傑作ですよね。ひし美さんの演技もすごいですし。

©円谷プロ

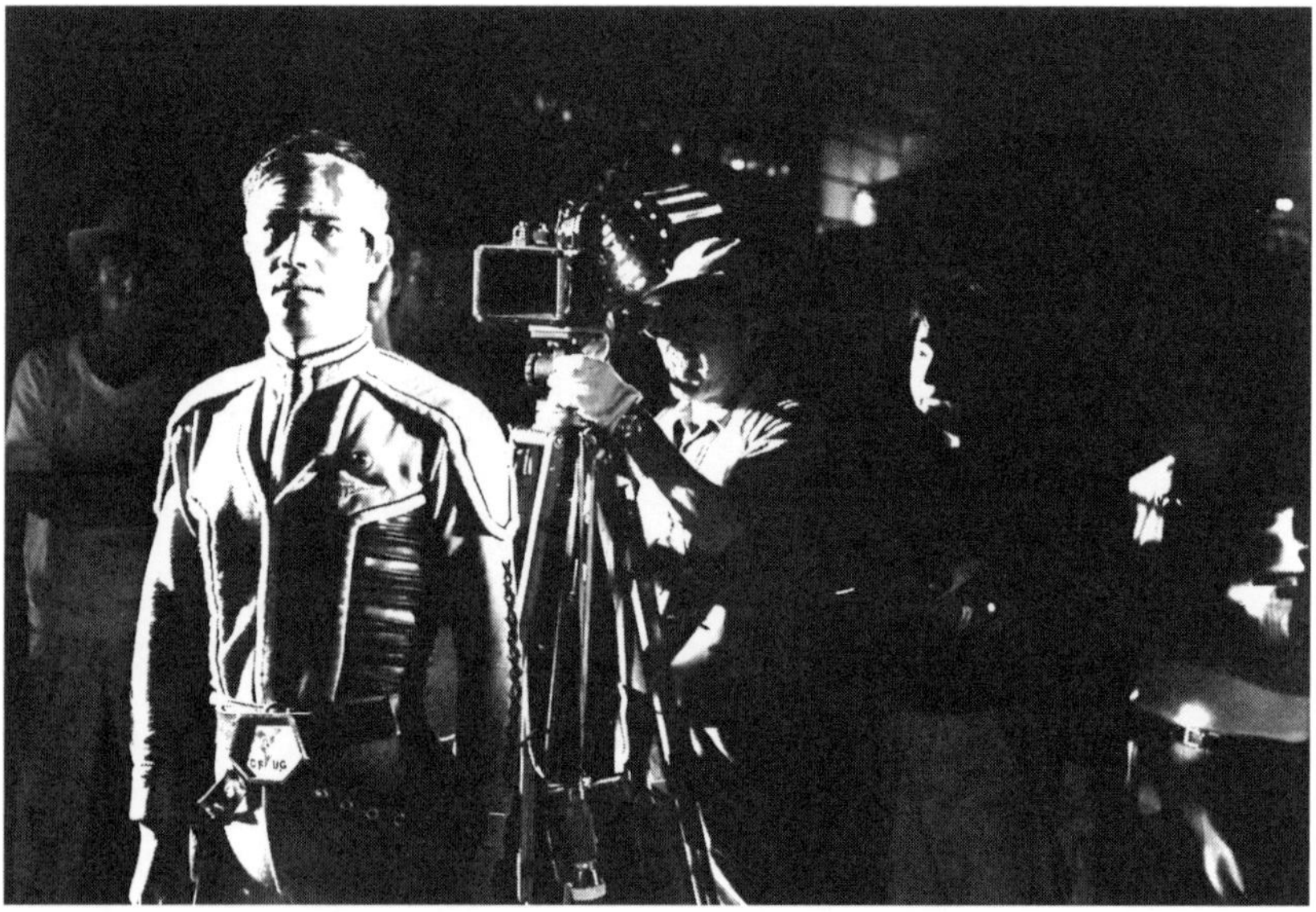

『ウルトラセブン』最終話「史上最大の侵略・前後編」でダンとアンヌの別れを演出する満田かずほ監督（カメラの右に浮かび上がる人物）。撮影現場の緊張感に引き込まれます

満田　あまり打ち合わせはできなかったんだけどね。しかし当時は、『ウルトラシリーズ』はもう二度とないだろうと思っていたな。ウルトラマンだとか怪獣だとか宇宙人だという話のシリーズは、『ウルトラセブン』の終了と同時に終わるんだなと思っていた。だから刻一刻と作業を消化していく中で、終りに近づいていくのがすごく寂しかったね。

八木　それはそうですよね。だからなのか、この最終回はすべてをやり尽くした総決算にも見えるんです。

満田　1971年に『帰ってきたウルトラマン』が復活して、それ以降は2年くらいブランクがあればまた復活するんだろうって平気で思うようになっちゃったけどさ。当時としては二度とないと思っていたね。スタッフはみんなそういう思いだったんじゃないかな。

八木　最終回が出来上がった後の金城さんの反応はいかがでしたか?

満田　金城と話した覚えはないけど、実相寺（昭雄）監督は前編のオンエアが終わったら自宅に電話をくれたんだよね。それで「よかったよ」って。それで後編のときはこっちから電話して「どうだった?」って聞いたら、「大したことなかった」なんて言われたけど（笑）。

八木　そんなことがあったんですね。

満田　一監督は『怪奇』で必死だったからなにも言われていないし、英二監督も同じで特には言っていないね。みんなどんどん次の仕事に行っているからそうなっちゃう。

八木　間を空けないで『怪奇大作戦』が始まるわけですからね。

満田　出だしだけは歌舞伎座プロのスタッフに手伝ってもらって、その後は『セブン』が終わった連中がどんどん回っていったからね。

八木　ところで『マイティジャック』へのご参加はどういった経緯だったのでしょうか？　「パリに消えた男」「爆破指令」の2本を撮られていますよね。

満田　1時間ものを2本だよね。あれは『セブン』の途中で『マイティジャック』が始まるからそっちに行けということだった。もう3〜4本は仕上がっていたんだけど、放送第1話は空けておいてくれて。それで「放送第1話をやんなさい」って言われて。

八木　これも円谷英二監督から言われたわけですか？

満田　そうだね。

八木　『マイティジャック』は特撮にしてもなんにしても、円谷英二監督が力を入れられていたということですね。

満田　でも特撮現場には1回しか行ったことがないから、あんまり話はしなかったけど。特撮は畑のど真ん中にあった小さなスタジオで、栄スタジオっていうところだった。

八木　東宝ビルトでは『ウルトラ』をやっていたからでしょうか？

満田　それもあったのかな。本編のレギュラーセットは国際放映だったし、とにかく場所が違っていたからね。

オヤジさんとの思い出

おおらかだった円谷英二監督

八木　満田監督に以前お伺いしたことがありますが、円谷英二監督は金銭感覚がおおらかだったということですね。

満田　全部ツケで、キャッシュなしで生活できちゃうわけだからそうなるよね。東宝撮影所を出て目の前のレストランなんかはツケが利いたんだよ。だからキャッシュが必要なのはタバコ代だけ。それだけ持っていれば、後は飲みにいってもハイヤーを呼んでもらえるし、それも含めて全部お店にツケておけばいい。後で請求書が来て奥さんが払うということでね。そういう生活だったから、「これがいくらか?」というのは分からない。だからオックスベリーなんかも買っちゃうわけ。カラーテレビも、祖師谷の町に浴衣がけで散歩に出ていて電気屋の前を通ったときに「これください」って言ってそのまま運んでもらったらしいからね。それで1966年に『ウルトラマン』の放送がカラーで始まっているのに、関係者で自宅にカラーテレビがあったのは円谷英二監督宅と二瓶正也の家だけ。二瓶正也の家は金持ちだったから（笑）。実際はその2軒だけで、後で毒蝮（三太夫）さんが「ウチもあったぞ!」なんて言っているんだけど、ウソつけっていうね（笑）。

八木　円谷家の人って新しもの好きですよね。

満田　オヤジさんは特にそうだったね。

八木　円谷プロの倉庫を掃除したときに、円谷一監督が買ったビデオデッキだとかいろいろ出てきたんですよ。それで英二監督と一監督は結構新しもの好きだったという話を高野宏一監督や鈴木清さんから伺ったことがあって。

満田　それはビデオデッキじゃなくて2インチのビデオじゃない?　放送局って何年か使うと機材を売りに出すんだけど、「いずれビデオの時代になるから」なんて言って買ってきていたから。でも、もう2インチなんかの時代じゃなかったんだよ。

八木　個人で購入するには高額な機材だったでしょうに。

満田　あと思い出すのは、「ウルトラ警備隊西へ」で神戸港の現場までオヤジさんが見に来てくれてね。たぶんタケダ薬品へのご挨拶みたいなことでいらして、その足で寄ってくれたんだろうけど。そのときは出演者やスタッフが30人以上いて、「みんなで一杯やんなさいよ」って5千円くれたんだよね。いくら当時とはいえ、40人近いメンバーで5千円というのはおかしかったな。まあご本人は5千円あれば大丈夫だろうと思われているわけで、金銭感覚はそれくらいなかったんだよ。だってキャッシュで払ったことがないから分からないわけで。

八木　みんなで楽しく飲める金額だと思われていたんですね。

満田　十分だと思ったらしいんだよ。まあ足しにはさせてもらったけどさ（笑）。

八木　円谷英二監督が神戸にいらしたら士気は上がりますよね。

満田　それはそうだね。あとオヤジさんはヘビースモーカーだったから、打ち合わせでもできれば隣に座りたくないんだよ。昔の打ち合わせなんてタバコを吸うのは平気だったんだけど、テーブルにタバコを置いておくとオヤジさんにサッと持っていかれちゃうんだよ。最初は1本くらいで、それがだんだん1箱全部みたいになってね。それもなくなっちゃうから「買ってきましょうか？」って言うと「ああ、頼む」って。すぐ下にタバコ屋があったから買ってきていたんだけど、1箱が70円とか80円の時代だから金額は目立たないわけ。それで1箱だけだとなかなか精算してもらえないから、思い切って5箱くらい買ってくるようにしてね。そうすると「うわ、こんなに買って来たのかよ！　いくらだよ？」ってなるわけ。1箱じゃなかなか精算してもらえないからそういう作戦を採ったんだよ。

八木　やっぱり円谷英二監督はおおらかだったんですね。

須賀川の土蔵の貴重なムービー資料

八木　円谷英二監督には発明家みたいなところがあったそうですね。
満田　ご本人から聞いたんだけど、いろいろ発明はしているんだけど特許化とかはあまり興味がないんだよね。「みんなでやればいいじゃないか」っておっしゃっていたから。
八木　そういうところもおおらかですね。
満田　有名な須賀川の実家の土蔵があるじゃない？　私も実物を見たことがあるんだけど、あの土蔵はかなり後まで残っていたんだよ。円谷プロが皐社長になったころまであったから、1975年くらいまでは蔵自体があったのかな。オヤジさんは若い時分、あの蔵にこもっていろいろやっていたんだろうね。それであるとき、皐社長と「後々のためにあれは資料としてムービーにしておいた方がいいかもね」という話になって、キャメラマンを派遣して実景的に撮っておこうとしたんだよ。そういうわけで須賀川に電話をしたら、「いま壊しているところです」って（笑）。そこを潰して駐車場かなんかにしたかったんだろうね。
八木　それは残念です。
満田　まあスチルは円谷英二写真集なんかにも載っているんだけど、ムービーで残しておきたかったね。でも実は脚本家の大西信介が学生のときに撮った映像というのがあって、これが唯一残っているムービーなの。私はたまたま別件で須賀川に行っていたことがあるんだけど、そこに学生がいたんだよね。日大芸術学部の学生が卒業制作として8ミリで土蔵を撮りに来たっていう話で。それを思い出して、あの年度の学生の卒業制作だったら分かるんじゃないかと調べてもらっていたら、会社に来ていた大西信介が「私です」って（笑）。
八木　大西さんは『ウルトラマンコスモス』のメインライターですよね。

満田　それが「そのときの学生は私でした」ということで、8ミリから資料起こしをしているからたぶんアーカイブに映像が残っていると思う。

八木　やはり円谷英二監督の資料を残しておきたいという感覚は皆さんお持ちだったんですね。

技術屋としての顔、経営者としての顔

八木　円谷英二監督とはあまりお話をされていないということでしたが、他に思い出すことなどがありましたら伺えますでしょうか？

満田　最初にお会いしたときの話はしたけど、その後もなにかの撮影のときにお邪魔しているんだよね。たぶん『フランケンシュタインの怪獣 サンダ対ガイラ』（66／本多猪四郎監督）みたいなやつだったと思うんだけど。

八木　ミニチュアが大きいやつですね。

満田　なんか分からないけど撮影所にヒムロスギがいっぱいあってね。それで「これを一束持って帰れ」なんて言われるわけ（笑）。

八木　円谷プロで使えるように持って帰れということですね。『ウルトラ』の特撮は東宝ビルトですから持っていっても分からない（笑）。

満田　そうそう。おおらかな時代で撮影所自体も守衛さんに「どうも！」って手を上げれば平気で入れたわけだから。あとは『快獣ブースカ』で特撮的なカットがあって、どうしてもそれが必要なんだけどやり方が分からなくて直接聞きに行ったことはあるね。祖師谷のお宅に伺って「どういう風にしたらいいですか？」って。そうしたら絵まで描いてくれて「これをこうやって」と教えてくれたわけ。だから「ありがとうございました」って言っ

て帰って、後日撮影所でそのカットを撮るための準備をしていたら「誰だ！　金のかかる準備をしているのは！」なんて言うんだよね。それで「だってオヤジさん、この間教えてくれた通りですよ」って返したら、「あれは技術屋の私が言った言葉。いま言っているのは社長の私なんだ」だって（笑）。このカットはその方法だと金がかかるからダメだ、金のかからない方法でもできるから後で教えてやると言うわけなんだよ。

八木　技術者としては映画的なことを考えているけど、経営者のときはちゃんとそういう判断になるんですね。

満田　まあそういうことだよね。

八木　やっぱりいろいろお話をされていたんですね。ちなみに一緒に食事に行かれたりはされたのでしょうか？

満田　『ウルトラQ』で監督に昇進させてもらって、そのお祝いということで新橋の料亭でお祝いをしてくれたことはあったね。そのときは2人きりじゃなくて、一監督、中川（晴之助）監督、梼井さん、金城哲夫、それから当時の支配人の市川利明さんというメンバーでごちそうをしてもらって、その後は二次会で梼井さんに銀座のバーに連れていってもらったことはある。あとオヤジさんには渋谷の小さなスタンドバーにも何人かで連れていってもらったよ。屋号は忘れたけどね。そこだって「じゃあ先に帰るから」なんて言ってね。そうするとお店が「お供を呼びましょうか？」ってハイヤーを呼んでくれて、タクシーじゃないんだよ。それでハイヤー代込みで請求書が行くわけだから、やっぱりお酒を飲んでいくらかかるかなんていうのは分かっていないんだよ。

八木　しかし監督の昇進祝いをそのメンバーでされたというのはすごいです。

満田　残念ながら写真は撮っていないんだけどね。

「ウルトラマンを帰って来させたら?」

八木　いろいろとお話を伺ってまいりましたが、満田監督にとって円谷英二監督の影響というのはどのようなものだったのでしょうか?

満田　具体的に側にいてくれるとか、なにかひとこと言ってくれるということじゃなくてね。私に言わせると円谷英二監督の「光る眼」をなんだか感じるんだよ。

八木　具体的な視線というよりは存在感みたいなものでしょうか?

満田　そう、存在感みたいなものだね。だから具体的にその場にいなくてもいいわけ。「円谷英二」っていうだけでね。まあ本名は英一なんだけど、会社の新人事として「代表取締役社長　円谷英一」という紙が貼られていたときは「ウチの総務はバカだな。二を一に間違えている」って思ったよ。砧の社屋の玄関を入ると左側に壁があって、株主総会が終わった後にはよくそこに新人事が張り出してあったの。今みたいにパソコンで公表するんじゃなくてね。

八木　しかし存在を感じるというのはすごいですね。『Q』『マン』『セブン』までの円谷作品はやはり独特の雰囲気がありますけど、円谷英二監督の存在がその背景にあるということでしょうね。

満田　光る眼を感じるから、やっぱりみんな一生懸命にやっていたんだよ。

八木　直接じゃなくても存在自体を感じていた。

満田　そうそう。あと直接でも、編集しているとそーっと後ろに立っていたりするんだよね。フィルムはビューワーを使った編集だったから、人間の手で回して24コマを送っているわけ。そうするといつの間にか後ろに立っていて、「ああ、その辺でカットした方がいいな」なんて急に言ったりしてね。

八木　ものすごく具体的なこともおっしゃったわけですね。
満田　やっぱり映像が好きだったんだろうね。
八木　やはり円谷プロに入られてからは結構お話をされていますね。
満田　会社の所帯も少人数だったしね。だからってペチャクチャ話すわけではなかったけど（笑）。でも光る眼に関しては中野稔にしろ、みんな感じていたんじゃないかな。
八木　ファンとして見ると円谷英二監督がいたときには独特なムードがあると思うんです。特に『Q』『マン』『セブン』ですが、映像、キャスト、雰囲気、デザイン、みんないいですよね。そして『帰ってきたウルトラマン』以降は円谷英二監督がいない円谷プロの作品ということになります。
満田　でも「ウルトラマンを帰って来させたら？」と言い始めたのはオヤジさんなんだよ。まだ入院する前だったけど、あちこちで『帰ってきたなんとか』っていうのが流行っているみたいだからって。『帰って来た用心棒』（68-69）というのがあったし、「帰って来たヨッパライ」（68）っていう曲もあったしね。
八木　『帰ってきたウルトラマン』の言い出しっぺは円谷英二監督だった。
満田　そろそろ帰って来させてみたらって。だから『帰ってきたウルトラマン』なんだよ。「ウルトラマンジャック」って言うより私はこの方が好きだけどね。
八木　しかし残念ながら出来上がる前に亡くなられていますよね。
満田　亡くなったのが1970年1月で、『帰ってきたウルトラマン』は71年4月からの放送だからね。出来上がったのは直前だと思うから、いずれにしても71年になってからだったろうね。

セーフティゾーンとピアノ線

八木　円谷英二監督は怖かったわけではないんですか？

満田　怖くはないけど頑固だったよね。自分で気に入らないと「ダメ、これは納品しない！」と言って、持って帰るって言うわけだから。TBSのプロデューサーがわざわざ夜中の試写に来ていて、見たらそのまま受け取って会社に戻りたいわけ。スポンサー試写なんかが待ち構えているわけだから。そうしたら「これは納品できない」「部分的に撮り直しをするから」ってなっちゃう。私が知っている限りでは『怪奇大作戦』で1回そういうことがあったね。あとは仕上がったのを後でこれはダメだって言ってお蔵っぽくしたのが1本かな。これは『マイティジャック』だけど1時間ものをまるごとNGにして、後にLDやDVDボックスの特典になっているんじゃないかな。

八木　「S線を追え！」という作品が「地獄への案内者《ガイド》」の元になったもののようですね。『怪奇大作戦』の撮り直しの方はどのようなものだったのでしょうか？

満田　「人喰い蛾」で何カットか気に入らないって言って撮影をしているわけ。技術的なことだと思うんだけどね。

八木　満田監督が立ち会われていない現場でもたぶんそういうことがあったんでしょうね。

満田　それはちょっと分からないけど自分の信念みたいなものがあったんじゃないのかな。『Q』なんかも本編カットで、これは撮り直しなさいって言われたらしいのはあるよ。私は助監督だから直接は言われていないけど。たぶん「変身」っていう第1制作シリーズで、あるカットは撮り直しをした方がいいっていう指摘があって実際に撮り直しているんじゃないかな。

八木　完全に綺麗な合成ではなくあざとく見せろという指摘もしつつ、一方ではクオリティへのこだわりも尋常ではなかった。それは信念というものなんでしょうね。

満田　当時のテレビはブラウン管で、画面は今みたいにピッチリじゃなくて枠があったわけ。つまり1割くらいがフレーム、枠だった。これはセーフティゾーンと呼ばれていて、そこでバレがあっても蹴られるから映らなくて済むということなわけ。ところがスクリーンで見れば、当然そこはバレている。オヤジさんはそれはダメだって言っていたね。だから枠を考えながら全部ＯＫテイクにしないといけない。

八木　それはどうしてでしょうか?

満田　視聴者は枠を通して見るけど、試写のときは枠がないからスポンサーなんかは枠を通さないで見る。だからそこでバレてちゃダメなんだって。本編ではそういうことはあまりないんだけど、特に特撮カットだよね。特撮でちょっと天井がバレているけどいいかなんてやっていると、「ダメだ!」って言ってね。あとピアノ線もうるさかったよ。ラッシュなんかでピアノ線がバレると「こらー!」って言ってさ。釜飯がお好きだったから、ピアノ線がバレると「こらー! 釜飯をおごれ!」なんて言っていたから(笑)。

八木　その話は高野(宏一)さんからも伺ったことがあって、「釜飯カット」と呼んでいたそうですね。

満田　みんな言っていたんだよ。

八木　では最後に、満田監督にとって円谷英二監督はどういう方だったかをお聞かせください。

満田　いろんな意味でお世話になった方だよね。人間くさくていいんじゃないかな。若いころは給料を家庭に持ち帰らないで、給料日に奥さんが赤ん坊を背負って撮影所の門で待ち構えていたなんていう話もあったみたいだしね、そういうのを聞くと人間っぽいなって思うよ。「今でも京都の街は歩けない」ってご本人が言っていたけど、借金があちこちにあるんだって(笑)。だから京都に行くと「借金払いに来たの?」って言われちゃうだろうなって。もちろん、その話をした時分だったら払えたんだろうけどね（笑）。それは円谷一監督も同じで、「円谷です」なんて言うと「払いに来たの？」と言われそうだって。

八木　（円谷）粲さんは「祖師谷を歩けなかった」とおっしゃっていましたが、京都もＮＧだったんですね（笑）。

満田　あとは撮影スタッフが会社の社長専用車を科特隊のクルマに取り上げちゃったりしたこともあって。借りっぱなしでペインティングだけして科特隊のクルマにしちゃったんだけど、「もう、しょうがないな」って思っていたんじゃないかな。まあ家も近いしさ、誰かに送ってもらってたんじゃないの？

八木　そんなこともあったのですね。満田監督、今日はありがとうございました。神格化されている円谷英二監督の人間的な実像も含めてたくさん知ることができました。僕は円谷プロに入社して最初に配属になったのは満田監督が部長をされていた第二製作部でしたから、満田監督からこの映像世界をイロハから教えていただきました。今日はお話を伺いながら新入社員時代の初心を思い出しました。そして円谷英二監督からつながるこの日本特撮本流の末席にいられることがなにか不思議なのですけど、でも今日もお話をお聞きしながらやっぱり本当なんだ、よかったなんて思いました。監督、本当にいつもありがとうございます。

K A Z U H O　M I T S U T A

満田𥝱（みつた・かずほ）

TBSでバイトAD。円谷一ディレクターの指示で円谷プロダクションのチーフ助監督に。『ウルトラQ』「宇宙指令M774」で監督デビュー。その後『ウルトラマン』『快獣ブースカ』『ウルトラセブン』『マイティジャック』ほかを監督。現、円谷プロダクション特別顧問。

©円谷プロ

Ast でウルトラホーク 1 号の発進ライブを撮影する特撮班

TOKUSATSU GOLDEN AGE

稲垣涌三

YOZO INAGAKI

円谷英二さんはいつもすごく楽しそうだった

『ウルトラQ』で円谷プロに参加し『マイティジャック』で撮影者としてデビュー。『怪奇大作戦』では実相寺昭雄監督とのタッグで４本の傑作を生み出し、『無常』『曼荼羅』といった実相寺監督の映画作品でも活躍した稲垣涌三氏。その後も多数の映画やコマーシャルの撮影で腕を振るったが、今回はキャリア初期のお話を中心に伺うことができた。「孫弟子」と謙遜する稲垣氏だが、円谷英二イズムの「精神」はしっかりと受け継がれていた。

聞き手：八木毅

見習い、そして助手時代のこと

昆虫が好きで蝶の生態写真を撮っていた

八木　稲垣さんはお父様が稲垣浩監督ですから、映画に近い環境で成長されたことと思います。最初に映画を意識されたときのことは覚えていらっしゃいますか？

稲垣　特別に「あるときから」というのはないんですよ。ただ、最初に見た映画をなにかと言われたら『ジャングル・ブック』（42／ゾルタン・コルダ監督）ですね。日本映画はまだ白黒の時代なのにカラーで、ものすごく印象に残っています。そのころは『ターザン』シリーズとか、そういうのが多かったんですけど。

八木　『ターザン』はモノクロの実写のものですよね。

稲垣　そうそう、ジョニー・ワイズミュラーのね。『ジャングル・ブック』では最後に森が燃えるんですけど、そのときの色とか怖さはすごく覚えています。あれは家族で行ったような気がするので、小学生の2年生だか3年生のころかな。

八木　稲垣浩監督の作品などはご覧になっていましたか？

稲垣　京都時代は見た記憶がほとんどないですね。

八木　では、映画を志されたきっかけというのは？

稲垣　もともと自分としては、大学を出るまでは映画をやろうっていう気持ちはなかったんですよ。ただ一流大学の学生ではなかったので、サラリーマンになったらこれは嫌な思いをするんじゃなかろうかと思ってね（笑）。それで学歴とかが関係ない仕事に就きたいなと。あとは写真を好きでよく撮っていたものですから、「じゃあ撮影部を紹介してやるよ」ということで円谷プロに行くことになって。

八木　円谷プロを選ばれた理由は？

稲垣　親父と円谷英二さんが親しかったからでしょうね。一緒にたくさんやっていましたから。それで「円谷がなんかやるから、そこに行ってみるか？」みたいな感じでしたね。

八木　写真好きが嵩じて映画の方に行かれたわけですね。

稲垣　実はもともとは博物学の先生かなんかになりたかったんです。昆虫を好きだったからね。それで蝶が卵から羽化するまでをずっと、生態写真に撮るというようなことをやっていたんです。まあ、写真の人でそういうことをやる人は多いんですよ。大倉舜二なんてすごく厚いゼルフィス（しじみ蝶科の一種）の本を出したくらいですから。実は今ごろになって、蝶の幼虫が食べる草をたくさん植えて育てたりもしているの。昔を懐かしんでね（笑）。

八木　岸田森さんも蝶好きですよね。

稲垣　岸田森さんは撮影じゃなくて採集の方ですね。ただ、岸田さんとはその趣味の話をしたことはないんです。ちょうど一緒に仕事をしているころ、ハブの血清を持って台湾まで採集に行ったという話はされていましたけど。だからあの人は本格的でした。岸田さんとは剣道の話をよくしました。僕も大学時代にやっていたんですけど、岸田さんは強いんですよ。現場の雑談で「剣道をやっていた」みたいな話をしたら「じゃあ手合わせしてみるか！」となってしまって、しかも木刀でしたから。酷い目に遭いました。

八木　痛いじゃないですか？

稲垣　痛いですよ（笑）。それに僕はキャメラマンですからね（笑）。「小手！」って手首を打つわけですから、パンとかができなくなる。

八木　僕も小学生のときにやっていましたが、竹刀でも小手なんてやられたら……。

稲垣　しばらくシビれちゃうでしょう。それを岸田さんは「パーン！」ってやるんですよ。あっちは3段かなんかで実力が全然違いましたから。しかも撮影中ですよ。『曼荼羅』（71／実相寺昭雄監督）かなんかの小道具を使ってね。

八木　『曼荼羅』のことは後ほどお聞きしたいと思いますが、神がかっていますよね。しかし撮影の裏でそんなことが行なわれていたとは驚きです。

『ウルトラQ』に付いたのはモグラが出たやつから

八木　話を戻しますと、最初に円谷英二監督と会われたのは円谷プロへの就職に際してということですか？

稲垣　入る前にはお会いしていなくて、円谷プロに入ってからですね。編集室かなんかでお会いしたのが最初じゃないかな。そのときは大して話した記憶はないんですけど、要するに「これが円谷英二さんか」という感じでこちらから一方的に見ていただけでしたね。

八木　円谷プロに入られたのは『ウルトラQ』のころですか？

稲垣　そうです。『Q』に付いたのはモグラが出たやつ（「甘い蜜の恐怖」）からで、懐かしいな。『ウルトラQ』は35ミリのフィルム撮影だから綺麗ですよね。

八木　撮影部の助手で入られたということでしょうか？

稲垣　なにも知らないわけですから助手っていうか見習いですよね。僕が入ったときは最初から2班体制で、本編をしばらくやってから特撮に行かされてシリーズの終わりまでやったのかな。

八木　円谷英二監督は『Q』ではかなり試写をご覧になっていたようですね。

稲垣　気に入らないとかいろいろあったみたいですね。砧の円谷プロで試写をやったりしていたんですけど、僕らは東京美術センター（後の東宝ビルト）の方にいたので一緒に試写を見たことはないです。事務所の方には全然行かなかったですから。現場の人はだいたい事務所は好きじゃないですよ（笑）。

八木　円谷プロの奥には編集とか試写をできる設備がありました。

稲垣　後にその後ろの2階が怪獣とかの倉庫になったんですよね。

八木　僕が入社したのは30年ほど前ですけど、映写機とか円谷英二監督が使った編集機なんかは残っていました。

稲垣　ムビオラの編集機ね。中野（稔）さんが使っていた線画台なんかもありました。

八木　『Q』の現場では円谷英二監督は撮影にいらしたりはしましたか？

稲垣　お見えにならなかったと思いますね。

八木　では円谷英二イズムみたいなものはどうやって共有されていたのでしょうか？

稲垣　研究所ってご存じですよね？　円谷特殊技術研究所というのがご自宅の物置かなんかにあって、そこに行ったのが高野（宏一）さん、中野さん、佐川（和夫）さんと（鈴木）清さんなんですよ。高野さんはちょっと別ですけど、その3人は日大時代から「入れてくれ」ということで行っていて。そこから始まっているんです。円谷さんもそれでしょうがなくなって、「じゃあプロダクションを作るか」という話になったと聞いていますね。まあ、そもそもの最初は中野さんということらしいですが。

八木　とにかく先に人が集まってしまったということですね。

稲垣　それでその若い人たちをなんとかしないといけないということで、プロダクションを作られたみたいですね。だから「精神」みたいなものは最初からあったということでしょう。
八木　その前は『太平洋ひとりぼっち』なんかをやっていたわけですよね。
稲垣　その時代はまだプロダクションじゃなくて研究所だった。だから佐川さん、高野さん、清さんもいて、中堀（正夫）さんも『太平洋ひとりぼっち』の特撮をやっていたんですよね。

『Q』には円谷英二さんのアイデアがいっぱい入っている

八木　円谷英二監督は面倒見のいい方だったのですね。
稲垣　慕われちゃうんでしょうね。僕がお会いしたときは60歳を超えておられましたが、70歳以上の方に見えました。落ち着いた話し方でしたし、おじいさんという感じでしたよ。みんな「オヤジさん」「オヤジ」と呼んでいましたけど。
八木　『ウルトラマンをつくった男たち』（89）で円谷英二監督がカレーを食べているシーンがありますけど、高野さんによるとどっちかといえば覚えているのは釜飯だということで。『ウルトラマン』をやっていてピアノ線が見えたら「釜飯をおごれ」っておっしゃっていたらしいです。
稲垣　そうしたら何十杯と食べられますね。だってピアノ線だらけだもん（笑）。35ミリでアナモフィック（レンズ）を付けないでしょう。それで撮られたらどんなに隠したって無理、全部見えますよ。
八木　本当にそうですね。でもピアノ線を消すってすごい技術だと思います。
稲垣　あれだけは泣かされたな。もう特撮はコリゴリだと思いました（笑）。

八木　ピアノ線は撮影部で消していたのですか？

稲垣　円谷プロは伝統的にそうなんです。バックの色になじむような色を絵の具でピアノ線に塗るんですよ。そうするとほとんど分からなくなる。それだけのことなんですけどね。

八木　僕の時代には演出部が消す場合もあって、だから僕はできるんです（笑）。撮影部や照明部の方が露出も一緒に調整しますよね。ピアノ線にも背景と同じ光量のライトを当てて。

稲垣　絵の具の度合いによってはね。もちろん完全に合うわけはないんだけど、それでライトを調整して見えなくしてしまうわけだよね。でも平気で100本くらいはあるわけだから地獄のようなものですよ。

八木　1回に100本ですか？　平成になるとせいぜいクレーン1個とか、せいぜい2～3機を飛ばすだけなんですけど。かつてはたくさん飛ばしていましたからそうなるんですね。

稲垣　一番参ったのは殺虫剤のコマーシャル。『ウルトラQ』が終わってスポンサーのタケダ薬品が撮ってくれということで佐川さんがやったんですけど、蚊の作りもの、大きいので20センチくらいかな。小さいのはコーヒーのカスなんですけど、それがブワーって飛んで来るという設定で200匹の蚊を吊ったんです。

八木　200匹だとピアノ線は200本では済まないですよね。これは大変です。

稲垣　1本では安定しないから3倍ですよ。しかも羽を動かすために電気も通さないといけないのでピアノ線だけではない。ピアノ線に電気を通すとナマッちゃってすぐ切れちゃう。だから電気を通さないで、電気の線も別に張る必要がある。

八木　蚊が200匹で上には親線があって？

稲垣　もちろん親線があって、編隊を組んでいるやつがうわーって来るんですよ。それで佐川さんだから妥協をしないしね。「稲垣、違うよそれは！」なんて言われて頭から全部塗り直し（笑）。コマーシャルはモノクロだったんですけど、それでもピアノ線っていうのは嫌だなって思いましたよ。

八木　そんなにたくさん吊るっていうのはすごいですよね。

稲垣　でも円谷英二さんのときはそんなもんじゃなかったみたいですよ。東宝でやるときは編隊の飛行がうまくいかないからって、全部切って吊り直しだったらしいですから。その辺の話は佐川さんがよく知っていましたね。「オヤジは平気で吊り直せって言うんだよ」っていうのをよく聞きましたよ。

八木　佐川さんも「平気」な方ですけど、そこまでではないです（笑）。

稲垣　そう、佐川さんも平気だから円谷さんを見習っちゃっていますよね（笑）。妥協をしない方でしたからみんな「鬼の佐川」と呼んでいましたけど、これは円谷英二さんから継いだものでしょうね。円谷さんの気持ちみたいなもの、「仕事っていうのはこうやってやるんだ！」というのは見ていて学んでいたと思います。だからそれと同じようなことをやっていたんでしょう。これは高野さんも然りですよね。『ウルトラマン』になるとなかなかそうもいかなかったでしょうけど、『Q』のころは特にアイデアも含めてすべてがそう。ずいぶん相談もしていたみたいで、「マンモスフラワー」なんかをどうやってやるかということには円谷さんのアイデアがいっぱい入っている。とにかく周りはみんな素人でしたからね。

八木　確かに皆さん若いですよね。

稲垣　円谷さんから見たら素人と同じだったんですよ。

八木　でも、すぐにキャメラマンや監督になられていますよね。

稲垣　上がいないわけですから。それで作品が増えればキャメラマンや監督が必要なわけじゃないですか。だから僕もキャメラマンになったのは24歳です。

露出計をもう少し極めてからキャメラマンになりたかった

八木　24歳というのは本当に早いです。

稲垣　最初は『マイティジャック』の特撮で1本になったんだけど、そのころ僕は『ウルトラセブン』で本編のチーフ助手で露出をやっていたわけですよ。それであるお正月に社長（円谷英二氏）挨拶があって、帰りがけに僕の顔を見つけて「君、君はもう回せ」って。その一言で決まりですから（笑）。

八木　やっぱり試写かなんかでご覧になっていたから、ということなんでしょうね。

稲垣　う〜ん、そういうのではないと思うな。だって僕はBキャメしかやっていないわけだから。撮ったものを見ていたわけではなくて、「もういいだろう」ということじゃないかな（笑）。あの時代の人ってその辺が違いますよね。修行してなにかをやるということではなかったような気がします。考え方が違ったんじゃないですか。

八木　円谷プロは手取り足取り教えてくれないし、見て学ぶところじゃないですか。僕も全部、入ってから見て覚えたわけですけれど。

稲垣　みんなそうですよね。

八木　僕が監督になったのは29歳なので円谷プロはやっぱり早いんです。

稲垣　東宝の助監督をやっている人が監督で来るとみんな40歳を超えていましたから、やっぱりテレビの人は早いよね。

八木　稲垣さんの場合は大学を卒業されて見習いから入ってサード、セカンド、チーフという流れですか？

稲垣　そうそう。最初に見習いをやって、サードをやって、セカンド、チーフで1本ですね。

八木　円谷英二監督から「君はもう回せ」と言われたときはどういう感じでした？　直々にキャメラマンにと言われたわけで、これはすごいことだと思うんですけど。

稲垣　「しめた！」っていうのと、もう1つは当時『ウルトラセブン』で露出計をいじっていたから、それをもうちょっと極めてからにしたいなという気持ちもあったんです。だからちょっと複雑でしたね。あとそのときは『セブン』の本編をやっていたわけですけど、シリーズもので撮影期間も長いからスタッフが仲よくなるじゃないですか？　だから『セブン』から離れるのが寂しいような思いもありましたね。

八木　そのとき『セブン』ではどの辺を撮影されていたのでしょうか？

稲垣　神戸に行っていたな（「ウルトラ警備隊西へ・前後編」）。まあチーフは半年くらいしかやっていなかったんだけど、それでも離れるのは寂しかったですね。

技術は覚えられる。でも精神はなかなか難しい

八木　『Q』では見習いということでしたが、『ウルトラマン』のときはいかがでした？　本編と特撮の両方をやられていたと思いますが。

稲垣　『ウルトラマン』のときはサード。最初に入ったときに本編で助手をやらされて、ちょっと経ってから特撮に行かされて。それからは特撮が長かったです。

八木　では『Q』で見習いからサードまで行かれたということですね。

稲垣　そうですね。フィルムチェンジさえできればもうサードですから。それで「鬼の佐川」がつきまとうんだけど、佐川さんがチーフで僕らは見習いとかでいるわけでしょう。そうすると佐川さんは毎日、特撮で使ったキャメラを丁寧にお掃除するわけです。そして僕らはそれを見ていないといけない。そんなことの繰り返しでバカバカしくなって、あるとき僕はそっぽを向いていたんです。そうしたら佐川さんが「お前、これを見て覚えろと言ってるだろ！」ってすごく怒りましてね。だから「もう半年もやってんだから覚えましたよ」みたいな返事をしたら、「じゃあ明日からフィルムチェンジを全部やれ」ということになってしまった。

八木　それでサードになられたわけですか？

稲垣　そうなんだけど、明日からフィルムチェンジをしないといけない。特撮のキャメラっていろいろな種類があるんですけど、そのフィルムチェンジを全部やれって言うわけ。本人は忘れていると思いますけど、こっちは大変ですよ。だって実際にはやったことがないんだから。誰かが手を取って教えてくれたわけではなくて、佐川さんがやっているのを見ていただけでね。それで生フィルムを開けちゃったりして、そういう失敗はいっぱいありました。

八木　そうですか。でも、生フィルムだったらまだ傷は浅いですけど。

稲垣　ラッキーなことに撮影済みは開けたことがないですね。

八木　ちなみに当時の円谷プロで使っていたキャメラはどういうものでした？

稲垣　35ミリのサイレントミッチェル、カメフレックス、16ミリはアリSTだけでした。カメフレックスは16でも使えるんだけど、マガジンが35ミリだったからね。

八木　カメフレックスはちょっと音が大きいけど特撮なんかではよかったみたいですね。機動性がいいということで、ゴダールもよく使っています。

稲垣　クロード・ルルーシュなんかも全部カメフレックスだよね。フランス製だし、ヌーヴェルヴァーグなんかは多いと思う。

八木　でも、そういう各種キャメラのフィルムチェンジをいきなりやらないといけなくなった。

稲垣　佐川さんがプイッと帰っちゃったから僕は自主トレをやっていたわけですよ。そうしたら清さんが来て「なにをやっているんだ?」って。だから事情を話したら「じゃあ、ちょっと待ってろ。こっちが終わったら教えてやるから」と言ってくれて。それで特撮用キャメラのフィルムチェンジの練習をしたんだけど、カメフレックスなんてコツがあって結構難しいんですよ。暗いところでチェンジしないといけないから手ぬぐいで目隠しをするんだけど、「ここはループを指2つ分取る」とか清さんが詳しく教えてくれたわけ。あのときは1時間くらいやったのかな、それで「お前、これでもうできるよ」ということになったんです。だから清さんには恩があるの。そんなこと、「見て覚えろ」っていう人だった佐川さんは全然教えてくれないわけだから。

八木　繰り返しになりますが円谷プロは「見て覚えろ」という会社ですから良い面と悪い面がありますよね。

稲垣　だから清さんにはすごく恩義を感じましたね。実は他にも何回か感じたことがあるんですけど、本人に話したら全然覚えていない（笑）。まあそんなもんなんでしょうね。上の人ってだいたい覚えていないんですよ。

八木　鈴木さんはそういうところがあるんですよね。

稲垣　あの人は優しい人だもん。

八木　僕が会社に入ってすぐのころはあまり作品がなかったんです。だから助監督になったのも結構遅れて腐っていたら、「俺は昔、他の人が10年かかることを1年でやるつもりで頑張ったんだ。だから君だってまだまだ大丈夫なんだよ」と慰めてくださって。

『ウルトラマン』第 26 ～ 27 話「怪獣殿下・前後篇」の撮影で露出を計る撮影チーフの稲垣涌三さん（左から 2 人目）。巨大な大阪城の造形も見事な大特撮回です

稲垣　清さんは研究熱心だったし、才能もあったし、優しいよね。

八木　「怪獣使いと少年」（『帰ってきたウルトラマン』）の続編「怪獣使いの遺産」（『ウルトラマンメビウス』06-07）を撮ったときは、会社で鈴木さんと机が隣だったので「あの河原はどこなんですか？」なんて聞いたりしているんです。多摩川だということでしたが、流れで「怪獣使いと少年」の撮影は素晴らしいですねという話をしたら「ロケハンに2回行ってアングルをじっくり考えたんだ」ということでした。それで「ああ、こんなすごいキャメラマンでも監督と行った後にまた見に行っているんだ。だったら僕も行かないといけないな」って思いました。他の人には言わないようなことかもしれないですけど、そういうことを教えてくれるんですよね。

稲垣　それはラッキーだったじゃないですか。大事なのは技術ではなく精神の方ですからね。技術なんてすぐ身につくわけだから、精神を教えてくれる人がいるというのはすごくラッキーなことですよ。

八木　本当におっしゃる通りで、円谷プロにいて思ったのは特撮って精神とか考え方なんじゃないかなということなんですよ。

稲垣　それさえ間違えなければ素人だって撮れるんですよね。もちろん技術をバカにするわけじゃないけど、技術は覚えられる。でも精神はなかなか難しいですよ。

八木　しかも円谷の技術は研ぎ澄まされているわけじゃないですか。だから単なる技術ではないし抜群にすごいと思うんです。佐川さんがキャメラを分解して何度も掃除するとか、そういうことはやはり円谷英二監督から来ているんでしょうか。

稲垣　たぶんそうでしょうね。円谷さんの精神がそのまま流れて来ていると思うんです。そうは言っても僕は円谷さんのそういう状態を知らないわけだから、この推測が正しいのかどうかは分からない。でもあの人たちは実際に円谷さんを「オヤジ」と呼んで接していたわけですから、自分たちが学んだとは思っていないものも含めて実際には学んでいたんじゃないですかね。側にいて得るものはたくさんあったでしょう。それが「弟子」なんだと僕は思いますね。

僕も円谷英二さんの精神をちょっとはもらっていたのかな?

稲垣　そういう意味では僕は円谷さんの「弟子」からは外れているわけです。弟子から教わった弟子だから孫弟子ですかね。

八木　でも接点はあったんですよね。円谷英二さんと一緒にいたので孫弟子ではなく、弟弟子ではないですか(笑)。

稲垣　まあ一緒にいたって言っても上の方にいらっしゃったので、なにかを教わるということではなかったですけどね。実際に仕事をしているところなんかは応援で行ったくらいのことですから。そのときは着ぐるみに入っている人が「やり過ぎだ!」って言われていましたけど(笑)。

八木　怪獣の芝居がやり過ぎだと。

稲垣　要するに怪獣の頭は上にあるわけだから揺すらないとなかなか動きを表現できないんだけど、それをやると「やり過ぎだ!」と言われてしまう。1回終わる度に「やり過ぎだよ」ってゲラゲラ笑っていましたね。

八木　楽しく撮影をされていたわけですね。

稲垣　そう言えば円谷さんはいつもすごく楽しそうだったな。あの人が困っているっていう印象はなかったですね。

八木　その回は、『ウルトラマン』のアボラスとバニラの回「悪魔はふたたび」ですよね。

稲垣　そうそう。あれはすごかったですよ。ホリゾントの高さが足りないので、セットの床を1メートルくらい掘っちゃったわけですから。競技場を壊していくので傾斜を作らないといけないということでね。

八木　普通は平台で上げておきますよね。

稲垣　そんなことはできないから下を掘っている。床が土だったからできたことですけどね。

八木　それはすごいですよね。ちなみにどのスタジオだったのでしょうか？

稲垣　Aスタジオだったと思います。美術センターのスタッフルームの後ろ側、ちょうど真北にあったスタジオですね。でも1メートルって大変ですよ。

八木　重機が必要なレベルですよね。

稲垣　でも円谷さんは平気で「掘ればできるから」って言ったらしいんだよ（笑）。

八木　操演のピアノ線を全部切ってやり直すのと一緒で、やはり完璧主義なんでしょうね。

稲垣　そのときはいいものを作ることしか考えていない。だから赤字になるわけですよ。いずれにしたってテレビのスケールじゃないですから。

八木　スケジュールも延びてしまいますし。

稲垣　それも1日どころじゃないでしょう（笑）。まあむちゃくちゃですよね。掘っているところは見ていないけど、出来上がったセットは見ましたよ。なんかセットが急に大きくなっちゃって（笑）。

八木　あの硬い土を1メートルも掘るなんてもう工事ですよね。そして掘った上に美術が飾るわけですから。

稲垣　しかも観客席を石膏で作っていたでしょう、階段なんかもぶっ壊すわけだから。

八木　掘って国立競技場ができるまでには何日もかかるでしょうし、もう映画のスケールですね。

稲垣　大木淳吉さんという監督がいて、円谷さんが来るというので助監督で付いたんじゃなかったかな。そしてそれが唯一の円谷さんのテレビ映画だったんですよ。

八木　クレジットでは本編の監督が野長瀬三摩地監督、特撮は高野宏一監督になっています。

稲垣　でも現場は大木さんが全部やっていましたね。

八木　特撮のチーフ助監督が山本正孝さんと大木淳吉さんですから、高野さんは監督をしていないということでしょうね。

稲垣　そうだと思います。その代わりに円谷さんがやったんだけど名前は出さなかったということでしょう。でも「ああ、こういう考えでやるのか」と思いましたね。それも結局は考え方なんですよ。つまり工夫をしてやればできるんだっていうことじゃないですか？　セットの高さが3メートルしかなかったものが、地面を掘れば4メートルになる。これはすごく違うわけですよね。

八木　90年代に『ウルトラマンティガ』というシリーズを作ったときには、高野宏一さんが監修で東宝ビルトのホリゾントを上げてもらったんです。このときもやっぱり、仰《あお》ったときにホリゾントが足りないというのが問題でした。その前に『ウルトラマンG《グレート》』（91‐92）をオーストラリアで撮影したときには、すごくでかいスタジオでホリゾントも高くてよかったということも関係していると思うのですが。『ティガ』ではついでにプールも作ったから掘っていくという発想はなかったんですけど、足りないなら足せばいいという発想は全く一緒ですね。

稲垣　「建てちゃえ！」っていう発想ですよね。そういう伝統みたいなものがまだ残っていた時代だったので、僕も円谷英二さんの精神をちょっとはもらっていたのかな？

八木　それは本当に羨ましいですね。僕は１９６７年生まれなので円谷英二さんにはもちろんお会いしたことはないですから。

稲垣　写真の通りの方でしたよ。ゆがんだ口で、すごくしわがれた声で。だいたい大酒飲みだからノドをやられていたんじゃないですかね。

八木　大酒飲みだったというお話は聞きますね。

稲垣　ホリゾントで思い出したけど、『怪獣大奮戦 ダイゴロウ対ゴリアス』（72）のときは飯島（敏宏）さんが監督で円谷一さんがプロデューサーで、一さんとはずいぶん言い合ったな。大映はホリゾントが低いから手前に覆いかぶさるようなアール状にしてほしい、そうじゃなきゃ撮れないっていう話をしてね。それはお金がかかるって言うわけですけど、結局はやってもらいました。

八木　ホリゾントの上側を手前まで持ってくる形ですね。

稲垣　そうすれば仰《あお》れるじゃない？　だからもう何倍って使えるわけだから。

八木　ちなみに演出家としての円谷一さんとお仕事をされたことはありますか？

稲垣　助手のときはありましたよ、『スパイ』なんていうのをやったからね。でもその後はもうプロデュースとか経営の仕事をやられていたと思います。

八木　『スパイ』は見たことはないのですが、実相寺さんも助監督をやられていたという有名な作品ですよね。

稲垣　それは全然覚えていないけど（笑）、一さんが監督で、東宝の内海正治さんがキャメラマンでそれに付いたセカンドでした。円谷プロは基本的に全部アフレコじゃないですか？　でもあれはＮＣミッチェルで同録しているんですよね。ミッチェルだから外に行くと３相電源が必要なんだけど、そのためにＭＤっていう大きな発電機を用意してね。しかも発電機は音が出るわけだから、遠くに置いて電気を引っ張らないといけない。ただしあんまり引っ張ると電圧がダウンしちゃうじゃないですか。そういうのはすごく覚えていますね。あとは内海さんがずいぶんグラフィカルな画を撮る人だなっていう感じが残っています。

八木　それは見てみたいですね。内海さんにはどっしりした印象がありましたけど。

稲垣　普段はそんな画は撮らないんですけど、タイトルバックとかそういうのを撮るときはグラフィカルな画でしたね。実は僕が最初に付いたのは内海さんだったんですよ。

キャメラマンとして実相寺昭雄監督と対峙する

マイティ号の飛行シーンへのこだわり

八木　稲垣さんは『マイティジャック』でキャメラマンとして一本立ちされたわけですが、『マイティジャック』には3話「燃えるバラ」からの参加となっています。

稲垣　『セブン』の途中で円谷さんの一声があって、それから1ヵ月くらいしたら確かプロデューサーの森田さんから呼ばれて「こっちに行きなさい」っていう経緯でしたね。

八木　特撮の撮影ということですよね？

稲垣　そうですね。思い出したけど、マイティ号の飛行シーンの撮影に関しては野長瀬三摩地さんと大喧嘩があったんです。大木淳吉さんが監督で僕がキャメラで撮ったんですよね。マイティ号はミニチュアといいながら9尺もあったから、それが飛ぶのに素早く「シャー！」とかっていうのはイヤだなと思っていて。それで回転なんかもゆっくり回したいとか言って、全部それでやったの。でも野長瀬さんが作っている芝居の方は、「パパパ！」とスピーディにやっているわけじゃないですか。それなのにマイティ号は「ずー」って（笑）。だから特撮を入れてつないだやつを野長瀬さんが見て、全部変えてくれと大木さんに言ったらしい。それで大木さんは円谷さんに「こう言われたんですけど」って愚痴を言ったわけ。でも結局は野長瀬さんの言うように（編集でコマを落として）直したんですけど、円谷さんが「マイティ号は全部稲垣の言うように戻せ」と言ったらしい。後から聞いたんですけど「始めの編集の方がいい、あれで大丈夫だからあれでやれ」ってね。それで全部、元に戻したんですよ。

八木　やっぱりご覧になって分かっていたんでしょうね。

稲垣　こっちはカーっとなっているだけだったから、細かい真意までは全く分からないんだけど、大木さんが「オヤジさんが全部直せって言うんだよ」と言ってきてくれましたよ。まあその後で『戦え！マイティジャック』になったら「ヒャー！」っていうのになってしまっていましたけど（笑）。でも、あれだけは異様な作品になっていたんじゃないかな。マイティ号がゆっくり回って、雲なんて全然動かないんだから。あのときに円谷さんが、「稲垣が始めにやりたかったように戻せ」と言ってくれたのはなんともうれしかったですね。

八木　最初の編集と次の編集をご覧になって判断されていたわけですね。

稲垣　少なくともそのときは大木さんが見せたんでしょう。それで「撮るときにそう撮っているんだから」というようなことを言ったんじゃないですかね。

八木　『マイティジャック』は円谷英二監督の一声で結構撮り直しもあったという話ですが。

稲垣　でも、そのときは撮り直しをしていないんですよ。野長瀬さんからは「撮り直しをしてくれ！」って言われたんですけど、「オヤジさんのお墨付きだ」ということでね。

八木　円谷英二監督も気合いが入っていた作品ですよね。

稲垣　あの人は飛行機乗りだったでしょう。だから空中戦なんかにはかなりこだわりがあったんですよ。

僕は実相寺さんを泣かした男なんですよ

八木　その後は『怪奇大作戦』に行かれています。

稲垣　最初にやったのが飯島敏宏さんとの「壁抜け男」で、それがよかったから実相寺（昭雄）さんの「恐怖の電話」に呼ばれたんじゃないかな。「恐怖の電話」が実相寺さんと一緒にやった最初の仕事ですね。実相寺さんには憧れていましたから、とにかくあの監督とやりたかったわけですよ。そうしたら会社から「やれ！」という話が来た。台本に名前が載っていて、やっぱり喜びましたね。あのころが一番幸せでした（笑）。憧れの人の作品をできるんだからうれしかったです。『怪奇』の実相寺さんの４本には僕のそういう執念、憧れの執念がこもっているんですよ。

八木　「恐怖の電話」「死神の子守唄」「呪いの壺」「京都買います」の４本ですね。本当にいずれも傑作です。

稲垣　実相寺さんの中でも傑作なんじゃないかな、あれは。ただ現場では、例えば飯島さんの作品で撮るようなところにキャメラを置くと、「ケッ！」って言われちゃうような感じで。それでしょうがないからまた考えるんですよ。そういった意味では実際にはかなり意地悪な人だなと思いました（笑）。でもそういうことが面白くてね。

八木　キャメラはここ、みたいな指示はないわけですね。

稲垣　それはないですね。要するにキャメラマンだからどこかにキャメラを据えないといけない、画を作らないといけないわけです。その画が面白ければなにも言わないし、つまらない、平凡な画だと「ケッ！」って言ってどこかに行っちゃう。そうすると、そこからまた悩まないといけない。でも1つ決まればそれに合わせた画づくりができるので、その1つだけをちゃんとしないといけないんです。そういう教えだったような気がします。

八木　でも『怪奇』の撮影は楽しかったということで。

稲垣　『怪奇』は本当に楽しかったですよ。京都に行っても楽しかったし、こっちで撮っていても面白かった。ただ最初があれだったから後が続かないっていうか（笑）。

八木　京都編はなごやかに撮影されたのでしょうか？

稲垣　あれはなごやかだったですね。京都では実景も全部一緒にやっていて、「京都買います」のタイトルバックのガスタンクとかああいうのも全部、実相寺さん付きっきりで撮っています。だから「ケッ」って言われないようにね（笑）。

八木　実相寺監督ともお話したことがあるんですけど、「京都買います」はやっぱり気に入られているということでした。最初につないだら40分あったんだけど、あれが今あればな……という話をされていました。

稲垣　原（知佐子）さんにも気に入っていると言っていたそうですから、まあやったかいはあったのかな。ただあのときに1回、実相寺さんとケンカしているんですよ。僕らはダビングにも全部付き合っていたんですけど、もう2日くらい徹夜していて。それで終わりのロールかなんかで実相寺さんが「まあいいか」って言ったんです。だからアタマに来ちゃって、その後にお茶を飲みに行ったときに「あれはなんだ！」って言っちゃったの。こっちもカーって来ているからさ。みんな徹夜して眠くても、最後に監督の「ＯＫ！」を聞きたくてやっているわけじゃない。それを「まあいいか」はないじゃないかっていうことでね。そうしたら怒って、実相寺さんが涙ぐむんだよ。まあ、こっちもそれくらいのことを言えた間柄だったんだなというのは今にして思うことですけど。思ったことはちゃんと言うくらいの気持ちでやっていたということでね。

八木　羨ましいほどに純粋です、皆さん。

稲垣　それで大変なことになって涙ぐんじゃった。だから僕は実相寺さんを泣かした男なんですよ（笑）。ただ涙もろいというか、そういうところはちょっとあったんです。普段は全く隠していましたけどね。叙情的なものを見て感動して涙ぐむとか、そういうのはあったと思いますね。その後には「お前はしばらく俺と付き合うんだぞ！」って最後に言われて。つまりはまだやってくれということじゃないですか。それで『無常』に行くわけですよ。

八木　やはりはっきりおっしゃったのがよかったんですかね。

稲垣　僕はそう取りましたけど、実際どうだったかは分からない。でも「そんなことを言うんだったら付き合え！」ということだったんでしょうね。

新人みたいな意識は全然なかった

八木　同じく京都編の「呪いの壺」はいかがでしたか？　実相寺監督も特撮のところが素晴らしいということだったようですが。

稲垣　うん、寺院が焼けるシーンがいいと言っていましたね。

八木　あそこは驚きますよね。

稲垣　うまくいったんですよ。僕はメインキャメラをやらないといけないから、本当は正面から撮らないといけないわけ。当然、合成があるからね。普通は山門があって、山門のところの合成があるじゃないですか。だから燃えているのは正面の画じゃないとまずいわけですよね。でもそれが嫌で「こっちの方が画になるな」って、本来はメインキャメラじゃないところにメインキャメラを据えた。だから実際のロケーションとは90度合っていないんです（笑）。やっぱり実相寺組ですし、あの組は画本位でしか考えていませんから。とにかく画だけ考えていて、つながりは考えなくていいんだって監督が言うんだから。画が面白ければいいんだという発想で、「面白いことだけを考えろ！」っていう風な指示ですからね。だから面白いことを考えなければもうクビですよね。「ヘン！」とか「ケッ！」って言われて終わり（笑）。

八木　「呪いの壺」のときはかなり巨大なセットだったと思いますけど、あれはビルトのオープンですよね。

稲垣　でも2間くらいのものでしたよ。

八木　出来上がった映像を見るととても2間とは思えないです。放送を見て、「ウチの寺が燃えている」っていう電話が本当にかかってきたというくらいですから。

稲垣　実際にあるお寺ですから檀家さんが言ってきたらしいですね。

八木　炎が広がっていくところとか瓦が落ちていくところとか完璧ですよね。

稲垣　ただあれはアリフレックスも使っているんですけど、そうすると2倍しか上がらないので寄りのカットは全部倍数が足りないんですよ。本当はね。あそこは、やっぱり少なくとも3倍には上げないといけないところなんですけど。

八木　ちなみにあれは1／6サイズですか？

稲垣　実際には1／8になっているんですよね。瓦だけが1／4なのかな。

八木　撮影前に操演とか美術とは打ち合わせを結構されたのでしょうか？

稲垣　よほどのことがないと池谷さんとはそんなことはしなかったですね。上がってきたらそれから考えるみたいな感じでね。打ち合わせをしちゃうと、自分の画は撮れるけどやっぱりふくらみがなくなっちゃうんですよ。

八木　先に画コンテを厳密に作っていくというよりはセットを見てから決めるわけですね。

稲垣　その方が生き生きとした映像になるしね。今の映画ってちょっと生き生きしていない部分も散見されると思うんですけど、それはやっぱりビデオモニターと画コンテの確実性みたいなことでああなっているんじゃないかな。だから意欲的な監督はわりと手持ちを要求しますね。手持ちだとそういうことはできないので完璧にならないじゃないですか？　揺れるわけだし、疲れるしということで、そういう要求をして撮る監督もいます。

八木「呪いの壺」のこのシーンは本当に完璧です。

稲垣　池谷さんも一種の天才ですから。しかしなんであんな変な人ができちゃったんでしょうね？　もともとは日活の助監督だったわけですから。影響を与えたのは鈴木清さんじゃないですか？　自分のものを作りたいと思ったものだから、まだ成田（亨）さんの助手だった池谷さんを呼んで『ウルトラマン』のB班をこさえたんですね。そのときに「こういう画を撮りたいから」って、池谷さんとは打ち合わせをいっぱいしていましたね。だから僕らは羨ましかったですよ。こっちは高野（宏一）さんとやっていて、いわゆるプログラムピクチャーを撮っているようなものだったから。清さんは意欲的なことをやっていましたよ。

八木　天井がバレちゃうから手前に首都高速のミニチュアを持ってきて隠すとか、いろいろ発明もされていたそうですね。

稲垣　そういうアイデアは本当にすごいんだよね。池谷さんと清さんの間柄は、嫉妬するというような感じでした。だからしょっちゅう見に行きましたよ。

八木　池谷さんというと実相寺監督というイメージがありますが、鈴木さんともしっかり組んでいらっしゃったんですね。

稲垣　『怪奇』の「霧の童話」なんかも撮影が清さん、美術が池谷さんですよね。1班体制ですから鈴木さんと池谷さんで特撮もやっていて、もちろん飯島さんも噛んでいるんでしょう。あの3人は全員がすごいアイデアマンでしたから（笑）。

八木　鈴木さんには恩義を感じられているというお話でしたが、他になにか印象的だったことはありますか？

稲垣　僕が円谷プロに入ったばかりのときは、厄介者を見るような目で見られましたね。これは鈴木さんだけではなく、高野さんでも誰でも。というのは、僕が監督の息子だから「こいつは特撮技術を盗んで、どこかに行って監督でもやればいいだろうと思っているな」と勘ぐられたみたいで。だから始めはすごく冷たかったですよ。もちろん、接してみればそのうちにそんなことはお分かりになるわけで。

八木　そういう中で一瞬にしてサードになってセカンドになって行かれたわけですね。しかもキャメラマンになられて1年経っているかどうかで「呪いの壺」ですから。

稲垣　僕は新人みたいな意識は全然なかったんですよ。最初に飯島さんと「壁抜け男」「白い顔」をやったときでも、新人の気持ちは全くなかったですね。生意気もいいところだと思うけど、いわゆる監督への忖度も全くない。だから監督の言うことを聞かないと……ということでは全然なく、「この方がいい！」と言ってしまう、そういうキャラクターだったんですね。その後はいろいろ変わるんですけど最初はそうだったんです。

『無常』『曼荼羅』はケンカしながらやっているようなものでした

八木　稲垣さんはその後も映画『無常』『曼荼羅』で実相寺組に参加されています。個人的には『無常』がとても素晴らしいと思っているんですけど、ものすごく過激な作品ですよね。
稲垣　『無常』はそうでしょう。それで、「ああ、こういう風にしたら喜ぶんだな」というのが分かっちゃったわけです。それで『曼荼羅』では自分の気持ちを実相寺さんに合わせようとしている。そこが自分で見てもイヤなんです。『無常』の方が評価されているし、執念とか情熱みたいなものは感じるはずです。『曼荼羅』の後、実相寺さんと別れちゃうわけですから、それは面白くないこともあったんじゃないのかな？
八木　『曼荼羅』はカラーになっているじゃないですか。あと、あのホテルはセットでしょうか？
稲垣　あれは池谷（仙克）さんのセットですね。
八木　あそこも前衛的な感じがして素晴らしいと思います。でも『無常』と『曼荼羅』は僕からは全然違うものに見えますし、お話を伺うのはとても勉強になります。
稲垣　あの2本はものすごく仲よくやっていたかというと、とんでもないですからね。もうケンカしながらやっているようなものでした。「現場に行きたくない！」なんていう気持ちもあったし、全然面白くなんてやっていないですから。ただとにかく「ケッ」と言わせないように、「ケッ」と言わせたら負けだっていう感じがあって、戦っていたようなものですね。
八木　確かにそういう雰囲気はあの2本から感じられます。すごい緊張感がありますから。
稲垣　それが残っているはずです。あれは僕と実相寺さんの関係なんじゃないかなって思う。
八木　ところで「恐怖の電話」から始まる『怪奇』の4本と『無常』『曼荼羅』という流れで見ると、「恐怖の電話」

ではまだ超広角レンズは使っていないですよね。

稲垣　レンズがなかったんじゃないかな。ただ、楽しかったのはテレビの方ですね。映画ってしんどいなと思ったもん。

八木　『無常』は始まりから終わりまで完璧な映画ですが、そのしんどさゆえかもしれません。

稲垣　こういうことを言うのはあんまりよくないけど、「いつかこいつをぶっ殺してやる」という気持ちで撮っているわけだから（笑）。現場のあの状態の中では、「もう一言いったらグワーって行く！」っていうくらいの感じでやっていたからね（笑）。もちろん実相寺さんは尊敬もしていたわけなんだけど。

八木　その緊迫感ということですね。撮影の現場はやはり監督とキャメラマンが双璧で作られていくということで。

稲垣　それが自然ですよね。絶対に両者の感覚は違うし、言葉の暴力もある。人間の意地悪さみたいなこともやっぱりあるわけで、そういうのが生に出てきたらしめたものですよ。僕がプロデューサーだったら、「あ、これはもう行けるな」っていう感じがすると思う。

八木　和やかな現場がいい場合ももちろんあるんでしょうけど、お互いに引き出している場合もありますよね。

稲垣　過去の作品にもそういう例はいっぱいあるんじゃないでしょうか。例えばキャメラマンの姫田真佐久さんと今村昌平監督もいろいろあったわけです。お2人とも自分の美学を持っていた方ですからね。

八木　『スター・ウォーズ』の1作目もキャメラマンと合わなくて、2作目からルーカスは下ろしてしまった。でも1作目が一番いいですよね。

稲垣　不思議にそういうことなんですよね。だから合うからいいとは100％は言いきれない。それにキャメラマンが代わると監督の方も変化するから、やっぱり作品も変わるんですよ。監督が全く不動な存在で、どのキャメラマンを選んでも同じということではないんです。不思議なことにやっぱり監督も変化する。ただそれはなかなか説明しづらいんですよね。特に評論家の人には説明しにくい。監督を中心にものを見る人たちだから、スタッフがどうかかわったかということについては、本当のところを分かっていないですよね。

9・8ミリのレンズを導入した『曼荼羅』

八木　実相寺監督とのことで、他に覚えていらっしゃることはありますか？

稲垣　しょっちゅうピリピリしていましたけど、『曼荼羅』では撮影は2ヵ月くらいやっているわけだからよく照明部と宴会したりしていたんですよ。それであるときロケーションの途中で宴会をやって、僕は弱いから二日酔いになっちゃったわけ。そうしたらその日は全部ローアングルですからね。そういう意地が悪いところがあるんですよ。

八木　それはわざとなんですか？

稲垣　わざとですよ。そういうときに若いからアタマに来たりするわけです。

八木　実相寺監督がワイドレンズを購入して持って来られていたという話もありましたよね？

稲垣　それも『曼荼羅』のときですね。その前に18ミリ、32ミリ、50ミリ、75ミリを持っていたんですよ。でもそれじゃ足りない、ワイドが欲しいということで9・8ミリをね。だから40ミリと9・8ミリと100ミリかな。

八木　9・8はキノプティックですか？

稲垣　キノプティックですね。あれは実相寺さんが私費で買ったんじゃないかな。『無常』のときは18ミリが最高で、

『曼荼羅』で9・8ミリを使っています。
八木　それで『曼荼羅』はさらに暴力的な感じなんですね。
稲垣　もうちょっと過激に行こうっていうことじゃなかったのかな。でもあれは失敗していますよ。あそこまでの必要はなかったんじゃないかな。もっと決め打ちでワイドを使わないと……って今は思います。ちょっと使い過ぎだね（笑）。
八木　でも実相寺監督は「やり過ぎぐらいがちょうどいい」とおっしゃっていますから。
稲垣　そういう人だからなんとも言わなかったんでしょうけど。
八木　ちなみに円谷英二監督は実相寺監督のことを結構買っていたみたいですね。
稲垣　可愛がっていたんですよね。実相寺さんは話を年寄りに合わせるのがうまかったの（笑）。本当に年寄りをくすぐるのは得意中の得意でしたね。だからTBSでも上からは評判がよかったんじゃないですか。
八木　人当たりというか、世渡りがうまかったんでしょうか。
稲垣　実際に円谷さんと実相寺さんが話しているところは見たことないけど、例の『現代の主役　ウルトラQのおやじ』ってあるじゃないですか。一さんと英二さんがしゃべっている。あれはTBS映画社にいた僕の同級生が撮っているんですよ。

実相寺昭雄監督の人心掌握術

八木　稲垣さんが助手時代に実相寺監督のことで覚えてらっしゃることがあったらお聞かせください。
稲垣　シーボーズかなんかのときですけど（『ウルトラマン』「怪獣墓場」）、麦球を5つか6つ持ってこさせてキャメラのデバイザーの中に放り込んで「じゃあ行こう」ってやっていたのは覚えていますね。もうむちゃくちゃなんですけど、麦球を線ごと突っ込んで光らせるわけですよ。あとはキャメラマンが「今、ハエが飛びました」って言うわけ。ハエが飛んだからもう1回ってね。そうしたら「ハエもまたよし」って言ったんだからすごいですよ。これでスタッフはいっぺんに実相寺さんの方を向くわけで、そういう呼吸を心得ている人だったな。あ、この人はこういう思考なんだって思えるんですよ。

八木　独特ですよね。

稲垣　『ウルトラセブン』のときだったかな、ウルトラ警備隊の基地のライティングって決まっているんですよ。パンってやれば基地になるようになっていたんだけど、それを全部消させてまずは耳のアップを撮るわけ。スタッフはなにがなんだか分からないですよね。それで飲まれちゃって。どんな監督が来たって耳のアップから撮る人はいないですから。

八木　確かに実相寺組は「いつものライティング」ではないですし、最初に全部消しちゃうんですね。

稲垣　そこから作れっていうことですね。

八木　耳のアップを撮って、あとから人物に照明を当てるから周囲の露出を落とせるんですね。

稲垣　どこに行ってもそうでしたよ。そうじゃなかったらライティングはなし。「するな！」っていうね。だからなにかアタマにガツンと言われちゃうんだけど、そうするとわれわれの気持ちが固まるんだよね。技術者ってやっぱりどこか臆病じゃないですか？　なにか文句を言われるのはイヤだなというのがあるけど、それを監督がOKしたんだからやってみようってなる。これは結構大事ですよ。アタマにスタッフを飲んじゃうということをしないと、いつまで経っても教えられる立場になってしまうから。実相寺さんは若いときにTBSでディレクターをやっているから、スタッフを飲むためになにかをやらかすんですよ。有名な美空ひばり事件もそうなんじゃないですか？

八木　耳の話はよく分かります。最初に消しちゃえばライティングができますからね。

稲垣　ある種の形ができるんですよ。撮る方だって専門家が撮っているわけだから、「あ、こういう方向で撮ればいいんだな」っていうのが覚悟としてできるわけ。そうすれば後は楽だから。1回それができちゃえばね。だから実相寺組ではすごく難しいことをやっているように見えるんですけど、外で見るほど厄介なことではないんです。アタマの画だけはうるさいけど、それができちゃえば後は自然とそういうふうになるんです。不思議なんですけどね。一見するとワンカットごとに指示しないと撮れないような画ばっかりなんですけど、実はそうじゃない。スタッフ、役者をうまいこと飲んじゃうとすごく楽なんです。みんながそっちの方を向いているわけだから、そうすると楽しい仕事ができるんです（笑）。僕はそう思いますね。

八木　おっしゃる通りだと思います。なんとなくそういうイメージは持っていたんですけど、はっきり言葉にしていただいてよく分かりました。

稲垣　「つながりなんていいんだからな」って言われると撮れるわけです。「見えなくてもいいんだ」、そういう風に言われると「じゃあギリギリのところでやろう」となる。これは技術者も面白いわけですし、そうするととんでもない画を撮れるんですよ。

八木　監督が責任を持つから、ということですね。

稲垣　テレビの技術者って結構うるさいですから、それをどうやったら動かすことができるのかなっていうところから考えたことじゃないですかね。技術者も本当はやりたいんですよ。だけどごちゃごちゃ言われるので、じゃあ文句を言われないように撮ろうということにどうしてもなってしまう。それで本当の才能をなくした人は多いんだろうね。でもそういうことを1つ言えば技術者は動くわけだから、これからの監督にはその公式だけでも引き継いでほしいと思います。

円谷英二監督で思い出すこと

「『呪いの壺』は今までの特撮の中で一番いい！」

八木　話は前後しますが、稲垣さんは『怪奇大作戦』の後は円谷プロを離れられます。

稲垣　『怪奇』の後でみんなが辞めたとき、僕は残るつもりだったんです。みんな「赤紙」っていうのをもらっていて、そこには「もう出社に及ばず」って書いてあった。でも僕にはくれなかったから俺は残りだぞって、みんなには言わないようにしていたわけ（笑）。そうしたらあるとき有川（貞昌）さんに呼ばれて、「稲垣、お前も辞めてくれ」と。実はその前に有川さんとはもめていて、『マイティ』のときだけど特技監督だった有川さんが「オンエアに間に合わないんだから初号なんか見なくていい」なんて言うわけですよ。そんなものを見る余裕なんかないんだ、さあ撮れ！　って。それでカチンと来ちゃって、美術とか撮影部とかみんなを美トラ（美術部のトラック）に積んで東京現像まで走らせて試写を見て帰ってきた。その後は全然咎めもせずに撮影に入っていきましたけどね。それと1時間ものの『マイティ』が視聴率を稼げないので30分ものになったときに、こんなもんはできないって降りちゃったの。

八木　そういう前段階があったと。

稲垣　でもその後に会ってもそんな話は全然しなかったですけどね。まあとにかく、辞めるんじゃあ円谷さんのところに挨拶に行かないといけないなということになって。それで親父にもらったウィスキーを持って伺ったら、辞める話なんか全然しないんです。こっちは救ってくれるかなっていう淡い気持ちもあるじゃないですか？　でもそんな話は全然しなくて、ちょうど見たばっかりだった「呪いの壺」のことを「あれはよかった。『呪いの壺』は今までの特撮の中で一番いい！」って。

八木　そんなタイミングだったんですね。

稲垣　時間軸はずれるんだけどね。それでこっちはそんなことを言われてすっかりその気になって、「もうちょっと円谷プロに置いてください」なんて言うタイミングを逸してそのままクビですよ。僕はこのまま円谷プロでやっていれば一番いいなとは思っていたんです。横着なんですよ（笑）。だからあっち行って冒険して、こっち行って冒険してってっていうのは得意じゃない。だけど、その後はそういう仕事に就いちゃったんですね。コマーシャルをやったり、劇映画をやったりせざるを得なかった。

八木　とはいえ直接、円谷英二監督に褒められたわけですね。

稲垣　あれはよかったと言われましたね。今までの中で一番いいとか、かなり絶賛してくれたんですよ。もちろん僕らもうまくいったと思っているわけですし、それですっかりクビになることを忘れちゃった（笑）。

子どものときに『ゴジラ』を見て泣いた覚えがある

稲垣　円谷さんで思い出すのは、成城のキリスト教会でお葬式をやったんです。僕らももちろん参列しましたが、そのときにペコちゃん（宍倉徳子／スクリプター）がボロボロと涙をこぼしてね。こんなに人が泣くんだと思って、円谷さんの偉大さ、大きさみたいなものを実感しました。それでペコちゃんは円谷一さんに「親父となにかあった?」と言われたっていうんだけど（笑）。もちろん冗談でね。でもあのときはすごく大きさを感じました。

八木　人がそんなに泣くほど慕われていたわけですね。

稲垣　あんまりないことですよね。僕は「孫弟子」だから直接なにかを教えられたということはないですけど、「呪いの壺」では1回だけ直接褒められました。あとは『マイティジャック』の編集を元に戻してくれたのと、ペコちゃんの涙。円谷さんの思い出はそんな感じですね。

八木　それでは円谷英二監督のお仕事みたいな部分はいかがでしょう?

稲垣　やはり初めの『ゴジラ』を見ていただけるとすごく才能が分かると思うんです。あそこに円谷さんの持っているいろいろなものが集約されている気がします。光の当たっているところと当たっていないところのバランスとか、そういうものも全部含めて。内容、円谷さんが持っておられたもの、美学が集約された名作だと思います。ああいった作品がきちんと世の中にも評価されているのはうれしいですよね。

八木　奇跡的な作品ですよね。

稲垣　『ゴジラ』は子どものときに劇場に見に行って泣いた覚えがあるんですよ。ゴジラがオキシジェンデストロイヤーで溶けて死んでしまう、それが可哀想でボロボロ泣いちゃうんですよね。

八木　ゴジラが怖いではなく、可哀想で泣いてしまった。

稲垣　そのときはね。子ども用に書かれた香山滋の絵本は当時の愛読書でしたから、『ゴジラ』は見たくてしょうがなかった映画。その絵本はよだれとか涙でぐちゃぐちゃになっていましたけど（笑）。懐かしいですね。小学校6年生くらいだったのかな。

八木　幼少期に円谷英二さんのお仕事に触れられていたんですね。

稲垣　そういうことですね。もちろん円谷さんということを意識していたわけではないですけど、『ゴジラ』が見たくて見たくて仕方なかった。でも小さい子ってみんな怪獣ものとか不気味なものが好きですよね。

八木　本当にそうですよね。それが怪獣の原点なのかもしれません。僕は「京都買います」を始めとする実相寺昭雄監督の『怪奇大作戦』の４本は大好きで何度も繰り返し見て研究した作品です。『無常』と『曼陀羅』は実相寺監督の最高傑作だと思っています。その作品のキャメラマンで円谷プロの大先輩である稲垣さんからたくさんの話をお聞きして、あらためてたくさん学びがありました。今日はありがとうございました。

稲垣涌三（いながき・ようぞう）

昭和18年（1943年） 3月7日生 京都市出身
昭和40年（1965年） 成城大学経済学部卒業
昭和40年（1965年） 円谷プロダクション 撮影助手契約
昭和43年（1968年） TV映画『マイティジャック』にて特撮撮影者
昭和44年（1969年） フリー撮影者
平成13～15年 NHK研修センター講師
現在・日本映画撮影監督協会 事務局長

作品歴

劇映画
『無常』（監督：実相寺昭雄）実相寺プロ、『曼陀羅』（監督：実相寺昭雄）実相寺プロ、『大奮戦』（監督：飯島敏宏）円谷プロ、『ピンクレディーの活動大写真』（監督：小谷承靖）三船プロ、『The Ivory Ape』（監督：小谷承靖）ランキンプロ、『東京上空いらっしゃいませ』（監督：相米慎二）ディレクターズカンパニー、『ホームカミング』（監督：飯島敏宏）
TV映画
『怪奇大作戦』8本、『淀川長治物語神戸編 サイナラ』（監督：大林宣彦）、他
PR映画
『日本の心』『日本の庭』『ブルガリア』
DVD
『ウルトラの揺り籠』
CF 約800本
受賞歴 「JSC賞」

特撮の街、世田谷区の砧とその周辺

特撮黄金時代には素晴らしい環境が存在していました。それは世田谷区の砧とその周辺、特撮の故郷と言っても過言ではない聖地です。ここで大切な作品を作っていたわけですが、同時に普段はクリエイターたちの生活の場でもありました。生活ももちろん作品には大切な要素です。そんな側面からこの特撮の街をご紹介しましょう。

まずは小田急線の祖師ヶ谷大蔵駅周辺。円谷プロや東宝撮影所、東宝ビルトへ行くには祖師谷商店街という時間が止まったような古い商店街を歩いていきます。今はウルトラマン商店街という名前に変わり、街灯にウルトラマンがあしらわれたり、街に怪獣が佇んでいたりと楽しい感じになっています。しかし私が円谷プロへ行き始めたころ、つまり20世紀末のこの商店街は特撮黄金時代の名残を残していました。この辺りは東宝の城下町でしたから、小さな商店街の割にはお寿司屋さんや鰻屋さんなど高級なお店が多くありましたし、落ち着いた静かな街だったのです。お寿司屋さんはたくさんありましたからそれぞれ傾向があって楽しいです。東宝から円谷プロに出向されていた取締役の滝澤健夫さんは「いけだ」というお寿司屋さんが好みでした。ここは祖師谷通り沿いにあり東宝の方々が気楽に使われていました。素敵なお店でした。円谷家の方々は「青柳」という店。これは祖師ヶ谷大蔵駅に近く少し小さめな佇まいの高級店という感じでした。制作現場の方々は少し遠いですが「栄寿司」です。ここは大勢で行って楽しく飲んで食べられる大きなお店。安くて抜群に美味しいのでした。

祖師谷界隈は、成城もそうですけれど美食の街です。たくさんの名店がありました。円谷家の方々が大好きだったのは有名な焼き鳥の「たかはし」です。円谷一監督や金城哲夫さん、上原正三さんなどが常連だったという伝統あるお店で、われわれもよく行きました。今は食べられませんが裏メニューのレバ刺しが皆さん好物。これにガーリックパウダーをかけて食べるのが円谷流でした。「たかはし」のすぐそばにあった「わこうど」も円谷家御用達。円谷浩さんや円谷昌弘さんがこの店を気に入って毎日のように行っていました。ホルモンのしろや、冷やしトマト。毎日同じメニューでたくさんビールを飲みました。「わこうど」の近くにあった「平八」も名店です。ここも円谷家御用達。円谷一夫さんもここがお気に入りでしたし、実相寺昭雄監督もお気に召していました。お腹いっぱいになる美味しい料理や変わったお酒が多くて楽しいお店でした。

祖師谷通りから少し入ったところにある手作りハム、ソーセージの店「エッセン」も円谷プロ御用達。高野宏一さんや鈴木清さん、製作部の重鎮の方々はみんなここのハムが大好き。製作部の部屋で行なわれる宴会の際はいろいろな種類のハムやソーセージ、それからポテトサラダなどがずらっと並びました。

ランチで食べるような店としては、この場合は忙しいので出前が多くなりますが、中華の「元来」も人気でした。中華料理の店なのですが、満田穧監督がお薦めなのはここのオムライス。中華料理店のオムライスは美味しいということを学びました。さらに円谷プロ前の坂を下りたところにある蕎麦屋「紅葉家」さん。実相寺昭雄監督の絵にも登場するこの店は後年、とんねるずの番組で「きたなシュラン」にも選ばれた名店。ここを最初に教えてくださったのは照明の小池一三さんでした。「鳥つゆ蕎麦」というのが絶品で「泣き別れ」なんていう不思議な名前のメニューがあったり、風情もあって最高のお店でした。

高野宏一監督はグルメでしたから、ランチを出前ということはほとんどありません。高野さんは必ずクルマで（誰かが運転して）食べに行きます。いろいろ美味しいところへ連れて行ってくださいました。「椿」というとんかつ屋は成城のお屋敷街の中にある一軒家レストランで、東宝の照明部の方が始めたということでした。抜群に美味しかったです。ちなみに高野さんはお昼は絶対お酒。とんかつのときは日本酒、それもにごり酒を召し上がっていました。イタリアンのときはワイン。中華では紹興酒でした。お酒、大好きでした。

さて、成城学園前駅です。この駅からも同じ時間、距離で東宝撮影所、円谷プロ、東宝ビルトに行けました。成城学園前も祖師ケ谷大蔵と同じく特撮の街です。ここの駅前には円谷プロ御用達で上原正三さんのお気に入りだった中華料理の「マダムチャン」がありました。ここは成城らしい素敵な佇まい。白壁の重厚な作りのレストランでした。ちなみに上原さんは食事にはあまりこだわりがなくなんでも美味しく召し上がっていましたが、沖縄のものには一家言ありました。沖縄料理のときにはあれが良いこれが良いととても楽しんでおられました。上原さんの家で、泡盛やワインを飲みながら奥様のお手製の沖縄料理をいただいたことは忘れられません。楽しい時間でした。さて、マダムチャンを通り過ぎるとこれまた成城らしい洗練された一軒家の「オーヴェルジュ・ド・スズキ」という洒落たお店がありました。素敵な店がたくさんならんでいるのはさすが成城でした。そして成城教会という円谷家所縁の教会もあります。ここは円谷英二監督の時代から円谷家の方々が礼拝に行かれているところです。そして、成城らしいお屋敷街を抜けて仙川を歩いて行くと東宝撮影所が現れます。

20世紀末の当時の東宝撮影所には、あの有名な特撮用の大プールが残っていました。大迫力で素晴らしかったです。撮影をしていないときはホリゾントが汚れて黒ずんでいましたし水も濁っていましたが、でも、それを眺めながら特撮映画黄金時代に思いを馳せたものでした。この時代、円谷プロでは東宝撮影所のサロンと呼ばれている食堂でランチを食べたりもしていました。当時、円谷プロは東宝傘下の会社でしたし、この食堂は近くにある社員食堂という感覚でした。でも、ここはとても洗練された食堂でした。映画黄金時代の名残をとどめる重厚な建築。そしてここでは先に食券を買うのですが、その食券がプラスチック製でなぜか学食みたいで楽しいのです。どこかズレているのですが伝統なのでしょう。私が好きだったのは銀皿に入ったカツカレーでした。美味しかったです。あのころの東宝や円谷プロには同じ匂いがありました。少し時代の流れから離れた優しい感じといいますか、わが道を行く感じといいますか。そして円谷プロと東宝はお隣さんでしたから、東宝を出て坂を少し上ればそこに円谷プロがあったのです。そんな成城は映画の街です。石原裕次郎邸や黒澤明邸などが並び、本多猪四郎監督や三船敏郎さんなど多くの映画関係者が住んでいました。素敵な環境でしたね。

祖師谷商店街には黒澤明監督や円谷英二監督が帽子を仕立てたという帽子屋さんもありました。このお2人は同じお店で帽子を買っていたのです。そう思ってお2人の写真を見ると、同じお店だなあと思います。小さな薄暗い店内には帽子がたくさん陳列されていました。今から思うと、私も1つ作ってもらうべきでした。さて、『ウルトラ』の撮影でも使われたおもちゃ屋さん「こどもや」さんは円谷家の方々にも人気でした。そして祖師ヶ谷大蔵や成城には街の至るところに『ウルトラ』の撮影で使用された場所がありました。この街を歩けば分かりますが、街の雰囲気が『ウルトラ』です。祖師ケ谷大蔵と成城。この街のムードは『ウルトラ』であり「特撮黄金時代」を支えた大切な要素だったのでしょう。そもそも祖師ケ谷大蔵には円谷英二邸と円谷一邸がありました。それは駅から歩いてすぐの場所。とても普通の町中にそれはありました。特撮の聖地ですが普通の日常でもあったのです。

円谷英二邸には撮影でも行きました。『ウルトラマンティガ』や『ムーンスパイラル』です。本当に『ウルトラ』などの特撮作品は祖師ケ谷大蔵や成城で撮影しているのでした。そして、私は一度だけ円谷英二邸にも泊めていただいたことがありました。本文にもありますが円谷浩さんに連れて行っていただき、円谷英二監督の奥様・円谷マサノさんの作った朝ご飯を浩さんと一緒にいただきました。円谷一邸でも円谷昌弘さんの新年会にお呼ばれして美味しい鍋をいただいたりしました。とても幸福な時代でした。こんな素敵な街で、そして、そんな楽しく暖かい雰囲気の中であの素晴らしい「特撮」は作られていたのです。

円谷作品にたびたび登場する世田谷総合運動場体育館（撮影／八木毅）

TOKUSATSU GOLDEN AGE

円谷知子

TOMOKO TSUBURAYA

＋

円谷一夫

KAZUO TSUBURAYA

円谷英二の日常生活

円谷英二氏の家庭での生活ぶりについて、次男・皐氏の妻である知子氏、そしてそのご子息の一夫氏にお話を伺うことができた。妻・マサノ氏とのなんとも微笑ましいエピソードも含め、その衣食住のあれこれから見えてくるのは、家族を愛し、日々の暮らしを大切にした、穏やかな家庭人としての英二氏の姿だ。これまであまり語られてこなかったこうした一面について、貴重な写真と共にお伝えしていきたい。

聞き手：八木毅

優しく柔和だった家庭での顔

「走る喫茶室」での出会い

八木 まずは円谷皐さんとの馴れ初めから伺わせていただけますでしょうか?

知子 私は日東紅茶の宣伝ガールだったんです。高校を卒業して三井農林に入りまして、日東紅茶の部門に配属されました。それで小田急のロマンスカーに乗っていたんです。

一夫 「走る喫茶室」ということで、車両内で注文を取っては運ぶということをやっていたんですね。母は最初、黄色と青のロマンスカーに乗っていて、その後のオレンジとグレーのSE車というのにも乗っています。このSE車は3000形といって小田急ロマンスカーの基礎を作った車両で、鉄道ファンの間では有名なんですよ。『ウルトラQ』の「あけてくれ!」に出たのは前面展望席のあるNSE車、3100形NEW SE車といい、母の乗っていたのは前のタイプのSE車で、NSE車には母は乗っていないんですよ。

八木 『ウルトラセブン』に出ているのはどのタイプですか?

一夫 ワイアール星人のはNSE車ですね。SE車は森繁久彌さんの映画『喜劇　駅前団地』(61/久松静児監督)でオルゴール(現在でいうミュージックホーン)を鳴らして走る姿がちょこっと映ったりしていますね。

知子 当時はロマンスカーができたばかりで、森繁さんの話は知らないですけど撮影にもよく使われていました。また、ずいぶんいろいろな方がお乗りでした。一番驚いたのは吉田茂さんで、お茶を出させていただきました。あとは囲碁の呉清源さんですとか……あの方は箱根でよく対局をなさるということでしたね。それから長嶋茂雄さん、藤村富美男さんとはツーショットの写真を撮らせていただいて(笑)。

当時最先端の高速移動手段で観光の華だった小田急ロマンスカー車内の円谷知子さん。ここで円谷皐さんと運命的な出会いをされた（円谷一夫氏提供）

デパートのお買いものはとても楽しいお出かけコース。そしてデパートの大食堂でアイスクリームを食べる幸せ。円谷知子さんと円谷一夫さん（円谷一夫氏提供）

八木　そういう中で皐さんと会われたわけですね。

知子　ちょうど電車の中でね（笑）。御殿場に英二さん……私は「おじいちゃん」って呼んでいたんですけど、おじいちゃんが撮影に行っているときにお手伝いで通っていたみたいで。そのとき主人はまだ学生でしたから。

八木　皐さんはまだ学生だったんですね。

知子　成城大学の3年生だったと思います。朝、撮影に行くのでロマンスカーに乗っていたんです。それからしばらく経ったら、ロマンスカーを降りたところで高野（宏一）さんと主人が待っていたんです。どうやら私が車両を降りる時間を調べたらしくて、新宿駅でちょうど電車が停まる前のベンチに2人がいて。

八木　高野さんと皐さんが一緒に待っていた。

知子　そうなんです。高野さんは主人の同級生で、あの2人は親友みたいでしたね。それで初めてお話をしたんですけど、高野さんは「一緒に行ってくれって言われて来たんだ」というようなことでした。

八木　皐さんが見初められていたんでしょうね。

一夫　だから母は高野さんとはそのころからの知り合いで、高野さんは研究所時代にもよく来ていたそうです。

知子　高野さんはおじいちゃんの特技研究所に入られたのも早かったですよ。それから佐川（和夫）さんと中野（稔）さんも大学生のときに訪ねてみえたりしていて。おじいちゃんは「勉強して大学を出てから来なさい」と言ったと聞いております。その場にいたわけではないですけど、おじいちゃんが部屋に戻ってきて「まだ大学生なのに入りたいって来たんだぞ」っておばあちゃんに言っていたのを覚えています。

お酒が好きだった円谷家の人々

八木　皐さんとお付き合いをされる前に円谷英二監督のことはご存じでしたか？

知子　私は「円谷」という名前も知らなかったんですよ。でも主人と知り合いましてから家の者に「こういう方がいる」という話をしたら、父が「この人はすごい人だ」と申しまして。それで『ゴジラ』なんかを撮った人だということが分かりました。だから父に教わって知ったんです（笑）。

一夫　母は怪獣映画は見なかったから知らなかったんでしょう。

知子　映画は大好きで見ていたんですよ。でもそういうのだけは逃していたの。

八木　では円谷英二さんはどんな印象でしたか？

知子　とても柔和な感じですごく優しかったです。実は家の父が怖かったんですよ（笑）。帰りも門限は8時で、それくらい厳しかった。それと比べておじいちゃんの言葉は柔らかくて、ちょっと福島の方言も入っているから余計に優しい感じでしたね。よく「知子」「ともちゃん」なんて呼んでくれました。「なにかな？」と思っていくと「お茶ください～」って（笑）。

八木　それは日本茶ですよね。

知子　日本茶をお好きでしたね。朝はおばあちゃんとお手伝いさんがされていたんですけど、梅干しの小さな小皿をお茶請けにしてね。

一夫　母は結婚してから英二さんと同じ敷地内の2階で暮らし始めたんですよ。それで朝は英二さんのところに顔を出していた。

知子　7時半くらいに行くと、おじいちゃんとおばあちゃんが居間でお茶を飲んだりしていましたね。食堂みたいな部屋ではあまりご飯を召し上がらなくて、いつも居間でした。掘りごたつになっていて楽だったんですよね。だからそこにお茶を運んだりしていました。

一夫　庭にはいろいろな植物が植えられていて梅の木もあった。だから梅の実がなると干して、梅干しや梅酒を作っていましたね。

知子　たまに夜なんかにおばあちゃんが整理していて、「これは何年もの」なんて言ってね。とっても大きな壺に入っていて、お手伝いをしていてこぼしちゃったこともありますけど（笑）、「まあまあ」なんて言われて。

一夫　英二さんはそのころはもうお酒を飲んでいなかったから、梅酒も飲まなかったでしょう。

知子　昔はすごく飲まれていたみたいですけど、私がいたころは本当にビールも飲まなかった。

一夫　それで梅酒は粲さんがこっそり飲んでいたらしい（笑）。

知子　洗い物をして9時ごろ自分のところに戻ろうとしているとパッと来てね。キョロキョロしているから「なあに？」って言うと「お袋は？」って言うから「お風呂よ」って。そうすると梅酒をがーって飲んでね（笑）。粲さんがまだ高校生か大学生のころでしたけど。

八木　円谷家の方は皆さんお酒をお好きですよね。

知子　みんなお好きですよね。一さんなんか強いですし。お姉さんがちょうどお留守だった晩に一さんのところに高野さん、柳川（義博）さん、中野さんなんかが集まって、氷を入れるアイスペールにお酒をドボドボ注いで回し飲みされていましたからびっくりしました。しかもお姉さんがいなかったので、おつまみは飼っていた小さいワンちゃん用のお肉の缶をを開けていましたから。

八木　そのときはどんなお酒を飲まれていたのですか？

一夫　ブランデーなんかをよく飲んでいたよね。
知子　あとはウイスキーも好きでしたね。海外に行くとジョニ黒を買ってきて、それであんな大きな入れ物に注いで回し飲みですから（笑）。

円谷英二邸での日々

八木　円谷英二邸のことをもう少し伺わせてください。
知子　ちょっと変わった形のリビングみたいな部屋があったんですよ。そこが素敵で、ひし形みたいになっていて応接間にも台所にも英二さんの和室にも行ける通路のようになっていました。あとそこからお庭も見えて作り方がとっても楽しかったですね。
一夫　そのリビングで母たちがテレビを見ていると、お風呂に行くために英二さんがさるまた一丁で通って行く（笑）。掘りごたつの部屋からお風呂ってすぐなんだけど、わざわざみんながいるリビングを歩いてお風呂に行っていたそうです。
知子　お尻の横をパンパンってたたきながら歩いていくのよね（笑）。
一夫　家の軒先にカナリヤのカゴがかかっていてすごくいい声で鳴くんですよ。そんなことも覚えているな。
知子　お庭には池もありまして、しかも丸い池ではなく四角いプールみたいな池なんです。
一夫　すごく深かったんだけど子どもはみんな落っこちちゃう。
知子　苔なんかがありますとツルッと滑っちゃってね（笑）。
八木　足は立つんですか？

自宅の和室で三味線を奏でる円谷英二監督。一緒にいるのは円谷一夫さん。円谷英二監督は子どもが大好きで、孫のこともとても可愛がられました
（円谷一夫氏提供）

円谷英二邸のリビングで寝転ぶ円谷一夫さん。撮影したのは円谷英二監督。この部屋は多くの方に印象を残していますが円谷英二監督ご自身もお気に入りで、この部屋でよく思索に耽られていました
（円谷一夫氏提供）

一夫　いやいや、立たないから溺れちゃうの。だからすぐ誰かが助けてくれるんだけど。それで危ないからっていうので、ちょっと浅くしたんだよね。この池に英二さん、一さん、昌弘さん、父と母がボートを浮かべている写真があって確かなにかの本に載っていた。僕は写ってないんだけど。

知子　私は棕櫚の木もとても印象に残っています。

一夫　リビングの目の前に4〜5本、棕櫚の木が植えられていたんだよね。

「ちょっと行ってくる」と町の電気屋さんへ

八木　円谷英二さんの日常生活はどんな感じでしたか?

知子　だいたい朝の9時になると東宝の撮影所から黒塗りのクルマがお迎えに来ていましたね。それをお見送りしてというのが毎日の日課でした。お戻りはいつも早くて5時か6時ですね。これも黒塗りのクルマでしたけど、撮影なんかがあると会社の人のクルマに乗せてもらって帰ってくることもありました。

一夫　僕が知っているのは、その後で円谷プロで大神さんが英二さんの送り迎えをしていたころですね。アメリカのマーキュリーコメットっていうクルマで、4ドアのセダンでスカイブルーメタリックですごく綺麗だった。そのクルマでは粲さんの運転で僕とおばあちゃんと昌弘さんの4人で大阪万博に行ったことがある。粲さんは先にクルマで東京に戻り、おばあちゃんと昌弘さんと僕は万博を見てから京都に行って新幹線で帰ったのかな。英二さんは三菱未来館の映像を撮ったりしていたのと、太陽の塔の中の造形物を作るのに円谷プロダクションと円谷エンタープライズが携わっていたようなのでわれわれも万博に行くことができたのだと思います。もちろん、英二さんは亡くなっているんだけど。そのとき覚えているのは、万博の関係者の人がおばあちゃんにずっと付き添っていたこと。すごい行列だったけど関係者入口みたいなところから入れてくれて、電気自動車みたいなもので中を移動したりしてね。子ども心に「おじいちゃん、すごいな」って思いましたよ。

知子　万博のときの写真だとおばあちゃんは洋服を着ていますけど、家ではほとんど和服でしたね。

八木　英二さんはいかがでした？

知子　帰ってくるとすぐ着物に着替えて、「ちょっと行ってくる」って出かけていくんです。祖師谷の商店街の中ほどに村田電器っていう小さなお店があって……今は喜多見の方でやられていますけど、電気屋さんが大好きでそこに直行でした。それでお財布を持たないで行きますからね（笑）。2つ3つ頼んでは、次の日に届くからおばあちゃんがびっくりしちゃう。

一夫　ツケで買って来ちゃうわけだから。

知子　ツケというか伝票でね。

一夫　とにかく村田電器がすごく好きで、でかい家具調テレビを買ってきちゃったりしたみたいだよね。

知子　それで洋間のちょっと似合わないところに家具調テレビを置いたりして。

一夫　あのころには珍しいクーラーみたいなものも自分の寝室と応接間には付いていたからね。母なんかは結婚したてのころは自分たちのところにテレビがなかったから、おじいちゃんのところにテレビを見にいっていたわけ。そうしたらテレビを買ってくれたんですよね。

知子　「頼んできてやったよ」なんて言って2つ買ってね。おじいちゃんのは小さい、こたつの部屋で見れるようなものでした。

八木　村田電器はどの辺にあったのですか？

一夫　商店街の右側にたちばなっていう居酒屋があって、そのちょっと手前の角ですね。
八木　円谷英二邸からは駅の反対側ですけど、そこまで歩いて行かれたんですね。
知子　「ちょっと行ってくる」の「ちょっと」が高いものになっちゃって（笑）。
八木　それだけ電気製品をお好きだったんですね。
知子　好きだったと思います。オープンリールのテープレコーダーなんかはまあちゃん（円谷昌弘）がいたずらして、私たちはハラハラしていましたけど。「いいよいいよ」なんて言ってやらせていましたけどね。
一夫　あと、夜は楽器を弾いていたんだよね。
知子　食事が終わって8時過ぎとかになると、おじいちゃんがギターか三味線、おばあちゃんが大正琴で「影を慕いて」とか「酒は涙か溜息か」のような寂しそうな歌を演奏していました。
一夫　そういう曲を弾きながら歌っていた。そのためにおばあちゃんに大正琴を買ってきたんだよね。
知子　そうそう。それでおばあちゃんも演奏に加わって、2人でカラオケみたいな感じでね（笑）。本当に微笑ましいお2人でした。
八木　『ウルトラマン』とか特撮とか、そういうお話は家でされましたか?
知子　家ではそういうことは話さなかったように思いますね。でも覚えているのは、粲さんに頼まれて私のウェディングドレスを撮影に貸し出したことですね。でも戻ってきたウェディングドレスは燃やされていて、とてもショックを受けました。三越でオーダーメイドした思い出の服ですから……。
一夫　『ウルトラマン』の撮影のころの話のようですが……。

円谷家とキリスト教

一夫　英二さんはマサノさんのことを「かあさん」って呼んでいたんでしょう。
知子　そうそう、「かあちゃん」って。
一夫　僕は「かあさん」って呼んでいた覚えがあるな。
知子　でも私たちが言う「かあちゃん」とは響きが違うんですよね。なんとも言えない響きで。私たちが言うとちょっと甲高くなっちゃうけど、おじいちゃんが言うとなんともいえない雰囲気なんですよ。方言が混じっているからかもしれませんけど。
一夫　そういえば研究所の中におばあちゃんの写真があったんだよね？
知子　そうそう。大きな額縁に入って、綺麗な着物を着た若い女性の写真が飾ってあったんです。髪を丸髷に結ったね。だからおじいちゃんに「綺麗な写真ですね」と言ったら、「かあちゃんだよ、これ」って。
八木　奥様の写真を研究所に飾ってらした。素敵ですね。
知子　それが本当か冗談なのかは分からない。でも私が見た限りでは、輪郭がおばあちゃんに似ているような気がするの。
八木　お2人が出会った京都時代のお話などはお聞きでしたか？
知子　あんまり聞いていないの。ただ、おじいちゃんは長谷川一夫さんと親交があって、息子の「一夫」は長谷川一夫さんからとったと聞いています。
一夫　僕の名前は英二さんが付けてくれたと、そんな話はよくしていたよね。
八木　ちなみに円谷家はクリスチャンとして知られていますが？

知子　もともとはおばあちゃんのお母さんが信者さんだったんですよね。それでおばあちゃんは喜多見の方の教会で信者になって、成城の駅の近くに成城教会ができたので移籍した。それで何年かしておじいちゃんも信者になっています。私は結婚するに当たってクリスチャンになったからニセクリスチャンなんです（笑）。

一夫　僕も子どものころは毎週日曜日に教会に行っていました。もちろん母や皐さんも行っていましたけど、当時は昌弘さんなんかと子どもだけで行くことが多かったな。それで帰りに英二さんの家に寄るとおじいちゃんとおばあちゃんがこたつの部屋にいて、小銭がいっぱい入ったタケダのＨＩ-Ｃのプラスチック容器を「はいっ」って出すんだよね。子どもたちにご褒美でつかみ取りをさせてくれて、それをもらってお菓子を買いに行ったりしていたのを覚えているな。しかも、つかみやすいところに１００円玉を１枚くらい置いておいてくれるの（笑）。

八木　すごく可愛がってくれたんですね。

知子　みんなをまんべんなく可愛がってくれましたね。

八木　英二さんは家庭人としてもちゃんとした方だったのですね。

一夫　うん、いいおじいちゃんだった。よく覚えているのは写真なんかをよく撮ってくれたことで、撮られているときの雰囲気はなんとなく覚えているんですよね。

円谷英二御馳走帖

八木　英二さんがお好きだった食べ物などは覚えていらっしゃいますか？

知子　お昼は東宝の食堂だったでしょうけど、それ以外はあんまり外では召し上がってこないのね。だから朝と夜は基本的に家で召し上がっていました。

一夫　和食が好きだったみたいだよね。

知子　あとはおばあちゃんの作った自家製のカレー。油を入れてにんにくスライスと生姜のスライスを入れますよね。それで小麦色になるまで炒めて、好きだったらそのまま入れておいてもいいですし、気になるようだったら取り出しちゃってもいい。そうやって油に香りが付いたら、それでにんじんだのじゃがいもだのを炒める。そうすると全然違ったんです。私も作り方を教えていただいて、もうそればっかりでした。後にインスタントのカレーが出てきて早速インスタントにしたら、家の主人が嫌がりましてね（笑）。いつもの丁寧に作った方が美味しいって。

一夫　あとはラーメンがすごく美味しかったでしょう。

知子　自家製のラーメンもお好きでしたね。おばあちゃんが鶏ガラから出汁を取って作る醤油ラーメンで、お休みのお昼なんかによく食べていましたね。近くに鶏ガラを売っている店があったのでいつも「買ってきて」って言うんですけど、なにを作るのかしらと思っていたらラーメンのスープ用の出汁だったの。

八木　ガラから出汁を取るなんて本格的ですね。

知子　おどんぶりにお醤油と味の素を入れておいてからそのガラスープを入れて、あとは麺を入れてネギを刻んでチャーシューをちょっと入れて。それだけなんですけど美味しいんですよ。

八木　実相寺監督が円谷英二さんはカレーが好きだったと書いてらっしゃるんですけど、高野宏一さんに伺ったら「いや、カレーは食べなかった」っておっしゃっていて。実際はどうだったのか気になっていたんですよね。

知子　家で食べることが多かったので、あんまりご飯をご一緒されていなかったから。

一夫　実相寺監督のドラマ（『ウルトラマンをつくった男たち 星の林に月の舟』）だと英二さん自身がカレーを作

っていたけど、実際はおばあちゃんの作ったカレーが好きだったんですね。あとは大きな桶で作る五目寿司ね。

知子　なにかあると五目寿司で、これもおばあちゃんが作るの。お節句はもちろんのこと、誰かお客さんが来るとなったら五目寿司でしたね。

一夫　あれは僕たちも英二さんも好きだった。

知子　本当に家庭的な話ですけど、錦糸卵とかしいたけ、さやインゲンや人参にレンコンを混ぜたもので色合いがとても綺麗なんですよ。

八木　英二さんはそういうちゃんとした生活を送られていたんですね。

知子　おばあちゃんはそういう季節の行事なんかを大事にされていて、私もそれをやらないとなんとなく忘れ物をしたみたいな気がいまだにしますね。

一夫　あのお寿司は須賀川の人たちが東京に出てくるときも作っていたよね。

知子　お2人はあまり向こうには行かなかったんだけど、向こうの人が来ると泊まって拠点にしてあちこち行ったりしていたので。ですから須賀川からはずいぶん見えましたよ。

一夫　あとは伊豆高原の浮山に別荘があって、その別荘地には魚屋さんがあったんだよね。それでお刺身の盛り合わせなんかを頼んで持ってきてもらったり。あそこではイカの塩辛とかも売っていて好きでしたね。塩辛を作っているのは山六ひもの店というところで、お店自体は今も伊東なんかにあります。別荘地の中の魚屋さんは今はどうなっているのかはちょっと分からないけど。

世の中で一番尊敬している人

八木　皐さんに連れられて一度だけその別荘には伺ったことがあります。もう全然使われていないようで床なんかもベコベコでしたけど、70年代の『毎日グラフ』なんかが本棚にあったりして。英二さんがいらっしゃったころのままみたいな感じで素敵なところでした。

一夫　英二さんは1970年にあの別荘で亡くなっているわけですけど、実はその翌日かなんかにクルマの運転をしていた大神さんが迎えに来る予定だったらしく、しかもいつもは海沿いの熱海ビーチラインを通って帰るんだけど、今回は山の方に上って帰ろうっていう計画まで立てていたみたい。そうしたら夜に英二さんが亡くなったっていう話を聞いて、大神さんはすごくびっくりしたしがっかりされていた。「いつもとは違う道で帰ろうっていう話をしていたのに亡くなられて」って。心臓が悪かったんだよね。

知子　あとは糖尿病ですね。もともと三宿の病院に入院していて、静養で伊豆に行かれたんですよ。

一夫　三宿には僕もお見舞いに行ったことがあって。プラモデルを作るのが好きで英二さんに見せていたんだけど、そのときはスズキフロンテっていうクルマのプラモデルを作って持っていったら、「ああ、これはなかなかいいじゃない」って言われた覚えがある。その前に見せたのはF-86Fセイバーっていう自衛隊の戦闘機のプラモデルだったんだけど、他のところから持ってきて翼の下にやたらミサイルを付けていたら「こんなことはあり得ないよ」って（笑）。でも英二さんは優しかったね。ゼロ戦のプラモデルを作っている途中で投げ出したときだけは怒られて怖いなって思ったけど、普段はすごく優しかったです。

知子　優しいという印象が一番ですね。私は世の中で一番尊敬しているんです。いまだにふっと思い出すと悲しくなりますから、なんとも言えない感じですね。

Recipe 円谷英二の愛したカレー

円谷英二監督が帰宅した時にカレーの香りがすると、すぐに分かって「おっ！今日はカレーだね」とうれしそうにされていたということでした。今回は特別にそのレシピを円谷知子さんに教えていただきました。

作り方

1

鍋にサラダオイルを入れて熱します。

2

その中にスライスしたにんにくと生姜を入れて、とろ火できつね色になるくらいに炒めます。

3

にんにくと生姜はお好みで取りのぞいてもいいですし、そのまま入れておいてもいいです。

4

そのにんにくと生姜のところに、その他の具（豚肩ロース、たまねぎ、人参、じゃがいも）を入れ、具材がひたひたになるくらいの水を入れてコトコトと煮ていきます。たまねぎ、人参、じゃがいもは乱切り、豚肩ロースは薄切りのものを使います。

5

ある程度煮込んだら、じゃがいもや人参に串を刺してみます。軟らかくなっていたら、別のフライパンで小麦粉をバターで炒めていきます。小麦粉をバターで炒める時はゆっくり炒めてください。炒まったら赤い缶（S&B）のカレー粉を入れ、鍋の煮汁を少しずつ入れながらカレー粉を伸ばしていきます。カレー粉は煮汁で少しずつ溶いて入れてダマにならないようにしてください。

6

もし煮つまって煮汁が少なくなってしまったらお湯を足して再度煮込み、味見をしながら塩、胡椒、ソース、醤油、トマトケチャップ等を入れて味を整えていきます。この先は、焦げないように注意をしてください。

円谷知子（つぶらや・ともこ）

1937年（昭和12年）1月12日、東京都新宿区生まれ。

1955年（昭和30年）3月、都立千歳丘高校卒業。

1955年（昭和30年）4月、三井農林株式会社入社、日東紅茶部 小田急ロマンスカー「走る喫茶室」に配属。

1959年（昭和34年）1月15日、22歳の時に、円谷英二の次男、円谷皐と結婚。

好きな歌手　布施明、尾崎紀世彦、五木ひろし、純烈

円谷一夫（つぶらや・かずお）

1961年1月18日生まれ。1983年3月、玉川大学英米文学科卒業。同年4月、株式会社円谷プロダクション入社。営業部に配属されて、出版物、玩具、文房具、レコード・CD等の商品化権の業務に携わる。関連会社、株式会社円谷エンタープライズの業務を3年間兼務し円谷プロ作品の再放送の販売を行なう。その後、円谷プロダクション営業部課長、営業部長、常務取締役を経て、1995年に4代目社長に就任、円谷プロダクション作品の製作および監修を行ない、2003年に会長、2008年名誉会長に就任。2009年に円谷プロダクションを退職。
好きなアーティスト　十亀秀暢さん（ラベルクリエイター）
好きなドキュメンタリーディレクター　吉村文庫さん（フリー）
好きなパティシエ　JUN NAKAMURAさん（ナカムラ ジェネラル ストアー 京都市中京区・鎌倉市七里ガ浜）
好きな音楽プランナー　早川優さん
好きなテレビ番組　ゴリパラ見聞録（テレビ西日本）、日本縦断こころ旅 とうちゃこ（NHK）、岩合光昭の世界ネコ歩き（NHK）
好きなラジオ番組　岡野美和子の「あの頃青春グラフィティ」（ミュージックバード）
好きな韓国ドラマ　アクシデント・カップル（2009年、KBS）
好きなお菓子　チロリアン、鶴屋の八幡饅頭
【2022年7月10日時点】

TOKUSATSU GOLDEN AGE

鈴木清

KIYOSHI SUZUKI

いたずら小僧が継承した円谷英二監督の教え

プロデューサー志望で映画／テレビ業界に飛び込み、特撮キャメラマン、本編キャメラマン、監督と順調にキャリアを積み重ねていった鈴木清氏。「特撮にこだわりはない」と言いながらも、特撮での経験を存分に活かしたその作品の数々は色褪せることはない。今ではとても考えられないような修行時代のお話から、円谷英二監督との交流、そしてさまざまな現場の裏話までをたっぷりと伺うことができた。まさに「特撮黄金時代」の貴重な証言と言えるだろう。

聞き手：八木毅

東宝特撮での学生アルバイトから始まる

劇映画製作研究会に入っていなかったら円谷にも来なかった

八木　鈴木さんと円谷プロとのかかわりは、大学時代（日本大学芸術学部）にアルバイトで東宝に行かれたところから始まっているということですよね。

鈴木　そこから始まったんだよ。1年のときに劇映画製作研究会っていうクラブに入ったんだけど、厳しいクラブでね。俺は大学受験のときに試験の1週間くらい前に盲腸を手術して、だからお腹を押さえながら入試に行ったんだけど、劇映画製作研究会の面接では最初「そんな青っちろい顔をしてこの仕事をやれるわけがない！」って2年生のお山の大将みたいな先輩に落とされたんだから。

八木　劇映画製作研究会はそれだけ歴史のあるクラブだったんですね。

鈴木　まあ日芸では空手部、応援団と劇映画製作研究会が大変有名な3大部だったの。みんな仲よしだったんだけど。でも落とされたから「冗談じゃないよ」っていうことで、部長宛に果たし状みたいなものを出したの。「人の顔色で合否を判断するなんて10年早い。ふざけるな！」って。「あなたが卒業して、私も卒業して、社会で勝負しようじゃないか！」という果たし状を部長宛に出したら、学校中で俺を探し回って「すまなかった。入部を認める」ということになったわけ。そんなクラブに入るのは止めようかとも思ったんだけど、まあ入ったら、上の3年生に中野（稔）さんと佐川（和夫）さんがいたんだよね。

八木　では中野さんや佐川さんは鈴木さんの2学年上ということですね。

鈴木　そうそう。だから劇映画製作研究会に入っていなかったら円谷プロにも来なかったし今の僕はいない。でもその面接官の2年生の先輩は鼻つまみものでさ、「2年までアルバイトはしちゃいけない」なんて言いながら自分たちはやっているんだからね。だからみんなで「ふざけんじゃないよ」って言っていたよ。

八木　アルバイトも禁止だったんですね。

鈴木　でも1年のときから東映の照明準備班みたいなところに行っていたんだけどね（笑）。それで2年になって中野さん、佐川さんから声がかかったのは『世界大戦争』（61／松林宗恵監督）という大作映画。3キャメラを使うから、スイッチくらいだったら学生でもできるだろうって声がかかったらしい。円谷英二班だからもちろん特撮だよ。それで初めて東宝の特殊技術課の撮影部として学生アルバイトをした。あのときは中野、佐川、鈴木という3名が行ってやっていたわけだよね。でも基本的に映画のプロセスは全部学校で学んでいるし、それほど難しいことではないからすぐに対応はできた。特撮とのつながりはそんなところから始まっていくんだよね。

八木　鈴木さんのプロデュース作『勝利者たち』（92）の監督が松林さんですよね。

鈴木　話が終わっちゃうからそう飛ぶなよ（笑）。まあそんなことで『世界大戦争』に入っていく中で、俺たちは見たこともないようなミニチュアワークを体験することになるわけ。そういったことが血となり肉となり、いろいろなことを身につけていくんだよ。だから結局、その間の経験が『ウルトラQ』や『ウルトラマン』、それ以降の自分の特撮関係の作品に影響を及ぼしていったんだろうね。そのころに円谷英二さんからさかんに言われたのは、画を撮るときに「縦のものがうまく撮れなかったら横にしなさい。横で撮れなかったらひっくり返しなさい」ということ。だから固定観念にとらわれずに、自由な発想でやっていかないとダメだよっていうことを教わった。もう1つは観察力を身につけなさいということだね。「観察力を身につければ想像力が生まれる、想像力が生まれると演出力が養われる」ってね。まあ想像力うんぬんから先は俺が勝手に思ったことだけど、「観察力を身につけなさい」というのは口を酸っぱくして言われていた。そこから考えるとこういうことなんだろうなって。

八木　1を聞いて10を知るみたいなことですね。

鈴木　特撮っていうのは当時アナログだから、なにか違う手法であたかもそのような画に表現するというテクニックのことだったんだよね。円谷さんの有名なエピソードだけど、例えば原爆の雲を朝餉の味噌汁の味噌のよみから発想している。それで水槽を使って、色を調合して比重を変えることによって混合して、スクリューで微妙な水流を派生させることで原爆の雲の動きを表現したんだけど。これのアレンジが『ウルトラQ』の「ぎゅーん」っていうオープニングの効果だと思うし、そういう意味では1つの発想によっていろいろなことが芽生えていくわけだよね。海上の画を俯瞰で撮るとなったら、青く色を付けた寒天をドラム缶で煮て、それを固めて海とおぼしきところにバーって敷いて砕いていくと、ボコボコした寒天が不思議なことに海のうねりに見えてくる。そこに船を置いて、航跡を描いたりして撮影していく。場合によってはグラスワークで雲を手前になめて、とかやっていくとリアル感が生まれる。

八木　特撮の基礎がまさに「血となり肉となり」という時期だったんですね。

いろいろな失敗

鈴木　大きな失敗で記憶に残っているのは、セットの中に巨大なプールがあって、そこに津波みたいな波が来るのを仕掛けていたんだよね。パネルをトラックで引っ張るような大仕掛けだったけど、その水圧ってすごいじゃない？　そこまで計算できていなかったのか、木で組まれていたプールが水圧で壊れちゃった（笑）。それでプールの水がブワーってあふれて水浸し。でもある程度は予測していたのかな、感電はしなかったからね。念のために電気関係は全部上に上げていたんだと思う。万が一っていうことがあるからね。

八木　それはOKテイクになったんですか？

鈴木　うまくいかなくて、巨大な大失敗を見たのはそれだね。

八木　当時、「波おこし」はあったのでしょうか？

鈴木　波おこしは大プールの方で使ったりしていたんだけど、あのときはセットで白波を立ててみたいなことだったんじゃないかな。

八木　しかし学生時代にそんな経験をされていたのは羨ましいです。

鈴木　千葉にある川崎製鉄で撮影したのも記憶に残っているな。ミニチュアなんかを置いておいて、そこに「ノロ」っていう鉄くずをドロドロに溶かしたのを流すんだよね。溶岩の代わりに鉄くずを使って、ミニチュアがうわーって燃えて埋もれていくというのを撮ったりして。ミッチェルの倍数を上げてハイスピードで回すから「テンション」って言って、マガジンの中の生フィルムをピーンと張っておいてスイッチを入れないと切れてしまうんだよ。そのときは俺がスイッチマンだったけど、大変だからって先輩のSさんが「俺がテンションを張ってるから、お前はスイッチ一筋に専念しろ」って言うわけ。嫌だったんだけど、そう言われたら「分かりました」ってなるじゃない。それで本番になったらテンションを張ってないんだよね（笑）。

八木　張ってないとフィルムが切れちゃうんですか？

鈴木　そう！　たるんだフィルムを突然張ると切れるでしょ。それでキャメラマンの有川（貞昌）さんにパコーンって殴られてね。俺は2つだけ失敗があるんだけど全部他人のせいだから。もう1つは大プールで、ほとんど1日がかりで準備をして「じゃあ本番行こう」ってなるわけなんだけど。ボールド（カチンコ）を入れたときに変な音がしたから、フォーカスやフィルムを装填する担当者であるセカンドに「これは絶対にフィルムが噛んでいる」って言ったのよ。音でキャメラの状態をチェックしているわけだから、俺はすごく立派なスイッチマンだったと思う。それで「おかしいから開けてくれ」って言ったんだけど、プライドを傷つけられたのか開けないんだよ。でも失敗するのが分かっているから、上の人にも、その上の人にも「頼むから開けてくれ」って言ったけど開けない。そんなのさあ、「もしなんともなかったら昼飯おごれよ」くらい言えばいいことじゃない？　俺はクビを賭けてもいいと思っていたからね。それで本番になったら案の定フィルムが切れて、また有川さんにバチーンって。「なんなんだこれは？　だから言ったじゃないか！」って説明したけど誰も聞く耳を持たなかったよ。この2つは昨日のことのようにいまだに覚えているね（笑）。

八木　そのセカンドは佐川さんではないですよね。

鈴木　東宝の人だよ。その上にチーフもいたんだけど、そういう人たちが後に『帰ってきたウルトラマン』のころに特撮班のキャメラなんかを回すんだよね。僕の先輩だった人が何人か来てさ。

八木　では同じ現場にいらっしゃった？

鈴木　俺は本編だったけどね。そういえば『帰ってきたウルトラマン』ではもともと「特撮のキャメラマンで戻ってきてくれ」って言われていたんだけど、国際放映で本編をずっとやっていたからさ。せっかく本編で勉強をしてきたので成長した自分を見てもらいたかったので特撮だけなのは嫌だ。せめて交代でやるんだったら受けますけど、っていう話をしているんだよね。そうしたら「交代でいいですから」ということになって、佐川さんと交代で4～5本やったのかな。その後に佐川さんが特撮監督になったから、俺は本編の専任になっていったの。

アナログ時代の特撮テクニック

鈴木　話を戻すと『世界大戦争』ではビルを上下反対にして爆破して、破片が全部空に舞い上がっていくというようなこともやっていたね。それからウエハースでビルを作って、それが粉々になるような画にしたり。そんなアナログの技術って今は使わないだろうけど、われわれはアナログの技術のお手本になるようなことを学んできたわけ。あと東宝の大プールの左側には小プールっていうのがあって、地下側面にガラス窓があったから海中にキャメラがいるみたいな画を撮れるようになっていたんだよね。テレビになってからだとそんなことはできないから、じゃあ海底のシーンとかをどうやったかっていうと最初は金魚鉢のような水槽越しに撮っていたの。水槽に水を入れて色を付けておいて、強い光線を当ててメラメラさせてその光芒が揺らぐのをなめて水中の雰囲気で撮っていた。でも金魚鉢みたいな水槽を使って撮っているわけだからキャメラワークが制限されて不自由したので、その後の作品では下絵を撮った後にパネルに光を当ててメラメラを撮ってダブらせていた。テレビ的にはそういう効果で十分だったね。

八木　黒い板かなにかに当てていたんですか?

鈴木　真っ黒だと光らないから、濃いグリーンに塗装したパネルに水越しに光を当ててメラメラの素材を撮っていた。

八木　巻き戻してダブらせて撮影するということですよね。いわゆる生ダブらしというテクニックです(生ダブらしとは、撮影済みのフィルムをキャメラ内で巻き戻してその上から再び撮影することによって合成する手法)。

鈴木　そうそう。オプチカルで別にやると画質は荒れるしお金もかかるしっていうことで、なるべく生ダブらしだったよね。

八木　それは『ウルトラ』のころですか？

鈴木　いや、『ウルトラ』のころは金魚鉢の水槽越しで、その後の日本現代企画でやっていた。ロボットシリーズなんかは全部そういった手法でやっていたよ。

八木　生ダブらしだと確かに画質は落ちないでしょうけどすごく難しいと思うのですが。

鈴木　トーンの難しさはあるけど、そこは手慣れているから簡単にね。国際放映では普通の本編でも生ダブらしは結構やっているんだよ。犬塚弘さんと春川ますみさんが夫婦で、六畳間に一家9人が生活しているっていうマンモスファミリーのホームドラマ『うしろの正面だあれ』（69）の雪が降る中での幻想的な画は、雪を降らせるなんて面倒なので後から生でダブらせている。国際放映も結構貧しかったから、制作部長が「とにかく映っていればいいんです、鈴木さん。凝ってくれないでいいんですよ」って言うくらいでさ（笑）。そういうのは当然カチンとくるけど「はい、はい」って言ってね。

八木　生ダブらしで雪を降らせるのはオプチカルでやるより綺麗でしょうね。

鈴木　綺麗だよ。ただ生ダブらしをやっていたら、キャメラの事故で止まったことが1回だけある。そうなると撮ったのをもう1回やり直しだから危険はあったんだけどね。

八木　そういったことも最初は『世界大戦争』で学ばれたわけですか？

鈴木　生ダブらしについては自分たちで考えたんだけど、とにかく『世界大戦争』は初めての特撮で毎日が授業のようで楽しかった。監督が大東宝の松林宗恵さん。だから本編のラッシュも試写室の隅で見させてもらって、主演のフランキー堺さんと松林さんがラッシュの後で話しているのを盗み聞きしていたよ。「このシーンはこうだけどああしようか」みたいな打ち合わせをしていたのはいまだに覚えている。

八木　ラッシュ後に検討されていたんですね。

鈴木　そうそう。松林さんとの初めての出会いが『世界大戦争』で、この10年後にキャメラマンとしては『帰ってきたウルトラマン』で初めてお手合わせをするわけじゃない。『帰ってきたウルトラマン』では東宝の本編の監督と言えば松林さんと本多猪四郎さん。俺たちは「イノシロウさん」って呼んでいて、歳は松林さんの方が上かと思っていたら逆で、松林さんは本多さんより9つ若いんだよね。

八木　そんなに違ったんですね。

鈴木　それで戦争に行っているから2人とも足腰がしっかりしているんだよ。『帰ってきたウルトラマン』のときに本多さんは還暦くらいだったけど、野を超え山を超えロケハンをしていてもすごいんだから。先頭に立って、俺たちが追いつくのにひいひい言うくらい。だから全然違うよ。俺たちはきっと軟弱なんだろうね。二等兵で倒れちゃうような感じじゃないかな（笑）。

八木　本多監督は何度も戦争に行かれて生きて帰ってきていますからね。

鈴木　松林さんとはその後は結構仲よくしていただいて、現代企画でも『少年探偵団』（75‐76）をやってくれますかってお願いしたら「おお、いいぞ！」って。そんなつながりがあったからプロデューサー協会の年に1～2回のゴルフなんかにクルマでお連れしたりと、結構お世話をしていたこともある。それで「最後の作品は俺がやりますよ」と言っていて実現したのが31年後の『勝利者たち』、というつながりも出てくるわけ。

ロケセットでの特撮を学ぶ

八木　アルバイト時代には他にどんな作品に参加されていたのでしょうか？

鈴木　『妖星ゴラス』（62／本多猪四郎監督）とかいっぱいあるんだけど、よく覚えていないんだよ。ただ『妖星ゴラス』で覚えているのは、かまぼこ型の屋根になっているステージがあったんだけど。その日は空が真っ青で、ブルーバックで抜けるからって南極かなんかの隊員役のエキストラで急遽駆り出されて上で旗を振るなんていうことをやったね。でもあとはどれがどれだったかはよく分からないんだよね。その日によって、みたいなことともあったし。

八木　当時は複数の作品を同時に撮っていたりもしますから。

鈴木　そうなんだよね。『世界大戦争』のときに川崎製鉄でロケセットを組んで、そこにノロを流してみたいなことをやったじゃない。そういうことでは熊谷かどこかの川で、それこそ洪水で流されたように家がみんな水浸しになっているロケセットを組んで撮影したりもしている。奥多摩の橋にロケットを吊って、それをうわーって引っ張り上げるのを「空抜け」で撮ったりとか。いろいろな作品で特撮をロケで撮ることを学んでいて、そういったことがどこかで体に染み付いていたんだろうね。だからロケセットでっていう発想はその後も折にふれてやっているかもしれない。円谷プロが終わって現代企画のときに『火曜日のあいつ』（76）という『トラック野郎』（75-79）みたいなドラマを撮っていて、主演は石橋正次さんと小野寺昭さんでね。この2人が旅をする中でいろいろなアクシデントにぶつかっていくんだけど、そのアクシデントを特撮でやるわけ。でも予算がないから全部ロケセット。日テレの『西遊記』（78-79、79-80）の後の『猿飛佐助』（80）も予算がなくて、埋立地の山の斜面とか荒磯を使ってのロケセットが結構多かった。『火曜日のあいつ』もそうだったけど、海岸の小さな岩場をうまく利用して橋を組んだりとかしていたね。

八木　ちなみに学生時代は学校にあまり行かれていなかったんですか？

鈴木　行っていないよ。だから単位が取れなくて、「お前、ダメだよ。もう1年やれ」って言われて真っ青になった。それで「救済する方法はないですか?」と聞いたら、「ネガ現を2週間やれ」って。だから勤労奉仕でなにかの作品の現像をやって、ようやく単位をもらって卒業だね。われわれは東京オリンピックの年（1964年）に卒業したんだけど、同級生で留年したやつはみんな市川崑監督の『東京オリンピック』（65）の助手で行っているの。ストレートで卒業した人はそんなことをやれないから、俺たちは即『ウルトラQ』の準備に入っていった。だから『東京オリンピック』には全然タッチしなかったね。

八木　その1年の違いが大きかったんですね。

鈴木　でも留年するやつはだいたい1年じゃ済まないんだよ。1年が2年になって、それでまたアルバイトをするからさらに留年（笑）。まあ、あそこは入るより出るのが難しいと言われていた大学だけどね。

学生時代最後の現場、『太平洋ひとりぼっち』

鈴木　そんな感じでやっていたけど、卒業前の最後の作品が『太平洋ひとりぼっち』、石原プロの第1回作品だよね。あれは高野宏一さんがキャメラマンで俺はスイッチマンだった。チーフもセカンドも日活のスタッフだったのかな。で、勝浦のロケだよね。三日月旅館（=後の金の風呂で有名なホテル）に宿泊してマーメイド号が嵐の中で荒波に翻弄される……っていうシーンを撮らないといけないんだけど、夏のピーカン続きの中で撮るのは大変なことだった。とにかく朝一番で起きて、飯も食わずに海岸に行って待っているわけ。天気はいつどうなるか分からないからね。それで1日中ぼーっとしているんだけど、どピーカンでどうにもできない。そんなことを何日もやっていて時間がどんどんなくなってくるからさすがに「どうする?」という話になって、じゃあスモークを焚こうっていうことになったのね（笑）。考えてみたら滑稽な発想だよ、スモークを焚いて空を曇らせようなんてさ。しかも丸玉屋だったかな、花火屋の親父がスモークを焚いていたら船から落ちたりしてね。

八木　すごい現場だったんですね。

鈴木　不思議なのは高野さんが『太平洋ひとりぼっち』でキャメラマンとして呼ばれるわけじゃない。その前には、東宝で助手をやっていてサブだった富岡（素敬）さんとケンカして飛び出したということがあるんだけど。東宝のときは有川（貞昌）さんがメインのキャメラマンで、富岡さん、真野田陽一さんがサブ。真野田3兄弟というのは有名で、兄貴がオプチカルで腕があったのね。で、後に真野田陽一さんが円谷に来て『帰ってきたウルトラマン』の後半では特技監督をやっている。それはともかく高野さんは東宝を出てニュースなんかを撮っていたんだけど、特撮で『太平洋ひとりぼっち』をやって、その後に『ウルトラQ』のキャメラマンをやったりする。さらにそれから特撮監督になるんだからすごい人だよね。

八木　実際、『ウルトラQ』『マン』『セブン』の高野さんの特撮はすごいですから。

鈴木　だから高野さんとは『太平洋ひとりぼっち』からの付き合いということだよね。さっきアルバイトをし過ぎて学校を留年しそうになったっていう話をしたけど、その中で一番大きな戦いは『太平洋ひとりぼっち』だったわけ。マーメイド号が荒波に翻弄されて「猫の爪（のような爪）」に乗っかってガーっていくところを撮りたいんだけどピーカンでなかなかうまくいかなかった。「波おこし」なんかは日活を入ってすぐ左側のプールでやったりしていたね。それで日活で撮っているときは、食堂で石原裕次郎さんたちが食事しているところに挨拶に行くわけだよね。あの人って礼儀正しい俳優さんで、それまでくだけた調子で仲間と話していたのに「特撮の方々がお見えになりました」って言われたらパっと立ち上がって「裕次郎です」って。太陽族なんて言われていたからもうちょっとちゃらんぽらんだと思うじゃない？　でもすごく真面目な人だったね。川地民夫さんの兄貴分だけど、すごい人だった。昭和の俳優さんで、デビューして最速でスターダムを駆け上がったのは中村錦之助（改名し萬屋錦之助）と石原裕次郎と言われている伝説があるのよ。

八木　僕は川地さんには『ティガ』でお世話になりましたが、現場には早く入られてやはり真面目でしたね。

鈴木　映画では『大決戦！超ウルトラ8兄弟』なんかもやったけど芝居に対してちゃんとしているよね。『太平洋ひとりぼっち』に話を戻すと、勝浦にはクリちゃん（中堀正夫）も来ているし、高校の同級生だった北岡隆も来ている。北岡は1年浪人したから「日芸に来いよ」と言って、『Q』『マン』の助手でアルバイトをしていたんだよ。

八木　中堀さんも『太平洋ひとりぼっち』に行かれていたんですね。

鈴木　みんな駆り出されたんだよ。海の中に筏を組んでマーメイド号を撮影するんだけど、波があるから常に同じ距離というわけにはいかないじゃない？　しかもミッチェルで撮っているから、キャメラマンが一眼で覗いているわけではない。そうするとなにが大変ってピントだよ。すごいいい画が撮れたのに、ピントがボケボケなんてことがあってさ。猫の爪に乗ってワーって来るような画が撮れたけどピントが甘いとかね。しかも望遠で撮っていたからね。あれは俺なんかやらなくてよかったと思うよ。もうちょっと準備をしていればそんなことに対する危機感も持って、ロープなんかを張るとか距離計を立てておくとかできたんだろうけど……まあ、それも結構大変だよ。今は一眼で撮れるからいいけど、倍数を上げるっていうので当時はミッチェルしかなかったからね。そんな失敗もあったりして、『太平洋ひとりぼっち』でもいろいろなことを学びましたよ。

キャメラマン時代の稀有で貴重な体験

ニューメディアであるテレビの台頭

八木　いよいよ円谷プロに入られるわけですが、就職は最初から円谷プロを志望されていたのでしょうか？

鈴木　東宝の特殊技術課からも「お前、東宝に来いよ」って言われていたの。でも上を見たら、年功序列でいったらキャメラマンになる前に人生が終わっちゃうんじゃないかっていうくらい人がいるわけだから。当時で6〜7人はいたんじゃないかな？「じゃあ俺は一生助手かよ」と思って東宝はお断りして、新しい作品をやるっていうから円谷プロに入るわけ。佐川さんも中野さんもそう、みんな円谷プロに入ったんだよ。それでオプチカルの方を中野さんがやって、佐川さんと俺は現場の方という形で進んでいくんだよね。

八木　円谷プロに入るときに円谷英二監督となにか話したりはされましたか？

鈴木　佐川さん、中野さんが間に立っていたので面接とかもなかったし即決っていう感じでしたね。

八木　それ以前にもお手伝いで行かれていたのでスムーズだったんでしょうね。

鈴木　最初は『世界大戦争』で、スタジオに行って「よろしくお願いします」っていうところから始まっているからね。当初は円谷家に研究所があって、線画台（アニメのセルの撮影機）……そんなものも置いていろいろやっていたんだよ。あれで1コマ1コマ撮ってレナウンのCMを作って賞をもらったりね。CMは結構ちょこちょこやっていたし、インドのアニメ作品とかいろいろなことをやっていたよ。そんなことをわれわれがしているとオヤジが覗きに来たり、奥さんが庭の栗で栗ご飯を焚いてくれたりね。家庭的なところでしたよ。それで『ウルトラQ』の準備に入っていくんだけど、東宝の噴水のある中庭の辺りでキャメラテストをやっていたわけ。

八木　入ってすぐのところですよね。

鈴木　そうそう。で、『ウルトラQ』のスタッフルームがあの噴水の奥側にあったんだよね。サロンの横に部屋があって。

八木　最初は美センではなかった。

鈴木　そのときは準備段階だから美センじゃなかった。で、キャメラテストなんかしていたら映画のスタッフが冷やかしに来るんだよ。「なんだよ、電気紙芝居やってるのかよ」って。

八木　1960年代中盤でもまだテレビはそういう扱いだったんですね。

鈴木　『世界大戦争』のころは映画も元気があって特撮作品をたくさんやっていたけど、そこから4〜5年でニューメディアであるテレビが台頭してきたんだよね。

八木　そういう意味ではテレビの仕事に抵抗はなかったのでしょうか？

鈴木　もともと親父が画家で静止画しかやっていないから、それに対抗して俺は動画の世界に入るんだよね。親の背中を見て育つのか育たないのかは分からないけど、親の生き方を否定していたわけ。それで動画っていうことだから、映画とかテレビっていう区別、差別は俺にはあんまりなかったね。映像の世界でたまたまテレビをやっているという感じだったかな。だからそうやってバカにされていたけど俺たちは冷静だったよ。もしかしたらテレビというニューメディアへの挑戦という意識があったのかもしれないね。逆に「なに負け惜しみを言っているんだ？」「もうあなたたちの時代じゃなくなるんだよ！」っていう気持ちもあったしさ。実際、5〜6年後には東宝の特殊技術課は解体されるわけじゃない。

八木　特殊技術課は1970年に廃止となっているようです。

鈴木　それで『帰ってきたウルトラマン』では、俺が「（フィルムが）噛んでるぞ」って言ったのに聞かなかった先輩連中が特撮のキャメラマンになって来るわけでしょう。俺はそのときは本編しかやっていないけど、もう打ち合わせもしなかったよ。別に変な意味じゃなくてね。打ち合わせをしなくてもちゃんと撮るものは全部撮っているっていう意識があるからさ。

助手泣かせだったカメフレックスのキャメラ

八木　円谷英二監督はテレビに進出したわけですからやはり先見の明があったんですね。

鈴木　それは一さんだよ。あとは皐さんがフジテレビにいたでしょう。息子2人がテレビというニューメディアで活躍していたわけだし、一さんは「親父、もう映画じゃないよ、テレビの時代だよ」っていうのはしょっちゅう言っていたんだと思う。

八木　実相寺（昭雄）さんが作られたドキュメンタリー『現代の主役 ウルトラQのおやじ』でお2人が話しているシーンを見たことがあります。

鈴木　あの中でも親子で話しているよね。そんな感じでずっと話していたから『ウルトラQ』に動いていったんじゃないかな？　そういう流れでオプチカルの機械を買ったし、カメフレックスのキャメラも2台買っているんだから。これが助手泣かせでね（笑）。

八木　うるさいっていう話ですよね。

鈴木　いや、傷が付くんだよ。『Q』のときに俺は本編にいて、キャメラマンの内海（正治）さんにずっと付いていろいろなことを勉強したの。当時はモノクロで、内海さんは体はあんまり大きくないんだけどキャメラを覗いていると形になるんだよ。もう、それにほれぼれと憧れていたね。それでカメフレックスのキャメラは、ベークライト製のプレッシャープレートっていうフィルムを押さえる板が悪さをしてフィルムのベース面（フィルムの裏）に傷が付くんだよ。エマルジョン（感光層）に傷が付いたらおしまいだけど、ベースに傷が付く。それで内海さんに怒られるわけ。でも、もうおまじないしかないんだよ。オイルはあまり濃く塗れないから薄く塗って、キャメラに向かって「今日はお願いします」とか言ってさ（笑）。そんなことをやってはいたけど、やっぱり傷は付くんだよね。それで東宝の工作室みたいなところでアルミみたいなものに直してもらったわけ。そうしたらようやく傷が付かなくなった。

八木　カメフレックスは機動性があるということで、ヌーヴェルヴァーグなんかでは結構使っていましたよね。

鈴木　そう！　とても使いやすいキャメラで、アリっていうのは下にモーターが付くからローアングルは撮れない。でもカメフレックスはぺったんこになるわけだからね。オヤジはローアングルが撮れるっていうので採用したんだと思う。あの後に国際放映に行って本編をやるんだけど、「どのキャメラにしますか？」って聞かれたときには、やっぱりフランス系のエクレールというキャメラを選んだことを覚えている。ローアングルを撮りやすいのでね。そういうちょっとした自分の生い立ちみたいなものが、いろいろなところで反応して出てくるんだなっていう気がする。カメフレックスにはもう1ついい話があるんだけど。あのころはアナモフィックのレンズってマスターレンズの前に付けるのね。シネスコのワイドにするためのレンズなんだけど、それとマスターレンズのピント送りの目盛りが違うの。回転が違うんだよ。この2つのレンズを使い分けながらフォーカスを送るのは特殊技術なわけ。俺たちはそんな訓練はしていないからできないよね。だけどカメフレックスに付いていたアナモレンズはマスターレンズの尻に装着するので、ピント送りはマスターレンズのみでよかった優れモノだった。でも、『ウルトラQ』はスタンダードサイズだからこのアナモフィックレンズを使うことはなかったわけ。

『ウルトラQ』で学んだモノクロフィルムの撮影

鈴木　『Q』はモノクロ（白黒）で撮影することになったんだけど、これは合成処理の問題だよね。合成でカラーだと技術的になかなか大変だからということで。モノクロだと合成処理が容易だったのかな？　……なんて言うと怒られちゃうけど（笑）。

八木　でも35ミリですよね。

鈴木　それも合成処理の問題で。普通は16ミリだから、35ミリでっていうのはテレビでは初めてじゃない？　それにモノクロのフィルムで撮るなんていう作品はなかなかないから、俺も『Q』で初めて体験したしね。話は飛ぶけど『セブン』が終わって『怪奇』が終わった後に円谷プロをクビになって国際放映に行って撮った脳外科医のドラマ『孤独のメス』もモノクロなんだよね。加藤剛さん、十朱幸代さんが主演で、院長先生役の笠智衆さんがすごくよかったな。一さんがプロデューサーでね。フジじゃなくてＥＫ（イーストマン・コダック）のフィルムを使わせてもらったからよかったよ。

八木　『孤独のメス』は２０２１年末にＤＶＤ化されて見やすい状況になりました。

鈴木　自分でモノクロのドラマを撮るなんて日芸の卒業制作以来だし、助手は俺より年上だしでものすごく神経を使ったよ。国際放映の入り口の掲示板に残業表っていう棒グラフが貼ってあったんだけど、どのドラマもだいたい1本=１００時間以内なの。で、俺たちはなんとグラフが1本じゃなくて2本目だった（笑）。夜中の２～3時に終わって6時出発みたいな感じだったからすごくハードだったね。でも俺は楽しくてしょうがなかった。円谷プロ時代もそうだったけど家に帰るのが億劫で、ずっと仕事をやっている方が楽なんだよね。でも疲労がだんだん蓄積していって、あるときにローアングルを撮ったらそこから首が曲がったまま起き上がれなくなった。『孤独のメス』では大蔵病院の先生たちに監修してもらっていてわりと仲がよかったので、すぐに大蔵病院に担ぎ込まれてね。それで「年齢は？」なんて聞かれたんだけど、実は当時は若かったからちょっと年齢詐称していたんだよ（笑）。それがバレちゃって助手に「俺より若いじゃないかよ」なんて言われたこともあったな。

八木　逆にサバを読まれていたんですね。

鈴木　３つくらい歳をとった数字で言っていたんだよ。まあ話を戻すと『Ｑ』ではモノクロの世界で内海さんからいろいろ学んでいて、それは撮影の技術だけではなくて、マンモスフラワーの花が溶けていくというような特撮の取り組みもたくさんあったんだよね。そうすると、「ああ、あのときと同じだな」って分かるわけ。だから東宝でやっていたことがあらためて『Ｑ』で再現されるということもいっぱいあったんだよね。

八木　『Ｑ』での撮影助手の仕事は具体的にはどのようなものだったのでしょうか？

鈴木　『Ｑ』の特撮では３キャメラとか４キャメラとかあったから助手も当然撮っていたんだよね。だから次の『ウルトラマン』でキャメラを回すことになってもプレッシャーもなにも全然なかった。『ウルトラマン』ではメインキャメラマンは佐川さんだから、最初はＢキャメを握っていたわけ。でも、間に合わなくなるから今度は別班になる。つまり別班で違う作品を撮っていくんだけど、そうするとホンの取り合いから始まっていく。それで一番人気があったのは実相寺昭雄監督作品だよね。

八木　それは特撮としても？

鈴木　面白いからね。あのころの佐々木守さんとのコンビネーションはよかったよ。みんな若者だったから実相寺作品は人気があったな。オヤジは「あんな画づくりはハシカみたいなものだ。みんなああいうのに罹るんだよ。

なんて言っていたけどね。でもあの人はあれを最後まで押し通したんじゃない？　だからハシカじゃなかったんだよ」

八木　円谷英二監督はハシカと言いつつも実相寺監督を買っていたんでしょうか。

鈴木　オヤジと作品単位の話をしたことはないけどね。でも監督で可哀想だったのは一さんだよ。息子だから厳しく当たっていて、一さんはちょっといら立っていたね。まあ社員監督の宿命じゃないかな？　わがままを言えないし、お金は使えないし、時間も使えない。俺も現代企画のときは社員監督だったから他人よりも速く安く面白いものを作るというのが使命だった。それは一さんも同じだったと思うよ。飯島（敏宏）さんもそうだったけど、本当に厳しい戦いだったからね。『怪奇大作戦』の後半なんて一さんは酒でちょっと荒れていたよ。飲んでいてコンテは割れていなかったし。あと東宝のキャメラマンが撮ったのがみんなダメで、蛾が飛ぶところなんかも全部撮り直しだったの（「人喰い蛾」）。「やってくれる？」って言うから「もちろん」って言って俺たちは喜んでリテイクのお手伝いをやったんだけど、オヤジさんがチョットでも気に入らないとリテイクだから。息子としても従うしかないじゃない。そういうところは可哀想だったね。

八木　英二監督としても一番言いやすいということで。

鈴木　だから一さんは苦労が絶えなかった。早死されたのもそういったことが無関係ではないと思うね。

八木　『ウルトラQ』『ウルトラマン』ではよい作品をたくさん残されていますよね。

鈴木　『煙の王様』とか、普通のドラマで芸術祭文部大臣賞を受賞しているような人だからね。あの人は、コンテができていなくても感性としてちゃんと構成は分かっていた。つまり簡単に言えば、マスターショットを1つ撮

©円谷プロ

『ウルトラマン』第7話「バラージの青い石」の特撮で怪獣アントラーを撮影中の鈴木清さん。手持ち撮影の躍動感は『ウルトラマン』の特色の1つです

ってしまえば後はピックアップショットを拾えばよいわけ。だから一番時間のかかるマスターショットを最初にやらせておいて、その間にコンテを割っている（笑）。それで「マスターショットはナンバーいくつですか？」って聞いたら、「5！」とか言うわけ。だからそれに合わせて前と後ろを撮っていくし、足りなかったら「4A」とかにして合わせていく（笑）。一さんは職人だったね。でも亡くなったのは40代でしょう。早すぎるよね。

八木　41歳で亡くなられています。皆さん、一さんがもし生きていたら円谷プロは全然違っていただろうっておっしゃいますよね。

鈴木　そうでしょう。日本現代企画を作ったのも円谷プロ救済のためだから。つまり照明にしてもスタジオ代にしてもお金が全部外に出ていくだけでなにも残らない。それで小林哲也さんが中心になってスタッフの出資という形で会社を作って、まずはライトを買って円谷プロに安く貸して回転させていこうっていうことだよね。それから狛江の地主を口説いてスタジオも建てるんだけど、円谷プロはそこまで保たなかった。

八木　現代企画も一さんが出資されていたんですよね。

鈴木　熊谷健さんとかみんないたよ。日本現代企画はクマちゃんが名付け親だから。現代とコダイという対照的な名前が面白いよね。

チーフ級が集まっていた『ウルトラマン』鈴木組

八木　『ウルトラマン』の撮影のお話ももう少し伺えますか？

鈴木　A班B班というか別班体制になってからは佐川組と鈴木組の戦いみたいなもので（笑）、俺の組にはいわゆるチーフ級が集まっていたね。美術の池谷（仙克）もそう、照明の小池（一三）もそう、操演もそう。そういうチーフ級が俺のブレーンになってA班と戦っていくわけ。でもそれはまさに切磋琢磨なんだよ。向こうのオンエアを見て悔しがり、ラッシュを見て悔しがり。「じゃあ、俺たちはどうやってあれの上を行こうか」って毎回ミーティングをしていたからすごい真剣勝負だったし勉強になった。クレーンに乗ってキャメラを動かしたりとか、結構無理なこともいろいろやったね。そんなことが身についていて、『ウルトラマンレオ』の1~2話の本編撮影もやれたんだと思う。

八木　重量級な作品ですよね。

鈴木　監督は俺の好きな真船禎さんで、その真船さんに呼ばれたの。大島ロケかなんかで始まったんだけど、突然「明日のこのシーンのアタマは真俯瞰でキャメラを回転させて撮りたいんだ」なんて言うわけ。「おいおいおい、突然俯瞰だよ」ってなるじゃない?

八木　しかも回転させる(笑)。

鈴木　どうしようかと考えたんだけど、竹竿にロープを巻いておいたキャメラを吊るしてね。手を離したらキャメラがくるくる回転していくから、その間にみんなが映らないように隠れるっていうことでやったら結構うまく行った。そういう発想はいくらでも出てくるんだよね。

八木　奥多摩の橋でロケットを撮ったのにも通じるお話ですね。アナログの特撮は縦横をひっくり返すとか、逆回転とか、コマ数を変えるといった基本的なことの組み合わせからできているのが面白いです。

鈴木　そう。だから怖くない。なんでも不可能はないんだよ。

八木　『ウルトラマン』ではペスターの回(「オイルSOS」)の撮影がすごかったというお話ですね。鈴木さんは二重に上がられていて、炎がそこまで来てしまったと伺っています。

鈴木　俺はBキャメだったんだけど、少しでもいい画を撮りたいという一心で二重に上がって俯瞰で撮ろうと構えていたんだよ。まあ考えてみれば真上に上がったら炎に巻かれるのは当然なんだろうけど、そこまで頭が回らなかったね。キャメラは手持ちで持っていて、助手も誰もいなくて1人だった。それでもろに炎に巻き込まれちゃって、熱くてキャメラを持っていられなくなるギリギリまで粘って退散したんだけどね。そうしたら、キャメラを覗いていない反対側のまつ毛とか眉毛だけチリチリになっちゃった（笑）。

八木　それが引きの画なんですね。

鈴木　そう。俯瞰の画は俺のだから。

八木　大迫力でしたし、セットの飾り込みも素晴らしいので俯瞰が映えますよね。

鈴木　基本的に飾り込みはちゃんとしているから、どこから撮ろうが大丈夫なんだけどね。真裏から撮らない限りはちゃんとしている。なので俯瞰だからここを飾れ、あそこを飾れということは別になかったですよ。それは東宝も同じで、あの大ステージをどこから撮ってもOKなようにちゃんと飾り込んでいた。当時はみんなそういう風に学んできたから、それが当たり前だと思っていた。そうすることで経済的な影響が出るとか出ないとかっていう計算は全くなかった。まあ、当たり前の姿勢だったということですね。

八木　今の特撮だとなかなかそういうことはできないでしょうね。

鈴木　今はキャメラポジションが1つだったりすることも多いけど、リアリズムを追及している画だからわれわれの時代より中身は濃くなっていると思うよ。そうするとワンポジでもいいんじゃないのかな。そういう飾り込みをしているわけだから、それが一概に間違いだとも思わないしね。

八木　それぞれによいところがあるということですね。

『セブン』の特撮はほとんど俺が担当している

八木　では続きまして『ウルトラセブン』になります。

鈴木　『セブン』の特撮はほとんど俺が担当しているんだよね。オヤジってなかなか褒めることがないし、中野さんなんか褒めてもらったことがないみたいなことを言うんだけど、俺が唯一褒めてもらったのはウルトラホーク2号の発進シーン。ロケットが上がっていく画は「大きさが出ていてすごい」って喜んでくれた。的場徹さんが監督だったんだけど小躍りしているから「どうしたんですか?」って聞いたら、円谷英二さんがベタ褒めだって。オヤジに褒められたのはあれくらいだけど、めったに褒めないんだから1つでも褒めてもらえたらもうOKなんだよ。実際、あれはライティングもいいしパースの付き方もいい。ワンライトかなんかでやっているんだよね。

八木　ちょっと逆光っぽい感じで本当にかっこいいです。

鈴木　あのころは「下」って言っていたけど(笑)、坂の下にある東宝の特撮に持っていって見せたらしいよ。「こんな素晴らしいのをあいつらは撮っているんだ」って。それはうれしかったけどね。でも今度は1号を撮るためにプールのサイドでキャメラを構えていたら、オヤジが来てキャメラの位置を直しているんだよ(笑)。

八木　では1号の滝から飛び出す完成バージョンは円谷英二監督が直したものなんですね。

鈴木　それは戻すわけにはいかないじゃない(笑)。キャメラを2~3メートル近づけたっていう感じだったかな。でも俺から見たらその2~3メートルの差がどこにあるのかはよく分からないので、ちょっとムッとしていたんだけどさ。まあ円谷英二さんはもともとキャメラマンなわけだし、東宝ではABCキャメラ全部に自分でポジションを付けて、有川さんとか富岡さん、真野田さんはそれに忠実に従っていたから、富岡さんなんかは特に神経質だったね。キャメラ助手がちょっとでも触れてキャメラが動いたら怒られて大変でしたよ。

八木　円谷英二監督が決めたポジションだから、ということですね。

鈴木　それくらい自分で直せばいいじゃないかって俺は思っていたけどさ（笑）。みんなすごく真面目で、円谷英二さんは絶対的な存在、神様だったからね。そういったことではすごく神経質になっていたな。

八木　東宝では円谷英二監督が全部フレームを決めていた。でも『ウルトラマン』以降は鈴木さんたちが自分で決めるのが基本だったわけですね。

鈴木　手取り足取り全部やるわけじゃないから、僕らは全部お任せだった。だけどあのときはライブ撮り（ライブラリー撮影）でたまたま現場に来られて、やっぱり体が動いちゃったんだろうね。きっと、キャメラを見たら自分で付けたくなるんじゃない（笑）。それはもうしょうがないのかもしれない。

八木　ちなみにポジションを2～3メートル動かしたら結構フレームは変わる気がしますけど？

鈴木　変わらなかったよ。もし変わるようだったら「なるほど」とか思うんだけど、別になんていうことはなかったからさ。

八木　発進シーケンスでは3号が出ていくところもかっこいいですよね。基地内を移動していって、本編の整備室の合成みたいなものもあります。そして最終的に発進して、切り返してくるところまでカットを積み重ねています。

鈴木　あれももちろんやっているよ。

八木　中を移動していくシーケンスは『ウルトラマン』ではほとんどなかったと思いますが。

鈴木　あの辺は満田稔さんが要求したんじゃないかな。だって本編の芝居を入れているでしょう？

八木　ワンカットだけですけど入れていますね。

鈴木　それで英語のアナウンスが流れる。あの辺は満田さんのこだわりじゃないかな。

八木　そうだったんですね。例えばシャッターが全部下りていったりと、いろいろなことをされています。『ウルトラシリーズ』で初めて基地内をちゃんと描いているなと思っていて、僕は好きなんですよ。最終的にああいう風に画を構築していったのは鈴木さんたちだと思うのですが。

鈴木　あの辺はもしかしたら人形劇の『サンダーバード』（65 - 66）の影響がチラッとあったのかもしれない。その流れは僕らが『ウルトラシリーズ』を離れてやった『スーパーロボット レッドバロン』（73 - 74）や『スーパーロボット マッハバロン』（74 - 75）にもやっぱり継承されているよね。

特撮における水中の表現

八木　ウルトラホーク1号、2号、3号のお話を伺ってまいりましたが、潜水艦のハイドランジャーというのもありますよね。満田監督の「ウルトラ警備隊西へ」でも活躍していますが、先ほど少し伺った水中での表現について詳しくお聞かせください。

鈴木　水の中をどう表現しようかっていうことでは、みんなそれぞれ知恵を絞っていたんだよ。当然、照明部の力も必要だし。小林哲也さんっていう優秀な方がいて、結構アイデアマンだったね。そういう中であいった撮り方が生まれたんだと思う。さっきも言ったけど東宝では大プールの横に小プールというのがあって、まあ早くに潰されてしまうんだけど、プールの外からガラス越しに撮れるように地下が掘られていた。でもわれわれは、実際に水の中に被写体を入れて撮るなんていうことはあり得ないのであくまでも疑似ということになる。ただ「ガラス越しに撮る」という部分は同じなわけ。水槽越しになめて、あとは水紋を照明で作るんだよね。だから当時は底が薄いガラスの箱を二重に吊るして水を入れて揺すって、それ越しにライティングをするということをしていた。それで手前の水槽もヒラヒラなるように揺すりながら。両方でそういうことをやっていたのね。

八木　いま見てもとても綺麗ですよね。しかもフォグを焚いているからビームも出る。

鈴木　確かに結構凝っていたよ。でも4Kになったときにたまたまその辺を見せてもらったんだけど、「4Kはすごいですよ。見えないところまで見えるんです」なんて言ってパカパカに明るくしていたから「ダメだよ」って言ったの。狙ったトーンがあるんだから、やっぱりオリジナルをちゃんと尊重してやらないといけないよね。見えるからってなんでも見せればいいというものではないしさ。もちろんその逆に現場ではもうちょっと見せたかった……例えばロケーションのナイターでライトが足りないとか、そういうところは読んでちゃんと見せてあげるべき。だから理解力がないといけないよねっていう話を立ち会いのときにしたんだよ。まあ、そのミーティングをしてからはだいぶよくなったけどね。

八木　カラコレ（カラーコレクション）とかリマスターは基準がないから難しいですよね。

鈴木　グレーディング作業は、本当はキャメラマンが立ち会わないといけないんだよ。でももちろん亡くなっている場合もあるだろうから、技術者がオリジナルの表現の意図を読んで作業しないといけない。闇雲になんでも見せればいいということではないからね。

力が入り過ぎちゃった『セブン』の初めての本編作品

八木　『セブン』の特撮はほとんどが鈴木さんの撮影ということでしたが。

鈴木　そうだね。だから実相寺組で初めてフレームの中に太陽を入れたのもそうだしさ。それで水面に映してね。

八木　オープンなんかはお使いでした？

鈴木　結構撮っているよ。ガッツ星人（「セブン暗殺計画・前後編」）なんかはほとんどオープンだったんじゃないかな。全部オープンで撮れるようにしようって、ビルトの階段を上がった上にオープンを組んでね。十字架のシーンがそうだよ。そういったことでホリゾントの低いステージでのストレスを発散していたし、仰《あお》るものは全部オープンで仰《あお》っていくという形ができていくわけだよね。特撮のセットはとにかく天井が低いから、寄るときは問題ないけど引くとすぐバレちゃう。それで橋桁をなめて天井をごまかして、というようなこともやっていたね。

八木　高速道路などをうまく使ってごまかすテクニックですね。あれは鈴木さんが考案されたということですが？

鈴木　そうそう、最初にやりだしたんだよね。

八木　一方『セブン』では本編もやられていますよね。

鈴木　鈴木俊継監督の回だったけど、どれだったかな？　「海底基地を追え」と「人間牧場」の2本持ちだったんじゃない？　でも特撮をずっとやっていて、本編をやりたいっていうので初めて『セブン』でご褒美みたいなことでやらせてもらったから力が入り過ぎちゃってさ。そういった意味では「チャランチャラン」ですよ。反省が多過ぎてね。

八木　本編はこれが初めてですか？

鈴木　そう。まあキャメラマンなんて特撮と本編っていう区別をする必要はないと俺は思っていたけど、いま振り返ると特撮のキャメラを先にやっておいてよかったと思っている。なぜかと言うと、俺は特撮をやっていたからキャメラを自由に操れるんですよ。でも本編だけで行っている人はレベルをすごく大事にするのね。必ずレベルを水平に保とうとする。一方で特撮だとレベルってフリーだから。キャメラをひっくり返そうがグルグル回そうが、その中からいいポジションを取っていく。そうやってキャメラは自由に動かせるんだっていうことを教わって来ているから、本編に入っても自由なんだよね。ただ、『セブン』でいざ本編をやってみたら力み過ぎてしまったわけ。だから反省いっぱいっていうところだね。でも、その後に『怪奇』では本当に本編で一本立ちするわけでそれは楽しかった。震えるくらい楽しかったね。しかも本編に関しては、『怪奇』をやったことで自信が付いたんだから。7本くらいやったのかな？　あれで人を撮るということはかなりマスターしたんだよね。自分自身が言うのもおかしいけどあの7本で急成長したと思うよ。

八木　あの7本はすさまじいまでにすごい映像だと思っています。

鈴木　俺は佐川さんや中野さんみたいに特撮に憧れてこの世界に入ったわけじゃないんだよね。つまり映画の業界に入る第一歩として円谷に入った。だから撮影部が本編であろうが特撮であろうが、キャメラマンはキャメラマンだということであんまり変わりはないと考えている。だけど特撮からいろいろな基礎を学んで、その知恵を本編の中で活かしていけるようになっていくわけでね。だから本編だけで歩んでいる人とはやっぱりテイストが違うし、画づくりは楽しいと思っている。もちろん美術館に行ったり本を見たり写真を見て構図の勉強をしたりで、そういうことは当たり前にやっていたわけだけどね。

『怪奇大作戦』はやり過ぎなところもあったかな

八木　『怪奇』の鈴木さんの画は本当にすごいと思っています。斬新と言いますか、クルマの走り1つでもこんな撮り方があるのかってびっくりして見ていました。

鈴木　クルマの撮影はコウちゃん（鈴木俊継監督）じゃないかな？　クルマの底に穴を開けてもらって撮ったのは覚えているね。あと当時は日野かなんかでリアエンジンのクルマがあって、前がトランクなわけ。第三京浜ができたてのころだったけど、そのトランクに乗って蛇行しながら撮影するなんていうこともしていたよ。運転していたのは本多猪四郎さんの息子さんの本多隆司くんで、彼はA級ライセンスを持っていたからね。そういうクルマの運転は全部リュウ坊がやってくれていた。

八木　A級ライセンスでそんなことをしたらすごい画になっちゃいますよね。

鈴木　それで煙を吐いたりしていたけど、あんなことを今やったら大変（笑）。ただ当時でも誰かが「蛇行している」って通報したらしいんだよ。それでパトカーだか白バイが来ちゃって「なにをやっているー！」って。まずいなと思ってトランクにかがんでいたら、「そこは人が乗るところではない！」だって（笑）。それですぐに止めさせられたんだけど、「分かりました」なんて言ってからもう少し撮っていたかもしれない（笑）。

八木　どうやって撮ったのかなと思うような画がいっぱいありましたが、そんな現場だったんですか。鈴木俊継監督とはそういう面白いことをやろうというところで一致されていたんですね。

鈴木　コウちゃんも若かったし、わりに意見を聞いてくれたからね。

八木　その中であああいうキャメラワークを鈴木さんが提案されていったわけですね。

鈴木　そうだね。だから監督を差し置いてみたいなところもあったかもしれないし、ちょっとやり過ぎているようなところもあっただろうし、というところかな。

八木　『怪奇』のころも円谷英二監督は試写を見ていたと思いますが、本編の画に対してなにかおっしゃっていましたか？

鈴木　『怪奇』のころって、そういうリアクションは全くなかったね。もう会社が厳しいときで最悪だったから。守田康司さんっていう製作の方がいろいろ動いて経費を節減するためにタイアップで地方ロケなんかを随分やって、熊本の阿蘇とか栃木の那須とかに行きましたよ。一さんの作品で阿蘇に行ったときは動物園で猿にお尻を噛まれてね。現地で「猿とは絶対に目を合わせないでくださいね」って言われてその通りにしていたんだけど、ロケハンをしているわけだからいろいろなところを見ているわけじゃない。そうしたらガンを付けられたと思った猿がはるか遠くからバーって飛んで来た（笑）。でも飼育員の人が赤チンみたいなのをちょんちょんってやったくらいでさ、それから何年かはその時期になると必ずそこが化膿したの。

八木　とんだ災難でしたね。野生の猿なんですよね？

鈴木　もちろんそうだけど、まあ変な病気を持ってなくてよかったよ。だけど猿は怖いね。それからかな、頭がちょっとおかしくなってきたのは（笑）。後に飯島（敏宏）さんの木下プロの作品で実景ロケをやっていたときなんかは、日の出を撮ろうとして伊豆の方に行ったんだけど、野生の猿に囲まれて身体がすくんで怖くて一歩も歩けないんだよ。もう固まっちゃってさ。

八木　猿が怖いっていうのはあんまり周りに分かってもらえないでしょうね。

鈴木　それは噛まれた人しか分からないよ（笑）。木下プロはその当時スタジオドラマ系の作品が多かったので、飯島さんはなるべく外の風景を多用したいということで実景ロケを頼まれることも多かったんだよね。まあそんなこともありました。

八木　円谷一組はいかがでしたか？

鈴木　さっきも言ったけど一さんは可哀想だったよね。タケ（八木氏の愛称）もそうだと思うし、俺も円谷プロを離れてから現代企画ではいわゆる社員監督という立場でさ。一さんも社員監督でしかもオーナーの直系だから、とにかく他人よりも安く速く、それで面白いものを作るっていう使命感があるわけだよね。そんな中でやっているから大変でストレスも溜まっていたと思うよ。俺も現代企画のときは、他人が1週間で撮るのを6日で撮る。そして安くても知恵を働かせて、他人よりも面白いものを作ろうというのでずーっと悩んでいた。だからホンをもらってもコンテを割るのはたいてい撮影の前日だった。それまではどうやったらこのクライマックスを盛り上げられるか、このシーンをどう表現したらいいか……そんなことばっかり考えていたね。一さんもきっとそうだったと思うよ。

八木　全くその通りだと思いますが、鈴木さんでも前日まで「どうやったら面白くなるか」を悩まれていたんですね。

鈴木　タケも一緒でしょう。

八木　全く一緒です。どこをどうしたら面白くなるかを、ギリギリまでずーっと。

鈴木　割るのはそんなに労力は要らないんだよね。でもそこに持っていくまでが結構大変なんだよ。それでどうしても分からないときは、ロケハンした場所にもう1回行くからね。どうしてもマスターショットが見えないとか、そういうときは自分1人であらためて行ったもんだよ。そんなことはしょっちゅうだった。

八木　鈴木さんでさえそういうことをされていたんですね。やっぱり実際に場所に行くと分かりますよね。

鈴木　頭の中で考えるだけではなく、実際の場所を見るとひらめきが生まれるんだよね。そこには光もあるし生きているわけだからさ。

八木　鈴木さんでさえ2回ロケハンに行かれていたというのは映像を志す人にとっても有益な情報だと思います。でも円谷英二監督も「『できない』と言うのではなく、後で考えればいい」とおっしゃっていたそうです。だから皆さんそうやって作られているわけですよね。

円谷英二の名言

鈴木　英二さんの名言っていくつかあるわけだけど、「寄らば寄れ、引かば引け」というのはよく知られているよね。

八木　これは別に画面サイズの話だけではなく、やるときは中途半端じゃなく思い切りやれということですよね。

鈴木　まさにその通り。あとは「ノーマルで撮れないものはひっくり返せ」とか「観察力を身につけろ」なんていう言葉でいろいろな基本を教わっている。当時はアナログだから「どうやったらこれを画にしていけるか？」ということを常に考えていたわけだよ。だからこそ「観察力を身につけろ」ということも言われたんだけど、なんでも夢中になって見ていたね。しかも恐ろしいことにその習慣は今でも残っている。夜中に帰路、雨が街灯の光に照らされているのを上から見て「これは宇宙空間を光線が降っていくようなものだな」と思って、「あのときなんでこれが分からなかったんだ！」って後悔したりね（笑）。オイルで粘着力を付ければ長い尾が引くだろうし、たった1つの雨の情景からいろいろな素材が作れたのになって。俺はもうそういう仕事をしているわけではないのに、そんなことを今でもつい考えてしまう。この話はフェイスブックに載せたことがあるんだけど、樋口（真嗣）監督が「まさにこれが特撮！」って絶賛してくれたよ（笑）。

八木　でも本当に「まさにこれが特撮！」ですよね。

鈴木　ただ英二さんの言葉を一番忠実になぞっているのは佐川さんだね。佐川さんは円谷英二の後をちゃんと追っている。それは中野さんも言っていたよ。俺は結構いたずら小僧的な立場で、あることはすごくちゃんと受け止めている一方で、新しい世界での戦いをしたいという思いもあったからね。若いからどうしてもそっちの方に行ったんだけど、佐川さんはすごく忠実に英二さんの言葉を受け止めて実践していたよね。あれはちょっと真似できなかったな。

プロデューサーは俯瞰で物事を見る

『孤独のメス』から『子連れ狼』へ

八木　助手〜キャメラマン時代のお話をここまで伺ってきましたが、鈴木さんはそもそもプロデューサー志望だったわけですよね。

鈴木　そうだね。ハリウッドのプロデューサーみたいにあらゆる分野に口を出せるのがプロデューサーだっていう意識がもともと自分にはあったから、じゃあまずはどこから攻めようかと考えた。助監督なのか、制作なのか……でも自分が一番分かるのは撮影だと思ったから、まずはキャメラマンを目指していこうということで動いた。それがたまたま特撮だったんだけど、繰り返しになるけど最初が特撮だったのはよかったんだよね。それで特撮を学んで、やっぱり本編もちょっと勉強しておきたいなと思ったらうまく本編の方に流れていけた。『怪奇』の後はリストラで国際放映に放り出されていくわけだけど、一さんはそれも計算づくだった。俺がクビを切られるのは最後だろうと思っていたら、一番目が高野（宏一）さんで、二番目が俺だったんだよね。クビを切っても生きていけるだろうというのが一番目の高野さんだし、俺は『孤独のメス』のキャメラマンに登用するからっていうので出してくれたわけ。でも他所に行って撮るということだからちょっとビビるよね。まあ、中に入ってしまったら同じだったけどさ。ただ『孤独のメス』では結構有名な監督が来たから、そういう面では勉強になったよ。

八木　先ほども少しお話に出た加藤剛さん、十朱幸代さん主演の1時間番組ですね。

鈴木　加藤剛さんには可愛がってもらって、番組が終わった後に向こうのご夫婦とわれわれ夫婦でいろいろなところを旅して回ったりしました。最後は静岡の御前崎のご実家まで伺って1泊して、お父さんがお風呂を焚いてくれてね。そんな楽しい思い出がありますよ。でもご一緒したのはその作品だけで、後は年賀状をやりとりするような関係でした。そうしたらある正月に突然、「剛です」って電話がかかってきたの。すぐに分かって「剛さん！お元気ですか？」「元気です」なんていうやりとりをしたんだけど、実は体調を崩されていたみたいで。その年に亡くなったから、たぶんあれがお別れの挨拶だったんだと思う。

八木　加藤さんにとってもきっと鈴木さんとのお付き合いが心に残るものだったんですね。

鈴木　『孤独のメス』では渡辺祐介さんっていう売れっ子の監督も来ていて、その流れで『子連れ狼』(73-76)に呼ばれて行ったこともあったね。初めての時代劇でちょっとうれしかったんだけど、その後に『レッドバロン』が決まっていたから1~2話しかできなかったのがとても残念だった。だから『レッドバロン』はやりたくないなって思っていたんだけど、会社命令だからしょうがないじゃない。しかも渡辺さんは超売れっ子の監督だったから、キャストの都合でクランクインが1ヵ月遅れたらいなくなっちゃった。それで代わりに来たのが石井輝男で、弁当に沢庵が入っていると絶対に食べないような人だったね。

八木　『網走番外地』(65)などを撮られた監督ですね。

鈴木　あの人は撮影部上がりらしいんだよ。まあそれはいいんだけど、俺らはハイスピードでの戦いの撮影に飽きてきていたから、コマを落として撮ってそれをコマ伸ばししていく手法をやろうと思っていたのね。画にブレが出てハイスピードとは全く違うかっこよさが出るからさ。それで『アイアンキング』(72-73)のときの画かなんかを渡辺さんに見せてOKをもらっていたんだけど、次の作品に行ったじゃない。だから石井輝男でも一応はちゃんとコマを落として撮ったんだけど、彼は「なんだ、こんなチャラチャラした画を撮って」みたいな感じだったね。結局それは使われなかったんだけど、渡辺さんは松竹で撮った時代劇で早速それを使っているわけ(笑)。キャメラマンの「監督の指示でこういうことをやったけど、今までにない、ハイスピードとは違う新しい効果があってすごくよかったです」っていう発言が出ているんだから。でもまあ渡辺祐介さんだからいいやって思って。

八木　監督はもちろん分かっていますもんね。

鈴木　あと『子連れ狼』では俺がキャメラのポジションを決めて準備をしていたら、いつの間にかキャメラの高さが変わっているわけ。仕方ないから下げて他のことをやっているとまた上がっている。それで助手に「動かしているのは誰だ!」って聞いたら「監督です」って。それで「監督、こっちにしますから」「こういうフレームで撮りますから」って譲らなかったことがあるんだけど、そんなこんなでいろいろあって大五郎が小便しているシーンでキレたらしいんだよね。長回しで本当におしっこをさせているところを後ろ姿で寄ったり引いたりしながらいくつか撮っていたのね。それで記録さんに「こういう風に撮っておいたから」って伝えたんだけど、それが気に入らなかったみたい。なんで気に入らないのかはよく分からないんだけど、それからはうまくいかなくなっちゃったね。

綿と電飾で作った『西遊記』の筋斗雲

八木　『西遊記』（78-79）へのご参加はどういった経緯からなのでしょう？

鈴木　あれは高野さんが「お前、この後をちょっとやれよ。俺は台湾に行くから」って言うから「は？」っていう感じだった。それで7話からかな？　高野さんは台湾が大好きなんだよ。で、中野さんと高野さんは筋斗雲にマジで取り組んでいて合成でやろうとして行き詰まっていた。それがうまくいかなかったので俺が「あんなの綿でやればいいじゃない」って簡単に提案したら、「そうしようとは思っていた」って言っていなくなっちゃったんだよ（笑）。綿に電飾を仕込んでビューって飛ばせば合成も要らないから速いしどんな画でも撮れる。これが日本テレビの制作局長に気に入られて、「創映舎（日本現代企画の後身）に全部任せる」という話になってしまった。だから『西遊記II』（79-80）の特撮は円谷から創映舎に代わって、高野さんは台湾に別の仕事で行っている間に母屋を乗っ取られちゃったの（笑）。あの枠は日本テレビの社長企画で肝煎りだったから大変な大作でね。

八木　こういったお話は伺ったことがありませんでした。

鈴木　その後は創映舎を辞めて山本又一朗のフィルムリンクに所属して、食うか食えないかのギリギリのところでプロデューサーの勉強をしたんだよね。それで森高千里の初めての作品、北海道から九州までを旅する『あいつに恋して』（87／新城卓監督）をプロデュースしたんだけどこれが大外れ。初日の客席は関係者だけで、映画で外れると惨めだよ。ロードムービーという新しい形でポカリスエットムービーキャラバンの第一回作品だったんだけど、大人の醜いトラブルに巻き込まれ次はなかった。

八木　そしてプロデューサーとして円谷プロに戻られてからは、『ウルトラマンG《グレート》』や映画作品に携わられるようになります。

鈴木　（円谷）粲ちゃんが「今度テレビシリーズをやるから手伝って」って言うから「ああいいですよ」って。それでフィルムリンクを辞めて戻ってくるのかな。そうしたら某ゲーム会社がお金を全部出すという話で、そこの社長は「面白いもんを作れよ！」としか言わない（笑）。それでＯＫになったんだけど、代理店が「枠が取れませんでした」って言ってポシャったんだよ。そんなこと信じられる？

八木　ちょっと考えられないですね。

鈴木　信じられないよね。まあそんなことで戻ってきた途端に仕事がなくなっちゃって、粲ちゃんに「ごめん、なくなっちゃった〜」って（笑）。でもそれでクビじゃ可哀想だっていうので高野さんと（円谷）皐さんが救ってくれたんじゃないかな。しばらくは麻雀要員みたいな感じで会社にいたんだけど（笑）、「こんなことではいかん」って『橋本聖子物語』というのを仕込んだりしてね。橋本聖子はスケートから転身して１９８８年のソウルオリンピックには自転車で出たんだよ。彼女が入賞したら作ろうという企画だったんだけど、コンマ何秒かで入賞できず企画は流れたの。

『ウルトラマンG』制作秘話

八木　『ウルトラマンG』は１９９０年の制作ですから、そこからすぐの企画ということですね。

鈴木　あれはオーストラリアでの撮影でキャストもスタッフも全部、外国人だった。日本から行ったのは俺と後見人の高野さんの２人と通訳のうーちゃん（宇川清隆）くらいでね。

八木　新天地での撮影ですごいことだと思いますが、なぜあんなことができたのでしょうか？

鈴木　オーストラリア在住の『ウルトラ』ファンの青年の「オーストラリアの青い空にウルトラマンを飛ばせま

せんか？」の一言で決まった。過去に『小さなスーパーマン ガンバロン』（77）とかで海外製作の経験があったので抵抗はなかったね。でもやっぱり大変だったんだよ。俺は明日シドニー湾に浮いているんじゃないかって思ったくらい、アタマで行き詰まっちゃって。特撮はポール・ニコラで、いろいろなCMを見て「こいつはいいね！」って決めたんだよね。

八木　CM出身の監督だったんですね。

鈴木　本編とかドラマなんてあんまりやっていない。それはともかく当時のオーストラリアは泥棒が多くてね。金曜の夜にカジノに行ってアパートに帰ってきたら、青いランプを点けたパトカーがわんわん集まっているわけ。それで、よく夫婦喧嘩をしていた下の住人がついになにかやったのかと思ったら俺のところだった。2階の自分の部屋を見たら煌々と電気が点いていて、窓もパカッと空いているから「あれ？」って（笑）。そうしたら泥棒が入っていて、電気製品から台本、キャメラ、映像やスチールなんかの資料も含めて根こそぎ盗られてしまったわけ。前から欲しくてようやく買ったばかりだったパイロットが持つ四角い革のバッグなんかも含めてね。この地は泥棒なんて当たり前だって警察が言うんだから話にならないよ。「保険は入っていますよね？」だって。

八木　とんだ災難ですね。

鈴木　パスポートなんかは置いてあって助かったけどね。そうしたらある日、ゴミ捨て場に台本だけ捨ててあったらしい。買ったばかりの革のバッグはもちろん戻ってこなかったし、キャメラなんかの機材も売られちゃったんだろうね。

八木　でも本当に素晴らしい作品ですよね。海外で、プロデューサーで作られた『ウルトラマンG』は、冒険的でとても新しい作品だと思います。なにしろオーストラリア制作ですから。

鈴木　よかったでしょう。タケなんか行って撮りたかったんじゃない？

八木　僕はまだ円谷プロに入っていませんでしたけど、いたら絶対に行きたいって頼んでいましたよ。

鈴木　俺が一番イヤだったのはウェットスーツなんだよね。『ウルトラマン』のときから塗って塗ってでね。古谷（敏）が苦しくなるからすぐに脱いじゃうんだけど、着たらすぐに毎回銀塗料を塗るわけだよ。

八木　本番前に顔を塗っていたということですね。

鈴木　そうしないとだめだった。でもすぐに苦しくなって、着たかと思うとまた脱いでっていうことの繰り返し。それとジッパーが見えるのもイヤでしょうがなかった。だから『G』のとき最初はそれを止めたんだよね。でも円谷一夫さんがウェットスーツを大好きなのね。それで結局、後のテレビシリーズはウェットスーツになるんだけど。ちなみにグレートは背中にジッパーがあるのと前にジッパーがあるのを2着作って使い分けているわけ。だから新しいウルトラマンっていうことで結構工夫はしているんだよね。目の下にスリットを入れたのもこの作品からで、今まではピンホールで穴から覗いていたので視野が狭くてスーツアクターは苦労したと思う。だからスリットを入れて視野を広く改良したんだよね。

八木　鈴木さんの経験を活かして改良されているわけですね。

鈴木　ウェットスーツも最初はもっと硬質な感じだったんだよね。すごいかっこよかった。でも「伸縮」じゃなくて「伸伸」なの（笑）。1回着たらピタッとしてすごくいいんだよ。中に入っているのもマッチョな人ですごくいい。でも1回脱いじゃうと、次に着るときは伸び伸びになっちゃっていた。それじゃダメだっていうので向こうで急遽素材を変えることになったんだけど、あのときはちょっとやばいなって思ったね。でも、キャスティングもなかなかいいでしょう？

八木　とてもよいです。全員向こうで選ばれたのですか？

鈴木　アデレードの製作会社（サウス・オーストラリア・フィルム・コーポレーション）でね。劇用車なんかは三菱とタイアップで、船便だからギリギリに着いたのを向こうで改造した。まあでも仕事は遅かったね。日本だったら3日で済むのが10日はかかるから。あと面白いのが軍とか銃とか警察は全部本物。エキストラじゃなくて本物の軍隊の連中がバーって出てくるから速かったよ。

八木　軍隊の人はやはり足腰がいいんですね。

鈴木　そういうNGは絶対にない。一発でOKになっちゃうからね。ロケーションなんかもわりに楽で、メインストリートなんかを止められるし協力的なんだよね。そういう意味では仕事はしやすかったな。その後は日本でもフィルムコミッションが各地にできて少しは改善されたけどね。

アメリカ方式で撮影された『ウルトラマンG』本編

八木　オーストラリアでの特撮の撮影はどんな感じだったのですか？

鈴木　セットは倉庫なんだけど、向こうにはいくらでも巨大な倉庫があるからね。あとはなるべく表で撮ろうっていうことで、山なんかはオープンにブルドーザーで作っちゃうわけ。それでビルを並べて……とか全部セッティングしてね。ロングは借景で、向こうの山やビルがバックに見える。しかも朝に晴れていれば夕方まで晴れているんだから。日本だと時間によって雲が出てきたりするじゃない？　でもあっちは朝晴れていればずっと雲は出ない。それはたまたま恵まれていた時期だったのかもしれないけど、ロケに行っても全然楽だったよね。あとはプールを使うのであれば池があるし、深さが欲しければ掘ればいい、アングルをちょっと下げれば水平線をちゃんと撮れる。だからパート2をやるときには絶対これだなって思っていたんだけど、結局はある人物が動いてアメリカに持っていかれちゃうんだよ。

八木　では本編の方はいかがでしたか？

鈴木　本編の撮り方はアメリカ方式で、まずはマスターショットを撮って後はピックアップショットを押さえていくというシステムでね。こういうやり方だとカッティングが自由にできるわけ。日本は細切れじゃない？

八木　アメリカ式の方が芝居もつながりますよね。

鈴木　アメリカ式だと同じ芝居を何回もやらないといけない。マスターショットで撮ったものと同じ芝居をピックアップショットでもちゃんと撮っていかないとつながらなくなる。でも日本人ってその都度芝居が違うんだよね。『G』ではそういうお勉強をさせてもらいました。

『怪奇』でも1回くらいは実相寺組をやりたかった

八木　プロデューサーになる近道は存在しないでしょうが、必要な経験はどのようなものだとお考えですか？

鈴木　助監督はやらなかったけれど、キャメラマンで特撮をやり、本編をやり、監督をちょっとやり、というプロデューサーを目指していく経験の積み重ねの中で学んでいくと、俯瞰で物事を見ることができるようになるんだよね。もちろん下積みの生活は大事なんだけど、ある程度まで行くと俯瞰でものを見やすくなる。宇宙飛行士の話があるんだけど、アポロなんかの乗組員は地球に帰ってくると聖職者になることが多いんだって。俺たちも海外に行って帰ってくるとなんとなく日本が見えたみたいな思いになったじゃない？　それと同じで宇宙に行って帰ってくると地球そのものが俯瞰で見えるようになる。いわば神に近い存在になっていくらしい。これはフィルムリンクが製作した『宇宙からの帰還』（85／中島紘一、テオドール・トーマス監督）というドキュメンタリーの制作を横で見ていて知ったことなんだけどね。

八木　そうした俯瞰した視点で『ウルトラシリーズ』の映画をプロデュースされていったわけですね。

鈴木　円谷プロで映画をやろうとしたのはテレビのバックアップという部分もあったんだ。テレビっていうのは放映している瞬間でしかないけど、映画は公開するまでの1年間にいろいろな宣伝を仕込めるじゃない？　そうすると世の中に『ウルトラ』の火をずっと絶やさずに点けておけるということだから。それで金集めをして「映画を！」っていうことでつなぎの感覚でずっと動いてきたんだけど、タケの作品『大決戦！超ウルトラ8兄弟』でこの業界を卒業することになるわけ。あれは円谷プロに戻ってきてから20年くらい経ったころだったかな。タケも社内での苦労はいろいろあっただろうけど、周囲の反対を押し切って監督に起用したんだよね。

八木　あのタイミングで映画を撮らせていただいて感謝しています。

鈴木　俺もよかったと思うよ。君がいじめられているからあえて愛の手を差し伸べたのであってね。いじめられていなかったら手は出さなかったかもしれない（笑）。

八木　実際に社員監督は辛い立場なんですよね。でも鈴木さんに呼び出されて映画の話をされたときのことは本当に鮮明に覚えています。「今から会える？」って言われて成城の厚生年金スポーツセンターのカフェに行って。後にも先にもあそこで打ち合わせをしたことはないんですけど、あのときはなぜかあそこでした。それでコーヒーを飲みながら「映画を」って言われてびっくりしちゃいました。

鈴木　150円とかのコーヒーでね。

八木　もうちょっといいコーヒーだったと思いますけど（笑）、お店に人気《ひとけ》は全然なかったですね。鈴木さんには

「会社を辞めようかと思っている」という話をその前からしていたので本当にうれしかったです。当時もいろいろお話を伺っていて、印象的だったのは実相寺監督に憧れて勉強をされていたということでした。あとは先ほどのロケハンに2回行くという話もそうです。「あの鈴木さんでさえそうなのか」と思ったのをよく覚えています。

鈴木　『怪奇』でも1回くらいは実相寺組をやりたかったね。それでラブコールを送ったんだけど全然見向きもしてくれなかった。あのときは稲垣涌三だったもんね。

八木　鈴木さんは言うことを聞かないと思われたんですかね。

鈴木　知らない（笑）。まあ力不足だと思ったんじゃないの。でもやってみたら調和したか1日でクビになったかのどっちかだったろうね。

八木　それは見てみたかったです。調和したかは分からないですけど、すごいものができたと思います。鈴木さん、今日はゆっくりお話を伺えて楽しかったです。鈴木さんには円谷プロ入社以来ずっとお世話になりました。席も隣でしたし。お酒もたくさん飲んで。CMもやりましたし、円谷家の別荘に行く途中で止まってしまった鈴木さんのクルマを押したりとか、いろいろな思い出があります。楽しいこともたくさんです。いろいろ教えていただきました。『大決戦！超ウルトラ8兄弟』の監督に抜擢してくださった恩は一生忘れられません。あのときに映画のプロデュースとはなんて厳しいものなのかと思い知らされました。鈴木さんのプロデュースは本当にすごかったです。私はあのときに鈴木さんからの薫陶を受けて新しい段階に進めたと思っています。本当にありがとうございます。

鈴木清（すずき・きよし）

1942年1月25日生まれ。1964年、日本大学芸術学部卒業後、円谷プロダクションに入社。1968年、円谷プロダクションを退社し日本現代企画入社。1975年、日本現代企画を退社し創映舎入社。1983年、創映舎を退社しフィルムリンク専属契約に。1988年、円谷プロダクション復帰専属契約。2008年、円谷プロダクション退社。2009年、横浜アンパンマンこどもミュージアム＆モール、アドバイザー契約。2021年、横浜アンパンマンこどもミュージアム＆モール、アドバイザー契約解除。

作品歴

TV：1965年『ウルトラQ』（撮影助手）／1966年『ウルトラマン』（特撮キャメラマン）／1967年『ウルトラセブン』（特撮・本編キャメラマン）／1968年『怪奇大作戦』（キャメラマン）、『孤独のメス』（キャメラマン）／1969年『うしろの正面だあれ』（キャメラマン）／1970年『女房タブー集』（キャメラマン）／1971年『帰ってきたウルトラマン』（キャメラマン）、『シルバー仮面』（キャメラマン）／1972年『アイアンキング』（キャメラマン）／1973年『子連れ狼①②』（キャメラマン）、『ウルトラマンタロウ④⑤』（特技監督）／1973年『スーパーロボットレッドバロン』（監督）／1974年『スーパーロボットマッハバロン』（監督）／1975年『少年探偵団』（プロデューサー）／1976年『火曜日のあいつ』（特技監督）／1977年『小さなスーパーマン ガンバロン』（プロデューサー）／1978年『UFO大戦争 戦え！レッドタイガー』（プロデューサー）、『西遊記』（特技監督）／1979年『西遊記II』（特技監督）／1980年『猿飛佐助』（特技監督）／1981年『黄土の嵐』（特技監督）

映画：1979年角川映画『戦国自衛隊』（特技監督）／1983年フィルムリンク・東宝東和作品『プロ野球を10倍楽しく見る方法』（監督）／1984年フィルムリンク・東宝東和作品『プロ野球を10倍楽しく見る方法II』（監督）／1985年フィルムリンク・東宝作品『ゲームキング』（プロデューサー）／1987年フィルムリンク・東宝作品『あいつに恋して』（プロデューサー）／1992年円谷プロ・東宝作品『勝利者たち』（プロデューサー）／1996年円谷プロ・松竹・ソニー作品『ウルトラマンワンダフルワールド』（プロデューサー）／1997年円谷プロ・松竹・ソニー作品『ウルトラマンゼアス2』（プロデューサー）／1998年円谷プロ・松竹作品『ウルトラマンティガ＆ウルトラマンダイナ』（プロデューサー）／1999年円谷プロ・松竹作品『ウルトラマンティガ＆ダイナ＆ガイア』（プロデューサー）／2000年円谷プロ・ソニー作品『ウルトラマンティガ』（プロデューサー）／2001年円谷プロ・松竹作品『ウルトラマンコスモス』（プロデューサー）／2002年円谷プロ・松竹作品『ウルトラマンコスモス2』（プロデューサー）、円谷プロ・松竹作品『新世紀ウルトラマン伝説』（監督・プロデューサー）／2003年円谷プロ・松竹作品『ウルトラマンコスモスVSジャスティス』（プロデューサー）、円谷プロ・松竹作品『新世紀2003ウルトラマン伝説』（監督・プロデューサー）／2004年円谷プロ・松竹作品『ULTRAMAN』（プロデューサー）／2006年円谷プロ・松竹作品『ウルトラマンメビウス＆ウルトラ兄弟』（プロデューサー）／2008年円谷プロ・松竹作品『大決戦！超ウルトラ8兄弟』（プロデューサー）

VP：『ウルトラマングレート』（プロデューサー）

TOKUSATSU GOLDEN AGE

円谷粲

AKIRA TSUBURAYA

身近で過ごした「神様」との日々

円谷英二氏の三男として生を受け、学生時代から助監督で円谷プロの撮影に参加。『ウルトラQ』『ウルトラマン』『ウルトラセブン』等の現場を経験した後は、プロデューサーとして数々の作品を生み出してきた円谷粲氏。その長きに渡る撮影生活の中でも、今回は特に1960年代、1970年代のお話を中心に伺うことにした。撮影現場ではきっと見せなかったであろう英二氏の素顔なども含め、貴重なエピソードが満載のインタビューをお届けしよう。

聞き手：八木毅

幼少期、そして助監督時代

親父と見に行った『ゴジラ』

八木　粲さんには助監督で付かれた現場からプロデュース作品のことまでいろいろお聞きしたいのですが、まずは子どものころにご覧になった映画とか、円谷英二監督との思い出など幼少期のことから伺えますか？

円谷　親父とは基本的には親子の会話くらいしかなかったね（笑）。住んでいたのは祖師ケ谷大蔵の駅まで歩いて1分もかからない家で、成城の駅を新宿行きの電車が出発するのを家の2階から見ていて駅に向かっても間に合った。そういう時代でした。（長兄の）一さんは世田谷高校から学習院に進んで、（次兄の）皐さんは祖師谷小学校から玉川学園に行ったのかな。僕はずっと下だから、兄弟では最後に祖師谷小学校に入ったわけ。

八木　お兄様方が通学のために駅に向かうのをご覧になっていたわけですね。しかしのどかな光景です。

円谷　聞いた話しか知らないけど、親父が言っていたのはあの家の2階には原節子や高田浩吉なんかが下宿していたということ。そういう俳優さんが当時はいっぱいいたわけですよ。

八木　円谷英二監督の家の2階にあの原節子や高田浩吉さんが間借りされていた。

円谷　親父が下宿先を引き受けたんでしょう。東宝撮影所も近いから歩いて行ったり自転車で行ったりしていました。また撮影所からもよく迎えが来ましたね。やっぱり近いから、祖師谷とか成城には撮影所の人間がいっぱい住んでいたよね。稲垣浩監督とか本多猪四郎監督も成城です。家からだと、技研を通過して東宝の裏門から撮影所に入っていくという感じでしたね。

八木　技研というのは？

円谷　今はモデルハウスかなんかになっているけど、撮影所の裏の方に東宝技術研究所があったの。そこが『ゴジラ』の撮影の最初の場所なんです。
八木　『ゴジラ』は1954年公開作品ですが、粲さんは撮影を見に行かれたりはしていませんよね？
円谷　まだ小さいから行かないよ。でも映画が当たったときに親父に連れられて映画館には行ったね。見たのは日比谷の映画館だったと思うけど、混んでいて立ち見も出てすごかった。あの時代だから劇場も収容人数は少なくて、今みたいに1000人、2000人が入るなんてわけじゃなかったけど、それでもまあすごかったね。
八木　そういうとき、英二監督は作品の説明なんかをされるんですか？
円谷　するわけないじゃない（笑）。でも本人はうれしくてしょうがなかったんだよ。それまでは当たり作品ってなかったから有頂天（笑）。それで「どうだった？」なんて聞くわけです。もちろん、子どもから見たら『ゴジラ』っていうのは初めてのものだから面白かった。それを聞きたかったんだろうね。作り手なんてそういうもんだよ。いいものを作って、変なものだなんていう評価が出なければうれしいじゃない。

『ウルトラQ』の撮影はいつ終わるか分からなかった

八木　映像の仕事に入られたのは、そういった体験も大きく作用されているのでしょうか？
円谷　いや、映像をやろうと思ったのは大学もいいところだね。大学を卒業してどこに行くかって言ったら円谷プロに入る。そういう時代だったね。それしか考えていなかった。
八木　必然的に円谷プロに入られたわけですね。
円谷　そうそう。僕が大学のときはまだ円谷特技研究所という名前で、うちの庭に小屋を立てて活動していた。レナウンの「イエイエ」の1回目のCM作品で階段状になっているところで踊っている映像があって、ああいうのを撮っていた。川上景司さんっていう監督が電通映画社から仕事をもらってきたんだけど、あれが最初の仕事だった。僕はまだ学生だったから手伝ったりはしていないけどね。

八木　本格的にやられるのは卒業されてからということですね。

円谷　ただ学生時代のアルバイトで夏休みはずっとプロへ行っていて、「助監督をやれ」って言われてやったりしていた。だからそれが最初ですね。『ウルトラQ』の「カネゴンの繭」とか、みっちゃん（満田穧監督）の「宇宙指令M774」「燃えろ栄光」あたりかな。最初にやったのが飯島（敏宏）さんの作品で、古谷（敏）ちゃんが中に入っているやつ。

八木　古谷さんがケムール人の中に入っている「2020年の挑戦」ですね。

円谷　それが最初だったですね。その次がみっちゃんので、プリンスホテルのプールで撮影した「燃えろ栄光」。あれにちょこっと参加したのかな。

八木　「燃えろ栄光」は大ナイターです。

円谷　そうだったね。ホテルを貸し切りで撮ったんですよ。それから「カネゴンの繭」ね。これは長かった。夏休み中になっちゃって、結局40日くらいかかったんじゃないですか。

八木　中川（晴之助）監督作品ですね。中川監督はドキュメンタリーみたいにフィルムを回しっぱなしで子どもを撮っていたそうですが。

円谷　回しっぱなしだよ。要するにフィルムの感覚ではないね。フィルムでしかも35ミリだから呆れ返っていたよ。白黒ではあったけどね。

八木 35ミリを回しっぱなしってなかなかできないですよね。

円谷 『ウルトラマン』でもそうだったけど、手巻きのボレックス。あれを円谷プロは最初に買ったんだから。ボレックスの後はアリフレックスになるまで、親父はキャメラをずいぶん買ったんですよ。カメフレックスだ、ミッチェルだなんだってね。それで、とにかく特撮が出てくると1回に10台くらい使ってさ（笑）。周りを全部囲んで、アップからなにからいろいろなところから撮影していっぺんに撮っていた。だからフィルムの時代は1本の作品を作ると、キャメラの台数が10倍以上。

八木 それは『Q』のときからですか?

円谷 『Q』のときは分からないけどね。話を戻すと中川晴之助さんは無茶苦茶だった。僕らみたいな助監督で入ったばかりの素人がそんなことを思うわけだからね（笑）。すぐ「フィルムチェンジ!」って言って、それが35ミリだから信じられなかったね。でも晴さんいわく「テレビ映画っていうのはすごく楽しかった」って（笑）。TBSの中だったらフィルムをそんなに使わせてくれないわけだから、それはそうですよ。

八木 中川監督作品は傑作揃いですけど、TBSから円谷プロに来て好き勝手されていたわけですね（笑）。

円谷 だから支配人の末安昌美さんが「とんでもない」って文句を言うんだけど、キャメラマンの高野（宏一）ちゃんや撮影技師が「冗談じゃない。俺たちは苦労して撮ってるんだ!」って言い訳をする。それで支配人がなんと言おうと撮っちゃうわけ。「撮っちゃえばこっちのもん」だからね。そんなことがあったよ。

八木 今は4Kで見ることができますけど、『ウルトラQ』はすごくよくできていますよね。35ミリでの撮影だから映画を見ているみたいに綺麗ですし。

円谷 それはそうですよ。ただ白黒なのが残念だね。しかしいま考えても『ウルトラQ』の撮影はすごかったよ。

放送日は全く決まっていなくて、とにかく28話の撮影を全部終えてから放送したわけだから。しかも撮影は1本の作品が何日とか、そういうレベルではなかった。撮りあがったところが終わり（笑）。すごいよね。特に「カネゴンの繭」なんかはいつ終わるか分からない。フィルムもどれだけ回るか分からない。そういう作品でしたよ。とにかく撮れるだけ撮っていた。それが『ウルトラQ』ですね。

親父は発明家なんです

八木　放送日が決まってないのに撮影をされていたというのもすごい話ですよね。

円谷　親父がアメリカに行ってオプチカルプリンターを買い付けてしまって、もう船が日本に向かって出航している状態だったわけ。それで「これはなんとかしないといけない！」というので、TBSの方で慌てて『ウルトラQ』を決めたんですよ。一さんがTBSの映画部にいたからね。そんな経緯でTBSの映画部にオプチカルプリンターの代金を背負ってもらって機材も入れて、円谷プロからは中野稔の下にいた野村くんを入れてオプチカル部を作った。これでTBSは電通からコマーシャルをたくさん請け負ったんです。なにしろオプチカル作業が多かったから。

八木　最新鋭の合成マシンですから重宝したんでしょうね。

円谷　だけどその合成マシンを親父が買い付けるということがなければ、そういう騒動も起きなかったんだよね。そうしたら『ウルトラQ』もやっていなかったかもしれない。そういういきさつなんです。

八木　しかし円谷英二監督はオックスベリー社のオプチカルプリンターについて、どこで情報を得られていたんでしょうね。その辺のビデオデッキを買ってくるのとはわけが違いますし、最先端の機材なわけじゃないですか？

円谷　親父は万博だとかいろいろな用件でアメリカに行っているし、東宝の藤本（真澄）さんとか森（岩雄）さんなんかと視察にも行っているんですよ。そういうメンバーが連れていってアメリカで見るかなにかしていたんじゃないかかな。もちろん親父の前には東宝が買っているわけだけど。

八木　やはり現物を見ていないと買えないですよね。

円谷　まあ新しい技術も好きだったんでしょうけどね。親父はサイレント時代にはパン棒、移動車、クレーンなんかを木で作っていますし、その前には玩具メーカーに勤めて日光写真なんかを作っている。今でいうプリクラみたいなもので（笑）、ああいうのの走りだよね。

八木　発明家だったんですね。

円谷　亜欧堂田善っていう画家がいて、その人が発明家だったみたい。英二さんはそういう流れを汲んでいるっていう話を一さんが書いているんだけど、だから親父は発明家なんですよ。

1班体制で作られた『ウルトラQ』

八木　飯島監督の「2020年の挑戦」が最初に助監督で付かれた作品ということでしたが、あれは特撮もやられているのでしょうか？

円谷　『ウルトラQ』では本編と特撮は一緒だったからね。だから特撮も全部やったし本編も一緒にやった。「カネゴン」なんかは繭のセットを組むのが大変だったよ。ただすごいことに、特撮のとき中川さんは来ないんだよ（笑）。飯島さんの「2020年の挑戦」のときは特撮の高野ちゃんが付いていたんだけど、中川さんは監督なのに特撮はお任せ。それで的場（徹）さんだけが代わりで来て撮っていたわけ。

八木　『ウルトラQ』は1班体制で作られていたのですね。ちなみに出来上がりに関して円谷英二さんのチェックはあったのでしょうか？

円谷　監修という肩書でしたし全部見ていましたね。0号試写のときにみんな東京現像に集まるわけだけど、そのときはなにを言われるかが心配だった。それでボツになった作品も何本かあったはずだからね。要するに「親父NG」ですよ。

八木　それでやり直しですか？

円谷　うん。やり直しっていうか、0から作り直し（笑）。だから戦々恐々としていたよね。あの当時、0から撮り直すっていうのは手塚治虫さんと親父しかいなかった。

八木　0から撮り直すというのは、1回撮ったものは使わないということですよね。それは同じ脚本で撮り直すんですか？

円谷　そうですよ。そもそも『ウルトラQ』だけでも脚本でボツになったのは山ほどあるし、それは撮っていないもの。その上で撮ったけど撮り直した作品が2本くらいはあったはずです。それがどれなのかは分からないけどね。

八木　そんなフィルムが出てきたら貴重ですね。

円谷　確か飯島さんは撮り直しを食らっているはずですよ。

八木　では名前だけの監修ということではなく、円谷英二さんはかなり入り込んでいたんですね。

円谷　全部見ていますよ。でも試写では寝ちゃうんだけどね（笑）。まあ完成品でボツだから飯島さんはショックだったと思う。「撮り直しになった」って自分で言っていたからね。ただ『ウルトラマン』の方がそういう系統の作品は多かったんじゃないかな。そんな気がするんだよね。だから試写のときは実相寺（昭雄）なんかも含めて監督はみんな戦々恐々としていましたよ。

ひどかったのは「ウルトラ作戦第一号」の撮影

八木　『ウルトラマン』では粲さんは引き続き助監督を務められていますが、円谷英二監督と一緒にお仕事をされたりはしたのでしょうか？

円谷　『ウルトラマン』でも助監督で付いていたからちょっとはかぶったけど、班が違ったから一緒の仕事はないんだよ。

八木　円谷英二さんが特撮を演出された「悪魔はふたたび」の話ですよね。

円谷　そうそう。『ウルトラマン』も最初は1班体制で、本編と特撮を両方撮るという班を2つ作ったわけです。それで僕は「悪魔はふたたび」の班ではなかったから親父とは一緒じゃなかった。

八木　それぞれの班が「本特」の両方を撮っていた。クランクインの最初の飯島組は両方とも高野さんがキャメラをやられていますが、あれは1班だったということですね。特撮班と本編班を分けなかったというのはどういう意図だったんですか？

円谷　本来の撮り方というのはそういうことでしょう。親父も本編と特撮っていうのを分けて考えていなかったですしね。だから1班の中で特撮の撮影部分は特撮監督を立てて、スタッフは共通ということでやっていた。それが普通の撮り方だよね。だから最初の飯島組の撮影のときは特撮も全部一緒だったわけ。同じその部隊が、特

『ウルトラマン』第11話「宇宙から来た暴れん坊」の特撮ステージでの助監督・円谷粲さん（中央でカチンコを持つ人物）。水を使っての大変な撮影

撮のときは高野ちゃんを立てて撮ったということ。まあ最初はそれを目指していたんだけど、実質的に間に合わなくなってきて特撮と本編を分けることになった。一さんが最初に2班体制をやりだしたんだよ。つまり特撮は特撮だけでどんどん撮っていくし、本編は本編だけで撮っていくということをやりだしたわけだよね。だから前の方だけは僕も両方やっていたんです。

八木　2班体制は苦肉の策だったわけですね。

円谷　それで一番の問題は、ミックスしているわけだから「撮りすぎないように」ということでやっていたの。

八木　そういうことだったんですね。ところで『Q』から『ウルトラマン』でカラーになることについては、円谷英二監督はなにかおっしゃっていましたか？

円谷　一応全部からんではいたけれど、この辺になるとほとんど一さんだよ。ただ『ウルトラマン』の最初のオンエアを自宅でスタッフ全員が集まって見て、「よかった！」なんていうのはあったね。無事に放送されたので一安心だったし、少し経って視聴率が出て好評だったことが分かればそれだけでうれしいじゃない。

八木　そういうものですよね。

円谷　そう言えば最初にウルトラマンが来たときは「なんだ？　これは汚いな」ってびっくりしたよ（笑）。成田（亨）さんのデザインだったけど顔が汚かったんだよね。

八木　目の穴が空いてなかったときですか？

円谷　そうそう。穴を空けてなくて、どうやって見るんだっていう話になった。あのときは親父もいたな。それで最初のウルトラマンはゴム製だったから、マスクに毎回銀を吹いていたんだよね。乾くと伸びるからワンカット撮るたびにシュッシュって吹き付けて。僕なんかだいぶやったけど、中に入っている古谷（敏）ちゃんは「冗談じゃない!」っていつもふてくされていた(笑)。

八木　それは古谷さんも大変だったと思います。では助監督で付かれた作品で印象深いものがあったら教えていただけますか?

円谷　ひどかったのは「ウルトラ作戦第一号」の撮影だね。本番中はプールの中に潜って隠れていて、「OK!」となったら腰に付いているヒモが引っ張られるので顔を出せる。それで「ああ助かった」って(笑)。

八木　それはボールド(カチンコ)を入れたりっていうことですか?

円谷　ボールドは前もって入れるんだけど、ベムラーの着ぐるみが浮いちゃうから潜って押さえていたわけ。

八木　やっぱり水は難しいですよね。僕は『ウルトラマンティガ』の海での撮影ではボートがグルグル回らないように後ろで隠れて泳ぎながら押さえていましたけど、助監督はなんでもやらないといけない。

円谷　人力だからね。しかもプールの真ん中に四角く深いところを作ってあって、最後はそこに引きずり込むわけ。美セン(東京美術センター、後の東宝ビルト)の一番でかいAスタジオいっぱいのプールだから広かったな。

八木　坂の下にあったスタジオですね。そのちょっと上に科特隊の基地とかがあったという。しかし潜って押さえていたっていうのは驚きです。すごい仕事ですね。

円谷　まあ若いからできたんだけど(笑)。それで最後は高野ちゃんがヒモを引っ張るわけ。浮いたらまずいからオモリなんかも付けていて苦しかったね。

八木　オモリも付けていたんですか?　ひとつ間違えたら浮き上がってこられないですよね。

円谷　やっぱり若くて元気だったんだよ。しかも水をブルーにするための「青竹」が皮膚に染み込んで青くなっちゃうわけ。それが頭までだったからね(笑)。

「悪魔はふたたび」の撮影風景

八木　「ウルトラ作戦第一号」の撮影では大変なご苦労をされたということですが、実際の作品を見るとバックグラウンドには絵が描いてあり、ミニチュアがあり、層が多いから遠近感があって素晴らしいですね。

円谷　プールにはギリギリまで水を入れて水平線を作って、雲なんかの背景は（島倉）二千六《ふちむ》が絵を描いている。それで思い出すのは、曳光弾をどんどん撃つからホリゾントに穴が開いちゃうんだよね。でも時間が経たないと塗り替えられないから。二千六に頼んで「なんとかしてくれ！」って。

八木　ホリゾントが焦げて茶色くなっていたりすることはときどきありますよね。4Kでレストアしているとそれがよく分かったりします。

円谷　当時の曳光弾は1本に10発くらい入っているの。それを木の中にいっぱいくっつけてテープで巻いて一点に向けて撃つから何10発って飛んでいくわけ。あれはすごかったな。

八木　操演なんかもありますし大掛かりですよね。助監督は何人でやられていたのですか？

円谷　助監督は3人ですね。僕がチーフになったのは『セブン』以降で、『ウルトラマン』のときは山ちゃん（山本正孝）と東條昭平っていうのがいたの。チーフが吉高勝之で、『Q』の「カネゴンの繭」ではもう吉高だったね。

八木　円谷一監督の演出はいかがでしたか？

円谷　いいですよ。まあ、結構楽しい現場だったね。やっぱりTBSから来る演出の方が「近い」から楽しかったね。東宝から来る監督っていうのはやっぱり「遠い」んだよ（笑）。どうしても監督然としていたからね。

八木　やはり映画の監督という意識があったんでしょうね。

円谷　あとは見学に行っただけだけど、親父がやった「悪魔はふたたび」の撮影もよく覚えていますね。ビルトに入ってすぐ右側のステージだったかな。

八木　後年はコマーシャルの撮影なんかをやっていたスタジオ（No・6）ですね。

円谷　親父がやっているから見に行ったんだけど、もう年寄りだから動かないんだよね。要するに元気じゃないの。みんなも気を遣って椅子をバーって持っていくから、「すごいな、これが監督か」って思ったよ（笑）。亡くなったのが68歳だからあのときは65歳くらいかな。

八木　セットもしっかりしていて素晴らしいです。

円谷　親父だとみんな緊張してやるからね。セットで言えば「怪獣殿下・前後篇」もすごかったよ。

八木　大阪城ですね。

円谷　暑さで「ウルトラサウナ」って言っていた。二重の上に上がると70℃くらいあって、照明助手が10キロのボーダー（ライト）とかの位置や向きを変えるために上がっていくと暑さでボーッとなって落ちちゃうの。ホリゾントとセットの間に落ちるんだけど、あのステージってトタンに釘を打ちっぱなしだったじゃない？　だから向こう側に釘が出ているわけですよ。

八木　高さもあるし、落ちたらとても危険ですね。

円谷　危ないですよ。でも若いから、落ちて気がついたらまたバーって二重に駆け上がっていくんだよね。それで大阪城の上に落ちないようにっていうのですごい気を遣っていたね。石膏だし、この上に落ちたらアウトだからって。

八木　今ではとても信じられない話ですが、そういった影の苦労があってあの名作が生まれていたんですね。感慨深いです。

二重にまで火が届いた「オイルSOS」の火災シーン

円谷　あと印象的だったのは「オイルSOS」かな。平鍋功っていう有名な火薬狂いがいて、このナベちゃんが火薬の担当でね。山奥にある火薬屋の倉庫で5分玉とかを一生懸命に作ってもらうんだけど、「火薬は大きければ大きいほどいい」っていう考えの持ち主だからすごかった。

八木　伝説的な方ですよね。

円谷　このときは帰りがけに美センの美術の部屋の前を通ったら缶を3つ4つ置いた中に火薬を放り込んでいて、「火の大きさを見てくれ」って言うんだよね。それでテストをしたら火が5メートルくらい上がるから、びっくりして「もう分かった」って。

八木　その後は東宝ビルトのオープンでも大きな炎はあまりやらないでくれっていう時代になりましたけど。

円谷　当時はそんなことは言わなかったから。それで港のコンビナートのセットを作って、（鈴木）清ちゃんが二重の上からBキャメで撮影したわけ。でもキャメラを回していたら火が顔中に当たって髪の毛も焼けてチリチリになっちゃったんだから（笑）。

八木　二重まで火が届くってすごいですよね。

円谷　少なくとも3メートルはある。あれで周りが全部燃えちゃった。

八木　「オイルSOS」はセットもすごいし火もすごいですよね。

円谷　セットなんて3日か4日かけて作ったんだよ。しかも成田さんはいるし、深田達郎とかもいてみんなでセットを作り上げたんです。あれは俯瞰の画でもいいのが撮れているよね。広かったからよかったよ。

八木　やはり「ウルトラ作戦第一号」と同じで一番大きいAスタジオですか？

円谷　高さもあるしAスタ以外じゃできないよ。ナベちゃんは『怪獣大奮戦 ダイゴロウ対ゴリアス』にも参加しているんだけど、あれは大映スタジオを借りて飯島さんが監督で撮ったじゃない？　それで火薬を仕掛けたら火柱が上がってスタジオの天井を焼いちゃったの。火災になっちゃってクレームを付けられてね。本当にすごい人でしたよ。

特撮ならではの1コマへのこだわり

八木　その後は『ウルトラセブン』でチーフ助監督になられるわけですが、仕事はいかがでした？
円谷　それは変わったよ。でも高野ちゃんのお守りが大変だったね（笑）。わがままだったからさ。
八木　それはコンテが来ないとかそういうことですか？
円谷　ちゃんと会社には来るんだけど、明日なにを撮るかを前の日に全然教えてくれないから準備ができないんだよね。でも担当者にだけは全部伝えてある。
八木　なんでそんな進め方をされていたのでしょうか？
円谷　よく分からないけどね。こっちは現像所に入れる時間から逆算して、その時間までにカットを撮り終えないといけないということで準備をするわけじゃない？　でも高野ちゃんは自分なりの計算で現像所に入れる時間を測っていたんだよね。だけど自分のやり方でやられたら僕らは分からない。しかも自分の計算で撮影するから途中で休んじゃうの（笑）。困った監督だったな。
八木　スケジュールを切るのがチーフ助監督の仕事ですから大変だったでしょうね。
円谷　スケジュールを練ってみんなには「この通りにやれ！」って言うわけじゃない？　でも高野ちゃんは自分で

計算して間に合うからっていうことで帰っちゃったりする。「間に合うからいいよ」って。それで僕もアタマに来て台本をバーンって捨てたことがあるし。制作担当の熊ちゃん（熊谷健）が「まあまあ」って感じで間を取り持とうとするんだけど、高野ちゃんはそれを蹴飛ばすわけ。それで「もうやってられない」と思って帰ろうとしたら熊ちゃんが追いかけてきたり。そんなことはいっぱいあったよ。

八木 そういうことが許されたんですね。

円谷 「天皇」だからね、やりにくかった。支配人の末安さんも手を焼いていたね。まあ実相寺もそういうタイプだよ。だからあの2人のソリが合わないのは最初からだった（笑）。

八木 実相寺さんと高野さんは合わなかったんですね。

円谷 例えば実相寺が特撮と本編をつないだとするじゃない。そうすると高野ちゃんは、自分が撮ったものを全部入れようとして翌日には編集し直しちゃうわけ。それは大変だったよ。現像所に入れるまで3日あったとするじゃない。最初の日に実相寺がやって出来上がったものを、翌日に高野ちゃんが直す。で、またその翌日に実相寺が直す。現像所に入れるのは実相寺だから、それをやるまでは現像所に入れられないわけ。だから現像所が手を焼いたことは事実なんだよね。よくやっていましたよ。

八木 ただでさえ時間がない中で……。

円谷 ただ、すごいなと思うのは1コマへのこだわりだよね。ペコちゃん（宍倉徳子／スクリプター）に言わせると、親父って1コマを忘れないんだって。編集のときによく「あそこに置いた1コマはどこに行った？」なんて言って、その1コマを入れていたらしい。やっぱり特撮は1コマにこだわるんだよ。ペコちゃんなんて「休みの日に呼び出されて『あの1コマはどこへ行った？』だからまいったわよ」ってよく言っていたよ。

八木　1／24秒にこだわられていた。

円谷　やっぱりサイレントを知っているからね。それで特撮だから。でも1コマにこだわるのは高野ちゃんも同じなの。実相寺ともめるのはそこだから。極端に言えば高野ちゃんがその1コマを放り込みに行って、翌日は実相寺がそれを直す。そういうことをやっていたわけだよね。でも中野（稔）なんかに言わせると、高野ちゃんは局に納品した『ウルトラマン』のフィルムを翌日に差し替えちゃったりもしていたらしい。納品したものを替えちゃうって、それもひどい話だよね（笑）。

八木　皆さんのこだわりがすごいですね。

円谷　『ウルトラシリーズ』はそういう作品でスタッフも全員がこだわっている。そんな作品って他にないですよ。

八木　納品した後にフィルムを替えてしまうのはプロとは言えないかもしれませんが（笑）、それだけの思い入れがあったということですよね。

円谷　テレビ朝日でやっていた『恐竜探険隊ボーンフリー』（76－77）のときには、僕も納品後にいろいろやっていたんだけど。制作費が足りなくて東北新社から来た専務の藤井さんが僕に「なんとかしろ」って言うから、3～5話分の納品書を書いて局に持っていってはお金にしてもらっていたんだよね。でもそういうときは中にプリントが入ってなくて、空の箱で納品しているわけ（笑）。それで出来上がったら差し替えに行くなんていうことをしょっちゅうやっていたんだから、まあ貧乏だったんだよね。

撮影って悠長なものだと思っていた

八木　『セブン』の話をもう少し伺えたらと思いますが、円谷英二監督はこのころも試写でダメ出しをされていたのですか？

円谷　『セブン』でも一緒でしたよ。だからみんな試写では緊張していましたね。試写が終わって親父が帰るじゃない？　それでそのまま連絡がなければいいんだけど、連絡があると「なにがあった？」って。『セブン』でも全部ダメだっていうことはあったはずだけど、それがどれだか僕は分からない。ただし監督自身はみんな知っているわけですよ。

八木　では『セブン』の撮影で印象的だったことなどをお聞かせいただけますか？

円谷　タイトルバックを撮るために、高野ちゃんとキャメラマンとの総勢3人か4人で河口湖に10日間くらい行ったことがありましたね。晴れた富士山を撮りたいということで、毎朝5時とか6時に起きて今日は晴れたっていうんで支度して撮りに行くんだけど。行ってみたら頂上に雲がかかっていてこれはダメだ、NGですって。そういうことが『ウルトラセブン』のときはいっぱいあったんだよね。10日間くらい粘ったけど結局撮れなくて、「これでいいや」って帰ってきたんだけど。

八木　今では考えられないですね。

円谷　『ウルトラマン』でも最初の撮影が飯島さんのネロンガの回（「科特隊出撃せよ」）だったのね。そのときはクランクインして川崎の火力発電所にロケーションに行ったんだけど、毎朝美センに集まっては川崎の方を見るわけ。それで「今日はスモッグが出ていないな」っていうので出発すると、もう途中でスモッグが出てくる（笑）。それで中止だって帰ってくるんだよね。そんなことも10日くらいやっていて、さすがに「なんでこんな悠長なことをやっているんだろう」って思ったよ（笑）。昔はそういうのが許される時代だった。でも今は許されないよね。雨が降ろうが槍が降ろうが撮ってくる。まあ、今だとそういうものがOKになるような機材がそろっているというのもあるだろうけど、昔はそうじゃなかった。だから撮影って悠長なものだと思っていたね。ただしそれが原因でスケジュールが遅れていくし、『セブン』なんかは何話か作りきれなかったでしょう。要するにパーマネントの基地だとかを撮るだけで3ヵ月くらいかかっているんじゃないかな。だから3ヵ月くらい早くクランクインしていればもっと作品を撮れたんだよ。『ウルトラマン』だって同じで、39話っていかにも中途半端だよね。

八木　確かに4クールはやっていないですね。

円谷　まあ当時はそんな悠長な撮影だったということだよね。パーマネントを作ったりしても、それを年中使っていればいいけど結局はほとんど使っていないでしょう。それでも内容的にはいいものを作っていたんだろうけどね。ただこういうことは『セブン』でいったん終わるんだよ。「『ウルトラ』は名作であるから次を作ろう」なんていう動きは当時、全くなかったわけだからね。つまり円谷プロがなにも動かなければ、『ウルトラマンシリーズ』はあそこで終わっていたんですよ。

八木　確かに『帰ってきたウルトラマン』が1971年の放送開始ですから少し時間が空いています。その間は『ウルトラマンシリーズ』はもう終わりかもしれないという時期でもあったわけですね。

円谷　作り続けていくことが一番大切なことなんだけど、あの当時はそんな状況ではなかった。『帰ってきたウルトラマン』を立ち上げるときにも、TBSはすぐにやろうということにはならなかったしね。

『帰ってきたウルトラマン』の企画書は金城哲夫が書いた

八木　周りはそういう雰囲気だったんですね。

円谷　円谷プロは仕事がないから「なんとかしたい」ってTBSの樋口（祐三）さんに話に行ったんだけど、樋口さんからは「もうちょっと人気が出てくる兆しがないか？」みたいな話をされて。当時はマルサンっていうところがソフトビニール人形を出していて、作品が終わってからも結構売れていたのね。それでも『ウルトラマン』をもう1回やろうっていう話はどこにもなかったんです。

八木　樋口さんに相談に行かれた際に具体的な企画書はあったのですか？

円谷　TBSに話を持ち込んだときには、金城（哲夫）に頼んで『帰ってきたウルトラマン』を立ち上げたわけです。あれは金城が企画書を書いたんだよ。だから『帰ってきたウルトラマン』っていうのは金城が考えたタイトルなの。でも「兆しが出てきたらもう一度来い」という話になってしまって、それで半年か1年くらい待ったのかな。そうしたら小学館が幼年誌の連載を学年誌にまで上げてきたわけ。そうすると発行部数が100万部になる。これはすごいということでね。あとソフビ人形はブルマァクに代わっていたのかな、そんな関係でもうちょっと出そうという話になって、盛り上がりの機運が少し出てきたの。それで樋口さんのところに行って「今はこういう状態だから」と言って検討材料にしてもらってスタートできたわけだよね。

八木　金城さんはどこまで書かれていたんですか？

円谷　企画書までだよね。その後は沖縄に帰ってしまったから。でもそのときはまだ帰るっていう話じゃなかった。それで企画書を書いてもらったんだけど、金城が『帰ってきたウルトラマン』を立ち上げたっていうのはみんな知らないんだよね。知っているのは一さんと僕、金城、それとみっちゃんくらいじゃないかな？

八木　金城さんは『怪奇大作戦』の後に沖縄に帰られていますよね。

円谷　『帰ってきたウルトラマン』の企画書を作ってもらったら早かったの。それで樋口さんのところに営業したら、時期尚早ということを言われて。そうこうしている間に金城は国に帰って本土復帰関係の仕事（沖縄国際海洋博覧会など）なんかをいろいろやっているんだよね。それで上正（上原正三）は橋本（洋二）さんが『柔道一直線』（69-71）だとかいろいろ書かせた。そのときに市川森一も橋本一派に入ったの。

八木　金城さんと粲さんは仲がよかったんですか？

円谷　学生時代には僕の同級生なんかと一緒に沖縄に行こうって誘ってくれたからね。それで大学2年のときだったかな、ひと夏を沖縄で過ごしたこともある。金城さんのお母さんがやっていた焼肉屋があったんだけど……。

八木　松風苑ですか？

円谷　その前のお店で、当時は那覇の繁華街の桜坂周辺にあったの。それでデパートの屋上に夏限定でそば屋を出していたのかな。僕らはそこのバイトでそばを作っていたんだよね（笑）。

八木　金城さんと一緒に沖縄に行くくらい仲がよかったんですね。

円谷　その後に奥さんになる女性の弟がでかいアメ車に乗っていて、休みの日はムーンビーチとかインドビーチなんていう米軍のビーチにも連れていってもらったりして。もちろん泳ぎに行ったんだけど、大きな桶にコーラなんかがいっぱい入っていて全部タダ。日本から行ったからびっくりしたけど、そういうこともあったね。

八木　日本への返還前ですから「アメリカ」体験ということでもあります。

円谷　通貨はドルだったし実際にアメリカだったよね。当時は船で行ったんだけど、皐さんがゴルフをやり始めたころで僕らもゴルフをやろうって言って沖縄でセットを買いに行ったんだ。でも船で持って帰るには使ったという証拠に泥を付けないといけないとか、税関ではいろんなことを言われてさ（笑）。それで帰ってきたわけ。

八木　まだ若い粲さんと金城さんがそんなひと夏を過ごされていたというのは驚きですね。

現場での円谷英二、家庭での円谷英二

サイレント時代に培った撮影技術

八木　ここでもう少し円谷英二監督のことをお聞きできたらと思います。
円谷　親父はもともと飛行機に乗りたかったんです。アンリ・ファルマンっていう飛行機がヨーロッパから来て、日本で観覧飛行みたいなことをやったの。観客を入れて飛ばすイベントだよね。そのときに記事を見て飛行家を目指したわけ。当時、東雲に飛行機1機で学校を始めた人がいるんだけど、その日本飛行学校に入るんだから。それで後年、ロケハンなんかに行ってセスナに乗ると「俺に操縦させろ」ってなるわけ（笑）。
八木　学校に行かれていたから操縦はできるんですね。
円谷　かなりできるんだよ。まあ離陸とか着陸は無理だけど、普通に飛んでいる分には問題なかった。でもあれは普通の人だってできないことはないでしょう？
八木　いや、難しいと思いますよ（笑）。でも飛行機を操縦できる映画人ってかっこいいですね。円谷英二監督の時代に飛行機乗りになって空を飛んでみたいって、すごく新しい感覚だったと思います。
円谷　アンリ・ファルマンっていう飛行機は「ちゃんとした飛行機」というよりはむしろ、ハリボテみたいなやつなんだけどね。昔の人なんか飛行機の上に乗ったりしていたし、そういう時代だったんだよ。親父が飛んでいる写真なんてずいぶんあるんじゃないのかな。
八木　しかしせっかく入ったその学校が閉鎖されてしまった。
円谷　たった1機の飛行機が墜落しちゃったんですよ。あの時代の飛行機だから、風だとかなんかっていうとすぐ墜落していたんでしょう。しかも1回落ちたらもうバラバラだったろうからね。それで学校自体に新しい飛行機を買う余裕なんてなかったからつぶれてしまった。そもそも東雲の近くに住んでいたというのは飛行機学校があったからだと思うんだよね。飛行機学校なんて東雲にしかないんだもん。それもあの時代の東雲なんて今みたいに開けていないわけだからね。

八木 その後に今の電気大学に行かれて、在学中にはおもちゃの開発をされているのが不思議ですね。

円谷 内海玩具製作所という電気屋みたいなところに嘱託で行ったんだけど、要するにおもちゃの開発をしたりしていたわけ。それで感光写真を使ったプリクラみたいなものだとか、今のキックボードの原型になるようなものを開発していたんだよね。それでみんなが知っている通りだけど、花見かなんかで映画の世界に入ることになる。

八木 飛鳥山公園でケンカの仲裁をされたという有名な逸話ですね。

円谷 ただ映画の仕事に本格的に入っていくのは関東大震災（1923年）の後じゃないかな。映画界も歌舞伎界も全部京都に行ったでしょう。それで親父も京都に行ったわけですよ。

八木 震災翌年に京都に移られ、わりとすぐに『狂つた一頁』（26／衣笠貞之助監督）の撮影助手を務めています。

円谷 キャメラマンでデビューしたのが『稚児の剣法』（27）で、監督は犬塚稔さん。犬塚さんと親父はずいぶん一緒に組んでやっていたんじゃないかな。あの時代に一番仲がよかったの。

八木 『稚児の剣法』は林長二郎（後の長谷川一夫）が出ているんですね。

円谷 長谷川一夫のデビュー作だよね。僕は全然生まれてないけど（笑）。もちろんサイレント映画で、あの時代にキャメラマンの親父がパン棒、移動車、クレーンなんかを木で作ったわけ。もちろんアメリカに既にあったものではあるんだけど、そういう情報を親父はどうやって知ったのかなと思うよね。

八木　オプチカルプリンターもそうですけど情報が早いですよね。

円谷　うん、早い。サイレントだからキャメラは手回しだし、日本ではフィックスで撮るしかなかったわけ。だから動きはほとんどない。だけど親父の作品はそこに動きをつけた。手回しでキャメラが動いているんだけど、その腕はすごかったみたいだね。後年に真野田（陽一）なんかが言っていたことだけど、東宝撮影所のステージの間の廊下かなんかでフィルムの端尺を装填してミッチェルでパンの練習をしていたんだって。そのときに親父が通りかかって、「俺がちょっとやってやる」って。それを現像したらパンダウンとかパンアップしてもコマの中にずっと「中心」がずれずにちゃんとあったらしい。要するにパンしながらでもずっとセンターに収まっているということで驚いたみたい。手回しの技術があるからそれだけのことができるっていうことで「すごい」って。それは「オヤジさん、オヤジさん」って言われる所以だよね。やっぱりたいしたものだよ。

八木　しっかりした技術に裏打ちされていたということですね。

円谷　サイレントの箱みたいなキャメラを、手でフィルムを回しながら動かしていたわけだからね。それだけの技術はトーキーのキャメラマン助手だって持っていなかったということだよ。

八木　長谷川一夫さんのお話が出ましたが、円谷英二さんが亡くなられたときに円谷一さんが編集した本（『円谷英二　日本映画界に残した遺産』）が作られたじゃないですか。あの本に長谷川一夫さんが寄稿されていて、よく英二監督から電話がかかってきて、「おでん飲みに行こう」って誘われるということでした。島原の「たこ松」というお店によく行かれていたみたいですね。当時はお花見で八坂神社に屋台を出したりしていて、結構大きなお店だったようです。実は今でも営業していて、当時の場所からは道を挟んで反対側に移転しているらしいんです

京都島原のたこ松外観。明治 13 年に建てられた民家で営まれているおでん屋さん。雰囲気が素晴らしい（撮影／八木毅）

けど。カウンターの一枚板は当時のままで、ここで円谷英二監督も飲んだかと思うと不思議な気持ちになりました。

円谷 それは知らなかったけど、中野ちゃん（中野昭慶）が言っていた話はよく覚えている。『雪之丞変化』（63／市川崑監督）で長谷川一夫が屋根を滑り降りてくるシーンがあって、どうやって降りてきたらいいかを東宝の撮影所の親父のところに相談に来ていたらしい。いわゆる屋台下ろしで滑り降りてくるわけだけど、そういうシーンのやり方を相談に来ていたって。だから中野ちゃんも立ち会っていたんだろうね。

子ども心に感動した『白夫人の妖恋』

八木 円谷英二監督はもともと飛行機乗りになりたかったのに、どうしてキャメラマンへの道を選ばれたのだと思われますか？

円谷 それは食うに困ったんじゃないですか（笑）。まあ日光写真を大丸に持ち込んで階段の一角に置かせてもらっているくらいだから、営業的なセンスもあったんだと思います。発明家的なセンスだけではなくてね。だから世間に知れ渡っていないようなことは他にもいっぱいあったんじゃないかな。それは僕ら家族には話したんだろうけど、一般的には分からないことでしょうね。ただ僕ら子どもはそういうことをちゃんと聞いていなかったからね（笑）。

八木 知られていない業績が他にもあるかもしれない。

円谷 だからいろいろなことをやっていて、その中の1つがキャメラマンだったということなんだろうね。だって電気技師の技術も持っているし、おもちゃみたいな遊びの部分の発想力もあるしということだから。

八木　ちなみに『ゴジラ』のときが53歳ということですね。
円谷　だから考えようによっては53歳までなにをやっていたのかっていうことでしょう。
八木　もちろんたくさんの映画にかかわられていますけど、それまでになかった特技監督という職業を生み出されているのがすごいですよね。
円谷　確かに特殊技術というパートを確立したのはすごいと思うよ。子ども心に感動したのは『白夫人の妖恋』（56／豊田四郎監督）で、あれはブルーバックの原点だからね。
八木　あれがブルーバックの最初なんですか？
円谷　東野英治郎が遠くにある塔のてっぺんまで飛ばされるシーンなんかがそうなんだけど。あれを全部ブルーバックでやるからということで、真野田なんかは人間を吊っている線を全部綺麗に収めないといけないので苦労したらしいね。「ここまでならしょうがないや」っていうぎりぎりのところまでやったらしいけど。スクリーンプロセスはもっと簡単だけど、それも1つの技法。
八木　円谷英二さんは京都でスクリーンプロセスの研究もされていたそうですし。
円谷　フィルムで撮影してなぜブルーが抜けるのかということは、フィルムを知っていないと思い至らないですよ。それを考えたということはフィルムのことを知っていたということでね。それとスクリーンプロセスを組み合わせるなんて、最初に考えたのがすごいよ。そうやって作品の中で使いながら1つ1つの技術を見極めていったんだろうね。発想がすごいなと思うのは『ウルトラQ』のタイトル。これも親父の発想ですよ。高野ちゃんがその後を継いだんだけど、まず四隅だけを固定した薄い大きな金属の盤の上に小さなベアリングを全部敷きつめて、それに「ウルトラQ」という字をスプレーで描いて形を作って、下からバンバンたたいて壊しちゃうわけ。それを撮影して逆回転するんだけど、それはうまくいかなかったんだよ。もう1つのやり方としてあったのは、『ウルトラセブン』のときに屋台崩しじゃないけどセットの中で水を流して、その水を円筒の中に一気に放り込むわけ。その波の動きを逆回転にしてカラーリングする。屋台崩しも逆回にすれば、それが開けて『十戒』(56／セシル・B・デミル監督)の海みたいになるだろうってやったんだけど、撮り終わった後に見たらやっぱりちょっとおかしいんだよ。それで最終的にはグルグル回るやつに戻ったんだよね。

八木　水がいっぱいになった後に。あれはハイスピードですよね。

円谷　ハイスピードで撮っている。だけど出来上がったのを見てこれはダメだって。

八木　最終的に出来上がったものは水槽の中に羽根を入れてグルグル回しているわけですよね。

円谷　あれは最初に『Q』のときに親父が考えたやつだよね。ノリを入れた水槽に回転をつけると、そこに書いた「ウルトラQ」という文字が崩れていく。それを撮っているだけなんだけど見事だよね。それで高野ちゃんなんかも考えたけどみんな失敗に終わっている。やっぱり親父は発想がたいしたもんだなと思ったよ。有名な話だけど、味噌汁に味噌を入れるのを見て気がついた、あれを下から見ると雲みたいになるとかさ。

八木　もこもこするやつですね。

円谷　あとは水槽の中に墨汁をぽんと垂らしてその広がりを使うとか。そういうのは親父の発想なんだよね。

フィルムの特性をよく知っている人ならではの発想

円谷　やっぱりキャメラとフィルムの特性をよく知っている人でないと出てこない発想なんですよ。それで言うと怪獣の動きとか、ゴジラの動きとかもそうだよね。今では5倍で撮れとか10倍で撮れなんて決められているけど、あれなんかも親父が考えたこと。最初は分からないからやっぱりテストをしているんだよ。例えば『無法松の一生』（58／稲垣浩監督）で車輪が回転しているところがあるじゃないですか。あれは「スポークが影として少し分かるように撮りたいんだ」って稲垣監督が親父に相談に来たんだよね。それで親父が撮影時にキャメラの撮影スピードを何倍にすればそうなるっていうのを教えてああいう画になったわけ。フィルムの特性をよく知っている人でないとそういう発想は湧いてこないよね。それはすごいなって思う。誰かの経験をもとにするんだったらある程度はできるけど、初めてのことをやるのがいかに大変かっていうことだね。それが親父の発明家たる所以だよ。

八木　53歳で『ゴジラ』を作られたときも、それまでああいうものはなかったですからね。

円谷　あの中に人が入るっていう発想はいかにも日本人的だよね。アメリカ人はああいうのはコマ撮りで撮影しているわけだから。でも親父はゴジラの中に人を入れよう、人を入れて、人の動きをさせるなっていうことだからすごい発想だよ。考えてみたらぬいぐるみなんて昔からあるんだから、それを怪獣に置き換えて考えるっていうこと自体が発想なんだよね。

八木　それまでは巨大なヒーローって他にいなかったわけで、『ウルトラマン』という発想も飛び抜けていると思うんです。以前『ウルトラマンマックス』のプロデューサーをやるときには、粲さんに「まず『ウルトラQ』があったんだ。そこにヒーローが出てきたらどうなるかって考えたのが『ウルトラマン』だ」というヒントをいただいたことを思い出します。

円谷　もともと『ウルトラQ』があれだけ当たるとは思わなかったんだよ。しかも怪獣を使うと視聴率がいい。そこに目をつけたのは栫井《かこい》（巍《たかし》／プロデューサー）さんだから、栫井さんもすごいよね。じゃあ、ああいう映像を作るときにそれまで怪獣映画ってなかったんだろうかと考えたら、もちろん『キング・コング』(33/メリアン・C・クーパー、アーネスト・B・シュードサック監督)だとか『シンドバッド七回目の航海』(58/ネイサン・ジュラン監督)なんかがあるわけ。だからそういうものも見ていないと作れないよね。親父のすごさって、知ること、見ること。そしてそれを自分の中に知識として放り込んでおいてなにか新しいものを作り出す。そういうところにあると思います。あとは自分でも実験や努力はしていたよね。逆回転で撮ったらこうなる、墨汁を垂らしたら雲が広がるとか。だから僕たちはそれを学びながら真似していけばいいんですよ。誰かが考えたことでも、それを応用して使うことで「初めてのもの」になるんだから。そういうことだと思います。

八木 そういえば円谷英二監督は「特撮」と言わないで「トリック撮影」と言われていたということですが。

円谷 「トリック」っていうのはよく言っていたね。とにかく研究熱心で、東京現像とかキヌタラボによく行ってはフィルムの現像なんかに立ち会っていた。そういうことがブルーバックにつながっているんだろうね。あとは編集が大好きだった。それで初孫の(円谷)昌弘のために8ミリ映写機からなにからそろえていたということもあったね。

八木 やっぱりお孫さんは可愛かったんですね。

円谷 孫に対するエネルギーはすごかったよね。ゴジラが「シェー」をするじゃない? あれはやっぱり孫を考えてのことだろうから(笑)。

八木 『怪獣大戦争』(65/本多猪四郎監督)は比較的シリアスな映画ですけど、ゴジラの「シェー」にはそんな舞台裏があったとは驚きです。

円谷 他に考えようがないからね。でも、ああいうことを演出で取り入れるのかとは思ったよ。

宿命としてのプロデューサー時代

最初のプロデュース作品は『チビラくん』

八木　助監督時代のお話をたくさん伺いましたが、その後に粲さんはプロデューサーになられて多くの作品を作られていきます。その中で円谷英二監督の影響としてはどのようなものがありましたか？

円谷　生まれてからずっと接しているわけだから、やはり考え方ということでしょうね。要はものを作っていくのはどういうことかっていうところだけだよ。出来上がったものに責任を持たないといけない、全責任を負わされるということでこれは宿命ですよ。

八木　僕が粲さんとお仕事をさせていただいたのは短い期間でしたけど、『ウルトラQ dark fantasy』（04）はそれまでの作り方と全然違ったのでとても勉強になりました。粲さんが制作統括で、僕は5本を監督しているのですが。

円谷　そう言ってもらえるのはありがたいことだね。

八木　粲さんはいろいろなスタッフを連れてこられたじゃないですか。金子（修介）さん、実相寺（昭雄）さん、藤川（桂介）さんもそうだし、山田（正弘）さんもそうでした。テーマ音楽は宮内國郎さんでしたし。そのあとに『マックス』を作るときにもいろいろサジェスチョンをいただきました。『マックス』には粲さんからの素晴らしい影響がたくさんあります。

円谷　影響があるって言われてもこっちはなにを言ったか記憶にないんだけど（笑）。

八木　それは先ほどからおっしゃっていた「作る」ということだったりするんですよね。

円谷　『ウルトラマン』で生きて、いまだに『ウルトラマン』の影響を受けて生きていられるのはそういうことなんだろうね。それだけのものを作ってきたということで。

八木　『ウルトラシリーズ』は本当に価値のある作品だと思います。『Q』『マン』『セブン』ってなんなんだろうって今でも不思議に思いますから。

円谷　でもそれは単なる映像作品ですよ（笑）。しかしシリーズだけではなくて、それ以外にもいろいろ作っているわけですし。

八木　僕は『ウルトラ』以外の円谷作品では『トリプルファイター』（72）が一番好きなんです。

円谷　そういうものを作れて幸せだったっていうことですよね。面白いものもいっぱいあったけど、意外とドキュメンタリーなんかもよかったんだよね。映像はいろいろなものがありました。

八木　ではいよいよ、粲さんのプロデュース作について伺っていきたいと思います。

円谷　プロデュースは『チビラくん』（70 - 71）が最初だね。

八木　僕の入社当時（1992年）には怪獣倉庫にチビラくんの着ぐるみがまだありました。

円谷　当時の日本テレビには社会教養部っていうのがあって、そこが子ども番組の『おはよう！こどもショー』の中で15分の帯番組を作りたいということで始まったんだよね。たまたま日本テレビにはずっと行っていたから「企画を出せよ」という話になって、それで出したら応援者もいて通っちゃった。それが最初だけど僕もプロデューサーの経験はなんにもなかったから、「できるかなあ？」なんて言いながらやったんです。だからプロデューサーとしては『チビラくん』が最初で、それまでは助監督だったんだよ。

八木　助監督からいきなりプロデューサーになられたんですね。

円谷　みっちゃんとか、みんなも協力してくれたんだけどね。あとTBSでは一さんの下に映画部っていうのがあって、そこにはアニメの『エイトマン』（63 - 64）の演出をやっていた河島治之っていう人がいたの。だから飯島さんだとか実相寺だとか、そういう仲間の中にアニメーションというか漫画を描く異質な人が1人いたわけだよね。その人が漫画の心得があるから、企画の原点のキャラクターを起こしてくれないかということでお願いして。それで河島さんが全部作ってくれたわけ。そのときに日テレ側から出てきたプロデューサーが森田義一さんで、声優関係の番組をずっとやっていた人なんだよね。だから『チビラくん』でも中に入る人としゃべる人は全部別で、声優さんをいっぱい使ったわけ。それで熊倉一雄さんとか兼本新吾さん、雷門ケン坊さん、滝口順平さんといった人たちが参加しているんだよね。

八木　しかも脚本や監督は完全に『ウルトラ』の人たちですね。

円谷　脚本は若槻文三、藤川桂介に書いてもらっているし、監督は東宝出身者も多かったんじゃないかな。いわゆる『ウルトラ』のメンバーだね。そういう人たちにやってもらったわけ。

八木　編集の柳川義博さんもそうですね。

円谷　最初の『ウルトラ』なんかをずっとやっていた人だよね。それで監修が親父。監督はみっちゃんにもいっぱいやってもらったんだけど。

『ファイヤーマン』誕生秘話

八木　『チビラくん』は可愛らしくて楽しい作品というイメージがあります。

円谷　人間が出てくるのは1人の女の子だけで、あとは全部ぬいぐるみですから。

八木　それこそ円谷的というか、いいですよね。

円谷　15分の番組で1年半くらい続いたんじゃないかな。しかも普通のセクションじゃなくて社会教養部の朝の帯番組でね。その後もなにかやってくれないと困るっていうので、終わってからやったのが『レッドマン』(72)ですね。でもこれは仕掛けだけで、プロデュース作品ではありません。当時、『ウルトラマン』の怪獣シーンだけを抜いた『ウルトラファイト』(70-71)が結構いい調子だったから『レッドマン』をやろうってなったんだよね(笑)。同じような5分の帯番組で同じように怪獣をやっつけるだけ。それで『ウルトラ』の怪獣を出してね。そういう簡単な番組だった。

八木　『レッドマン』は第1期の円谷プロの作品とはだいぶテイストが違うじゃないですか。

円谷　だけど『ウルトラファイト』みたいな作りで考えていたんだよ。

八木　そうなんですね。そしてこのころには『ファイヤーマン』(73)も準備されていたと思うのですが、『ファイヤーマン』は高山良策さんが怪獣もやっていますし『ウルトラ』を継承した作品ではないでしょうか。

円谷　当時、『ウルトラ』関係のタイトルをいろいろ考えて特許庁に申請していたんですよ。その中には『レインボーマン』というのもあったんだけど、川内康範がそれを知らずに『愛の戦士レインボーマン』(72-73)という作品を考えて、萬年社が商品化権の発表会まで開いちゃったの。それで申請していたら、よりによって発表会の当日に実は円谷プロが商標を持っているという話になったんです(笑)。萬年社は当然あわてるし、川内康範は「なにを言っているんだ!」って怒ったんだよ。そういうことで萬年社の衛藤(公彦)さんから「ちょっと会いたい」という連絡があって、会って話したわけ。「実はこういう事情で困っている。なんとか買い取らせてほしい」という話でね。一さんに相談したら「まあ、困っているんだったら渡したらいいんじゃないか。ウチはやるつもりはないけど、タイトルだけ取っていたわけだしね。でもタダで渡すのは面白くないからお金をもらおう」って。そのとき衛藤さんに言ったのは、「これはあげるけど、ウチのやつを1本決めてくれ」ということ。それで「分かりました」となって決まったのが『ファイヤーマン』なんです。

八木　『レインボーマン』があったから『ファイヤーマン』が決まったわけですね（笑）。

円谷　面白いよね。しばらくしたら萬年社から「枠が空いたからやらないか？」っていう連絡があって。それでその日に江藤（直行）なんかと一緒にバーっていい加減な企画書を書いて持っていって「これでやろう」となった。しかもその枠が日テレだったの。偶然の一致だったとはいえ、日テレでやれるっていうのはおかしいなって思いましたね。

八木　円谷一さんの反応はいかがでした？

円谷　一さんは『帰ってきたウルトラマン』を仕掛けていて、最初の発表会で「また『ウルトラマン』が始まる！」というのでみんな大喜びでマーチャンダイジングものすごく入ったんです。だから僕が『ファイヤーマン』で出した赤字も「まあいいよ」って。始めたばっかりで2億も赤字を出したから最初は怒られたんだけど、『帰ってきたウルトラマン』の収入が十分消しちゃうからって。そういう時代だったね。

八木　当時の2億ってすごい額ですよね。しかもそんな赤が出ても『帰りマン』の黒でなんとかするって、一さんもかっこいいですね。さすがです。

円谷　でも渋い顔だったよ（笑）。円谷プロは『怪奇大作戦』が終わった後に結構な借財があったんだけど、東宝が裏に付いているから5年間棚上げになった。それで食えていたわけだよ。でも円谷プロはお金がなくて祖師谷なんか歩けなかったからね（笑）。商店街には相当なツケが溜まっていたわけだから。祖師谷の商店街には小学校の同級生とかがいっぱいいて、そいつらには「お前のところはひどい」って随分言われたよ。それが途中からころっと変わってね。

八木　今ではウルトラマン商店街ですからね。

円谷　国際放映も大赤字の会社だったけど、なんとかなったのは東宝がバックに付いていたから。やっぱり東宝はそういうところは強いですよ。それで『帰ってきたウルトラマン』の一発目で全部チャラになったんだから、どれくらい入ったのかは知らないけどすごかったですよ。

八木　一さんは『帰ってきたウルトラマン』をやられて、粲さんは『ファイヤーマン』じゃないですか。どちらも作りがすごくしっかりしているし贅沢ですよね。

酔っ払って会社に来た岸田森

円谷　それは贅沢だよ。大映がつぶれて組合管轄になったでしょう（1972年）。そのころ、さっき話したナベちゃんが撮影所の中で火薬を飛ばして屋根を燃やしちゃったんだよ（笑）。その後に僕が入ったから向こうも「火薬だけは気をつけてくれ」ってずいぶん言っていたね。

八木　『ファイヤーマン』には大映のスタッフも結構入っているんですね。

円谷　そうそう。大道具とか、ああいうのはたいしたもんだったよ。セットの作り方とか本当によかったから。その代わりに小林正夫さんとか何人か監督も入れたんだよね。富本（壮吉）さんにも監督を頼もうという話があったんだけど、忙しくて断られてしまった。恩地日出夫なんかひどいやつで、「やる！」って言っていたのに1回目のスタッフ会議の日にバックレたの（笑）。それで結局あの人はダメだった。

八木　江藤さんと急いで企画書を作られたということでしたけど、話なんかもしっかりしていますよね。

円谷　みんな楽しんでやっていたよ。だって、池ちゃん（池谷仙克）が美術で山口（修）と組んでやっていたわけでしょう。岸田森は脚本も書いているし、「俺に監督をやらせろ」なんて言って1本だけだけど監督もやっている。あとは後々に大映の2時間ドラマのエースになった岡本弘が監督デビューしているよね。

八木　本当に豪華な布陣ですよね。ちなみに岸田森さんが脚本を書いている回（「地球はロボットの墓場」）は、クレジットでは監督は大木淳（大木淳吉）さんになっています。

円谷　実際には監督しているんだよ。だって「自分のホンを監督する！」って酔っ払って会社に来るんだからさ（笑）。それで大木さんを付けたわけです。だから基本的には森ちゃんの脚本・監督なの。だけど大木さんの名前になっているということでしょう。

八木　岸田さんはもうこのころからお酒を飲まれていて。

円谷　あの人の酒はすごかったね。酔っ払ってクルマを運転してくるんだから。昔は警察もゆるかったけどさ。まあ森ちゃんはワガママなんだよ。事件がいっぱいあってね。悠木千帆（後の樹木希林）と結婚しているときに家に行ったんですけど、忍者の家みたいだった。それに蝶の標本をたくさん運び込んでいてね。あんなに蝶にハマる人はそんなにいないだろうと思うけど。

八木　岸田さんのマネージャーをやられていた方が開いていたバーが銀座にあったんですけど、そこで岸田さんが採集した蝶を見せてもらったことがあります。すごいコレクションでした。岸田さんは『怪奇』が円谷プロでは最初ですよね？

円谷　あのころからだね、家に行ったりしてさ。要するに僕が運転手みたいにさせられたんだよ（笑）。

八木　一緒に飲んだりもされましたか？
円谷　僕は飲まないからさ。でも梅ちゃん（梅本正明）なんかと一緒によくゴルフにも行ったな。
八木　梅本さんは制作進行だったんですよね。僕が円谷プロに入ったときは総務部長でした。
円谷　あいつは最初に入ったのが『ウルトラマン』の現場なんだよ。それで制作進行だから高速道路を撮影するときにクルマを止めたりしてね。
八木　『ウルトラマン』の第1話で最初にウルトラマンが出るときに、後ろに赤い玉と青い玉と黄色い玉がぐるぐる回っているじゃないですか。あれを回しているのが当時の制作進行だった梅本さんだと聞いたんですけど。粲さんは助監督で現場にいましたよね？
円谷　いたけどそれは記憶にないな。あれは本編と特撮を1班でやったから……。でも梅ちゃんが来たのは記憶にある。
八木　しかしクルマ止めは命がけですから大変でしたよね。今はそんなことをやったらブラックになるかもしれませんが、クルマは絶対に止めないといけないわけですから。ふらふらって入られるとどんな事故が起きるか分からないのでとにかく「行かないでください！」って体を張って止める。きっと法規をいっぱい破っていましたよね（笑）。
円谷　無理やり止めちゃうんだからすごいよ。あの時代だからそれほどうるさくないけど、あんなことしたら今だったら大変だよ。今は警備員を雇うんじゃない？
八木　制作進行にやらせるには重すぎる仕事ですよね。命をかけないといけないし、そもそもクルマ止めのプロじゃないわけですから。

『怪奇大作戦』阿蘇ロケの夜

八木　『ファイヤーマン』を企画するに当たっての狙いはどの辺にあったのでしょうか？

円谷　ちょうど『仮面ライダー』（71）が当たりだしたので、デザイナーに目を大きくしてくれって頼んだんだよね。それであの顔の形ができたの。だから目は一番大きい。

八木　確かに斬新なデザインでしたよね。

円谷　ポリであいう成形にすればすごく綺麗にできるだろうと思ったんだよね。それで『ファイヤーマン』の最初のデザインを見たときに、「あ、これはいいな」ってなって。

八木　特撮の美術もすごくよかったですよね。

円谷　池ちゃん、山口だからね。俳優は最初、大門正明を主役で考えていたんだけど、ダンちゃん（淡豊昭）っていうプロデューサーが「大門を使いたい」っていうことだったの。

八木　実相寺組とかをやられていた方ですね。

円谷　そうそう。一さんなんかと組んで毎日放送で『ジャンボーグA』（73）とか『ミラーマン』（71-72）をやったじゃない。で、そのダンちゃんが大門を使いたいっていうことだから、じゃあそっちで使ってくれよって。それで誠直也にしたんだけど、言葉が訛っていて困ったね。他には森ちゃん、平泉征（現在は成）、睦五郎さん、『逃亡者』の声優をやっていた村越伊知郎さん……この辺の俳優は森ちゃんが中心になってキャスティングしているの（笑）。

八木　役者がキャスティングするって面白いですね。

円谷　「俺も混ぜてくれ」って言われてさ。平泉征なんて若くてかっこよかったよ。この前、『ファイヤーマン』のアーカイブ用の撮りがあるからって円谷プロで久しぶりに会って話したけど。

八木　平泉さんは後に『ウルトラマンガイア』にも出演されていますが、粲さんはこのころからご一緒されていたんですね。そして岸田さんですが、岡本喜八監督のご自宅にもよく行かれていてキャスティングもされていたという話を読んだことがあります。それでついでに自分の役も作っていたということですから、全く同じ感じだったんですね。

円谷　そう言えば『怪奇大作戦』の阿蘇ロケのときに、森ちゃんが「出ろ！出ろ！」って言うから警官のかっこうで出演したこともあったな。その晩はストリップ小屋まで連れていかれてさ（笑）。原（保美）さんは行かないんだけど、勝呂（誉）、松山（省二、現在は政路）、森ちゃんの3人は必ず行くの。ストリップ小屋が大好きだったんだよね。森ちゃんは酔っ払いで。松山も勝呂もみんな酔っ払うと癖が悪かった。でもあの時代、あの辺をうろちょろしていてもなにも問題はなかったね。

八木　インターネットがない時代でよかったですね。

円谷　酒癖が悪いし女癖も悪いわけだから。森ちゃんなんか青山の骨董通りの交差点で、包丁を持った飲み屋さんの女の人に追いかけられたりもしていたくらいだよ（笑）。それで有名になっちゃってさ。危ない人だったね。

『マイティジャック』は作る時期が悪かった

八木　話が戻りますが、粲さんが助監督からプロデューサーになられたのはどういう流れだったのでしょうか？

円谷　もう仕事がなくなってきて、会社の方がおかしくなっちゃったんだよね。やることもないから大木（淳吉）なんかは歌舞伎座プロに行ったりしていて、僕にも「来いよ」って（笑）。だから歌舞伎座プロに行くつもりでいたんだけど、親父と一さんに止められてさ。それで一さんが「これからの時代はプロデューサーをやらないとダメだ」って言うから、「でも仕事がないじゃないか」って返したら「営業をやれ」ということになって。それで皐さんの関係もあったフジテレビとか一さんの関係があったTBSみたいな知り合いが多いところではなく、逆に日本テレビに行ったんだよね。『快獣ブースカ』のプロデューサーだった永井陽三のところに行ったら、社内の情報で「子ども番組を15分の帯でやろうっていう企画があるからそこに営業に行け」ということで。それで森田さんと知り合って『チビラくん』をやろうという話になった。そこから全部教えてもらってやりだしたわけだから、あれが本当に最初だったね。

八木　会社がおかしくなっていた時期というのは『怪奇大作戦』後のことですよね?

円谷　そうだね。『マイティジャック』を1時間番組でやっていたんだけど、視聴率が取れなくて30分ものの『戦え！マイティジャック』に切り替えたんだよね。それが不評で円谷は一時期全く仕事がなくなっちゃったの。でもなにかやらないといけないっていうことで、一さんがプロデューサーで、『孤独のメス』を国際放映で撮りだしたりして。僕に課せられたのが『孤独のメス』のタイトルバックを作るという仕事で、それで円谷プロに少しお金を入れるということでね。その後には一さんが『アパートの鍵貸します』(60／ビリー・ワイルダー監督)の日本版みたいなのをなべおさみ、大原麗子で作っていて(『独身のスキャット』／70)、僕はそのころは日本テレビに話に行っていて決まったのが『チビラくん』ということです。

八木　『マイティジャック』は『セブン』と同時期だから粲さんはやられていないですよね。

円谷　僕はやっていない。『帰ってきたウルトラマン』の企画をTBSの樋口さんに持ち込んだのはそのころじゃないかな。「時期尚早だ」と言われたけどね。

八木　『マイティジャック』は円谷英二監督が監修されているんですよね。粲さんは直接かかわられてはいませんが、なにか覚えてらっしゃることはありますか？

円谷　『マグマ大使』（66‐67）なんかをやっていたピー・プロダクションのスタジオが千歳台の方にあったんだよ。そこを借りて撮影していたね。畑の中の小さなスタジオでプールを組んで、マイティジャック号を水の中から浮き上がらせる装置を作ったんですよ。エアかなんかでね。マイティジャック号自体もでかくて2〜3メートルくらいあって、それが水の中から浮かび上がる。そこだけを撮ったんだけどすごい装置だったよ。

八木　2〜3メートルでは大きすぎてピアノ線では吊れないないですから。

円谷　うん（笑）。ピアノ線じゃなくてエアで水の中から浮き上がって飛んでいくというね。

八木　『マイティジャック』の特撮は本当にすごいです。

円谷　ただ円谷の中で『ウルトラ』のスタッフと『ブースカ』をやっていたスタッフでは、ソリが合わなかったんだよね。『セブン』が佳境のころでスタッフを分けたんだけど、場所も離れているしでちょっとうまくいかないところもあったんじゃないかな。まあ金城とか上正（上原正三）とかは両方にからんでいたけどね。『マイティジャック』は作る時期が悪かったんだろうな。だけど意気込みはすごかったんだよ。

八木　円谷英二監督的にはNGを出したりと入れ込んでいますよね。

円谷　やっぱり『マイティジャック』の初期は親父の意向が強かったんじゃないかな。マイティジャック号が水中から出るとか、そういうのはサガッチョ（佐川和夫監督）が中心になってやっていたし。一方では高野ちゃんの一派が『セブン』側にあってさ。まあでも撮影場所も離れていたから僕なんかもよく分からないし、みんなもよく分からなかったんだよね。でもあれは皐さんが「なんとか決めないと！」ってしゃにむに頑張って、それで

1時間の枠が先にあったわけ。そういう作品でしたね。

難題だらけだった『SFドラマ 猿の軍団』

八木　『ファイヤーマン』の後では『SFドラマ 猿の軍団』(74-75)が印象的な作品ですね。

円谷　TBSが『猿の惑星』(68／フランクリン・J・シャフナー監督)をお正月にリピート放映したら視聴率が結構よかったの。それで「『猿の惑星』ってすごいな」ということで、大映テレビ室とあと2社くらいが「猿もの」の企画を出したんだよね。ウチも『猿の軍団』を出したら、橋本さんに「『猿の惑星』があるんだから、やるんだったら原作を付けろ!」って言われてさ。それで「どうしたらいいですか?」って聞いたら、「小松左京にホンになるようなものを出してもらえるか聞け!」というわけ。だから大阪に行って小松左京に会って、「こういうのをやりたいんです」って言ったら「面白いじゃないか」という話になったんだよね。でも自分1人でやるのは難しいから仲間を入れてくれということで、豊田有恒、田中光二を指名してきたわけ。豊田有恒はちょうど『宇宙戦艦ヤマト』(74)をやっていたんだけど「あんなでかいものが宇宙なんか飛ぶわけないよ。そんなイカサマっぽいのには手を出さない」なんて言ってこっちに付いた。田中光二はもともとNHKの記者だった人で小説を書いていたんだけど、「自分も書く!」って乗ってくれてね。だから「ホンを書く」という前提で3人を入れて、こっちも田口成光や阿部桂一さん、若槻文三さんなんかに声をかけたわけ。それで小松左京の東京の定宿だったホテルニューオータニにミーティング用の部屋を借りて、江藤を連れていって原作づくりが1話から始まったの。そういうややこしいことをやったんだよね。

八木　かなり力が入った企画だったんですね。

円谷　ＴＢＳ側は橋本さんが次から次へと難題を出してくるんだよ。最初が原作に小松左京を入れるということで、これはちゃんとクリアした。そうしたら今度は、「お宅のやろうとしていることは著作権侵害ではないのか」ということでアメリカのフォックスが仮処分申請をしてきたわけ。それで「著作権法に強い弁護士を探せ！」と言ったのが橋本さんなんだよ。橋本さんとしてはそこでダメになるだろうと思っていたんだろうけどね（笑）。ともかく、ようやく見つけたのが民事第9部の仮処分に強い弁護士さんで、日本テレビの著作権周りを見ている人だった。その人に企画書を見せたら翌日電話があって、「円谷さん、これはなんにも問題ないからぜひやりなさい」って。しかもその間に、こういうややこしいことがあったから他社はみんな降りていたんだよね。だから、しつこくやっていたウチの企画だけが残った。それで結局『猿の軍団』をやることになったわけ。

八木　粘り勝ちといいますか。

円谷　最後に編成担当重役が3人くらい集まってやるべきかどうかを話し合ったんだけど、そこでも弁護士さんが「なんの問題もありません」って。まあ弁護士さんからしたら制作費1話分くらいが弁護士料で入るんだから、それはやらせようと思うよね（笑）。そんなこんなで始まった作品だった。

八木　大阪まで行って小松左京さんを口説いてきたっていうのがまずすごいですよね。当然初対面ですよね？

円谷　そこは図々しいんだよ（笑）。

『スターウルフ』の特撮は本当にすごいと思う

八木　では『スターウルフ』のお話も伺えますか？

円谷　大阪電通に大橋（益之助）っていう、大木なんかと仲がいい人がいたんだよね。ちょっと変わったやつなんだけど。その人から暮れに電話があって、「『鳥人間コンテスト』のスポンサーをやっている三洋電機が科学番組みたいなものをやりたがっている。それにまつわるような企画はないか?」ということだったの。実はその前に日本テレビの岡田晋吉さんから薦められていたのが小説の『スターウルフ』で、読んだら面白かったから早川書房に行って原作権を押さえていたんですよ。だから「『スターウルフ』はどうですか?」って言ったら「すぐ大阪に来てくれ」ということになって。それでその日に三洋電機の宣伝課長と会って、原作も渡して、企画書もあったから渡したらすぐに決まっちゃったの。

八木　海外原作ってすごいですよね。

円谷　でも大阪電通と話していたら「放映開始は来年の4月です」って言うわけ(笑)。もう暮れだから「そんなの無理だよ」と思ったけど、サガッチョだとかみんなに集まってもらって相談したら「やりましょう、なんとかしましょう!」って。まだみんな仲がいい時代だったね(笑)。それはともかく、そういう連中がやるっていうから準備を進めたわけ。キャスティングを進めつつ、千歳船橋に東京映画のスタジオがあったんだけど、そこにバッカスIII世号のセットを組んでっていうのが『スターウルフ』の最初だね。森繁久彌の家がスタジオの隣だったんだけど、撮影所はうるさいからマンションに建て替えるという話でさ。じゃあ半年だけ待ってくれということで、ボロボロでもう誰も人がいないところを開けてもらって撮影したんです。

八木　主役は宍戸錠さんですね。

円谷　あとは高橋長英がいて、宍戸さんのところの若い子を2人くらい入れて、女の子はオーディションしたのかな。それで隊員を決めてセットを作ったら、クランクインの前日になってセットにNGが出ちゃった。フジテレビでずっと美術をやっていた薩本(尚武)に頼んで準備していたんだけど、三洋電機の人間がそのセットを見て開口一番「粲さん、このセットはなにをモデルにしたんですか？」と言うわけ。当時はスペースシャトルの打ち上げが成功したばかりで、「スペースシャトルをモデルにしてくれたんですか？」って。こっちも一応そのつもりではいたんだけど、撮影用だからキャメラが入ることを前提に考えてあちこち外れるようになっていたりして、まああんまりメカニックなセットではなかったんだよね。でも三洋電機側は「科学」みたいなものを当てにしていたから「これはスペースシャトルみたいなデザインじゃない」って言ってもめちゃって、美術は美術でぶんむくれるしさ（笑）。

八木 クランクイン前日ですもんね。

円谷 それで山口修に「頼むよ！」って。すぐにデザインを起こして作り直してくれたんだけど、これがスペースシャトル風でギチギチに狭いセットでさ。みんな、中に入って座るのが一苦労だった。しかもセット自体がシーソーみたいにギッタンバッコンになるやつで、これで動きを付けようというものだった。あとは宇宙船が飛ぶときは顔にエアーをかけようとか、そういう方が大事だからみたいな話になっちゃって。話がコテッと変わってしまったわけ。

八木 かなりリアルに作ったんですね。

円谷 そうなんだよね。でももちろん一晩では作れないから、セットの中の撮影は1週間ずらそうっていうことになって。前のセットをボロボロにして1週間ずらしてセットを組んだんですよ。しょうがないから三洋電機からテレビだとかレーザーなんかを借りてきて組み込んで、もう大変なものでした。それだけで1千万円かかったんだから。皐さんに「1千万かかるんだけどなんとかしてくれ」って言ったら「しょうがないな、やれ！」と言ってくれてね。三洋電機はそれで納得したんだけどすごいセットだったな。美術に関してはどこから聞き込んだのか知らないけど、井口（昭彦）もいきなり現れて「俺がやるから」って言うわけ。

八木　井口さんの方が先輩ですよね。

円谷　そうだね。井口は『ウルトラマン』に付いているから、僕らはよく知っていたんだよ。それで、あいつはあいつで思い切ったことをやったわけ。だからセットがギッタンバッコンになったんだしね。

八木　コックピットの下にそういう機構が付いたのは『スターウルフ』が初めてですか？

円谷　そういうのはあれが最初じゃないかな。

八木　後の『ウルトラマンティガ』では下にお釜（ジンバル）を付けてグルグル回せるようにしていました。

円谷　まあ『スターウルフ』はセットの組み方がまるで違うんだよ。昔は平台の上に直接建てたりしていたでしょ。普通の部屋なんか全部そうじゃない？　でも、それをギッタンバッコンってやって平台なんか使わないんだから。おかしかったね。

八木　『スターウルフ』は特撮もすごいですしセットも素晴らしい。そういう目であらためて見直したいですね。

円谷　特撮は中野（稔）が、黒バックのところに全部星を合成したの。で、サガッチョはバッカスの飛びだとかああいうのはみんなブルーバックで切っちゃうから。芯木をミニチュアの後ろから突っ込んで固定してそれを合成で飛ばすから、宇宙空間を飛ぶような動きが簡単にできるわけ。

八木　ピアノ線じゃないですからね。

円谷　そう。それで合成だけで1話140～150カット。呆れちゃうよ（笑）。合成は2カットとか、そういう世界の話だから。中野（稔）のところがそれを全部受けて「請求書は2カット分だ」なんて言っていたけど、そうはいかなかったね。

八木　今でもそんなにやらないくらいですよね。ちなみに『スターウルフ』のときはもうデン・フィルムでしたよね。
円谷　そうだね。サガッチョはサガッチョで全部合成にしちゃうしさ。合成にしちゃえば楽勝だよね。
八木　特撮としてはそうですよね。
円谷　今だとクロマキーでやるようなもんだもん。それを中野は手作業でやったんだからね。
八木　合成班はたまったものじゃないですよね。
円谷　だけど中野はそれを受けたんだよね。だからよくできているよ。『スターウルフ』の特撮は本当にすごいと思う。

『ウルトラマン』は1話完結だからいいんだよ

八木　『ウルトラQ』から70年代までのお話を伺ってきました。その後のことになりますが、僕がプロデューサーとして『ウルトラマンマックス』を立ち上げるときに粲さんが教えてくださったことは今でもよく覚えています。粲さんにはっきり言われたのは「いいか、八木。最初に『Q』があったんだよ。『ウルトラマン』というのは『ウルトラQ』から始まったんだよ」ということでした。最初の設計でいろいろ教えていただけたことが『マックス』には幸福だったたと思っています。
円谷　『ウルトラマン』は1話完結だからいいんだよ。連続ものは絶対によくない、後を引くからやめろって言ったんだけどね。だから『マックス』は1話完結でしょう。
八木　そうですね。『ウルトラQ　dark　fantasy』のときも粲さんは1話完結の面白さを追求されていました。

円谷　『ウルトラQ』自体も1話完結じゃないと意味がないからね。

八木　『ウルトラQ dark fantasy』ではまず上原さんを連れてこられたじゃないですか。それで上原さんが藤川さんを連れてきたりして。それから山田正弘さんも脚本を書かれていますよね。

円谷　山田さんのホンってわりといいんだよね。

八木　いいですよね。

円谷　そういう人たちをもっと使ってくれればよかったんだよね。

八木　『dark fantasy』で来ていただいた方々には、自然な流れで『マックス』にも来ていただくことができました。

円谷　普段はやらないんけど、それはうれしかったんじゃないかな。

八木　そうだったと思います。粲さんがお声がけされると、皆さん楽しそうに来られますよね。以前に作ったような面白いものがまた作れるという期待感とか安心感があったのだと思います。僕もあのときに粲さんから上原正三さんや藤川桂介さんをはじめとして皆さんにご紹介していただけましたから、すぐに親しくなれました。皆さんの粲さんへの信頼があるからですね。

親父は神様みたいなものだった

八木　今日はじっくりお話を伺うことができてうれしかったです。ありがとうございます。最後にお聞きしたいのですが、粲さんのプロデュースワークにおける円谷英二監督の影響はどのようなものだったのでしょうか？　たくさんの作品を作ってこられる中で、その影響はどのような形で反映されていったのでしょうか？

円谷　それは親父って言うよりはむしろ一さんだよね。あの人は人を結びつける能力があって、人と人のつながりというのを大事にした。なんでもそうなんだろうけど、人と人のつながりみたいなものを大事にしていればいろいろなことがあるよね。そういうものじゃないかな。逆に親父は僕なんかから見るとやっぱり神様的な存在なんだよ。だから直接なにかを言われたなんていうことはほとんどないわけ。親父はやっぱり、われわれから見ても一世代前の神様みたいなものだった。だって八木は親父なんか全然知らない世代でしょう？

八木　僕は1967年生まれなのでお会いしたことはないんです。

円谷　そうだよね。最初にも言ったけどやっぱり親子の会話という感じでさ。親父はサインなんかいろいろ残しているけど、雪だるまなんかを描いているときに「これはどうだ？」「それは面白いじゃない」なんてやっていたけど、そういうつながりだもんね。でもお茶目だったよ。撮影の帰りに家の近くの質屋で三味線だとか大正琴を買い込んでは家で弾いていたからね（笑）。中でも「影を慕いて」はたいしたもんだったよ。一番奥の応接間でギターを弾きながらぼそぼそ歌っていたりしてさ。たまたま遅く家に帰ってきたりすると、そういう歌を歌っている親父がいたね。

八木　お上手だったんですね。

円谷　上手いっていうかペーソスがあるんですよ。「影を慕いて」しか聴いたことがないけどね。自分でギターを弾いて着物を着て歌っているわけ。なかなか絵になったよね（笑）。そういうのはずいぶん見たな。

八木　夜中に「影を慕いて」を歌われていた。それはご家族しか知らないことでしょうね。

円谷　あとは家に遅く帰ると台所の電気が点いていたりして。なにをやっているのかなと思ったら、台所で冷え切ったすき焼きかなんかを冷ご飯の上にかけて食べているんだよ。その日の残りだったのかね。そういうことも結構あったな。まあお腹が空くんでしょうけど、あんなのを食べていたんだからやっぱり心臓にはよくなかったよ。最後は糖尿からの心臓だったからね。

普通のショットを積み重ねた円谷一

八木　一さんの影響が大きいということでしたが、粲さんにとって一さんはどういう作り手だったのでしょうか？

円谷　あの人は変わったカットとかっていうよりも、わりとノーマルな形の映像を出すんだよ。普通に撮って、普通に感動する。そういう映像を作る人だったね。だから「煙の王様」なんかを見ていても特に変わったカットはない。変わったカットで作っていくのは実相寺だよね。ワンシーンワンカットなんてよくやっていたし。一さんはわりとオーソドックスに映像を作っていた。そういう感じはするよね。

八木　「煙の王様」は素晴らしいですよね。

円谷　全体を見たときに「ああ、いい作品だな」って思う。そういう作品が一さんには結構あるんだよ。

八木　なんとなく普通に見られて、「ああ、いい作品だな」と思える。実は作るのが一番難しいタイプの作品ですね。

円谷　オーソドックスで奇をてらっていないから、見る人に突き刺さってくるんじゃなくて柔らかいんだよね。あれは1つの技術だったんだろうな。勝新（勝新太郎）の『座頭市』シリーズなんかを見ていると寄るときは寄るじゃない。それはごく自然なことなんだけど、寄り方のサイズの問題ってあるんだよね。一さんはそんなにバカ寄りしない。普通のショットでね。

八木　『ウルトラQ』「あけてくれ！」なんかを見ていると本当に完璧だなと思います。それで電車の中でちょっとだけおかしな画を使うじゃないですか。

円谷　狙いがあるときはそれでいいんだよ。全編を通じたときにワンカットだけそういうのが入っているとハッとするもんね。作品の流れとしてはそういうカットももちろん必要だったんだろうし。

八木　そうですね。

円谷　あと親父のことでなんとなく覚えているのは、「今の時代は特撮っていうのは公開すべきだ」って言っていたことかな。もともと撮影所には一般人を入れなかったし、撮影方法は隠していたんだよ。でもテレビの時代なんだから一般の人も気軽に見られるようにした方がいいって。それはよく言っていたね。これは一さんも同じ意見だった。

八木　一監督にとってもやはり英二監督は神様的な存在だったんでしょうか。

円谷　でも親父の前でも平気で酒は飲んでいたし、だから普通に親子ということだよね。ただ一さんは酒の量が違ったな。5～6人で馬肉屋に行って20人前とか頼んで、お酒は一斗樽から直接飲んでいたから。

八木　そういうところに行ってみたかったです。

円谷　でもそれが毎晩だよ。銀座だとかＴＢＳの下のトップスとかステーキハウス、そういうところでね。一さんはＴＢＳを辞めて円谷に来るときに、そういう店に山ほど借金をしていたんだよ。それをＴＢＳに残っていた飯島（敏宏）さん、並木（章）さん、中川（晴之助）さん、みんなが肩代わりしてくれてさ（笑）。もちろん実際にはＴＢＳが払ったんだけどね。銀座なんかはめちゃくちゃだったな。ロケーションなんかもひどくて、スキーに行きたいってなったらそういうロケーションを組むしさ。

八木　確かにロケなのか遊びなのか分からない写真が残っていますよね。

円谷　温泉に行こうなんて言うと旅館を全部キープしちゃって。そこにスタッフを山ほど連れていって、経費は全部局が払っていたの。

八木　いい時代ですね（笑）。

円谷　あのころは一番いい時代だよ。

八木　しかし辞めたあとにみんながツケを払ってくれたというのは、やはり人望があったんでしょうね。

円谷　そうだろうね。ツケを払って、さらに円谷プロに仕事までくれたんだからね。『怪奇』の後で作品がなくなった一時期は、赤ちゃんを1年間追いかけるドキュメンタリーの仕事をくれたりして。山王病院の先生の紹介で10家族の子どもを1年間追いかけている、そんな仕事もやっていたんだよ。

八木　外注で時代劇なんかも作っていましたし、円谷プロ作品は実は幅広いんですよね。

円谷　『江戸の旋風』（75 - 80）とか『鞍馬天狗』（74 - 75）も作っていたからね。そんな感じで話しているといろいろ思い出してくるね。

八木　本当に長時間ありがとうございました。円谷英二監督の作品はもちろん、書かれたものもたくさん読みましたが、今日は粲さんでないと知り得ないたくさんのお話や、創作への心構え、円谷作品の本分をお聞きできてあらためて勉強になりました。粲さんと作った『ウルトラQ　dark　fantasy』や『ウルトラマンマックス』がなければ僕のキャリアも全く違うものになっていましたし、一緒にお仕事できて光栄でした。あのときにもたくさん教えていただきましたが今日も新しい学びがありましたし、特撮はとても奥深いものだとあらためて感じました。ありがとうございました。

AKIRA TSUBURAYA

円谷粲（つぶらや・あきら）

1944年（昭和19年）1月12日生まれ。

学生時代から『ウルトラQ』の助監督を務め、その後も『ウルトラマン』『ウルトラセブン』などに携わる。

以後はプロデューサーとして『チビラくん』を皮切りに『トリプルファイター』『ファイヤーーマン』『SFドラマ 猿の軍団』『スターウルフ』など数々の作品を手掛ける。

おわりに

八木毅

特撮とは楽しいものです。出来上がったものを見て楽しいのはもちろんのこと、作っている過程も楽しい。だから特撮の現場ではみんな、それこそ朝から晩まで寝食を忘れて（もちろん食べますが）熱中してやっていましたね。ここで言っている特撮というのは、技術としての特撮にとどまらない、作品全体、つまり文化としての特撮という意味です。だから、この楽しさは特撮班に限らず本編班においてでもどこでも当てはまり、特撮作品を作るということは最初から最後まで楽しいものなのです。

もちろん、特撮は楽しいだけではありません。とても厳しい世界です。挑戦と実験と創造の世界。創作とは深遠なものです。だから先輩方のお話は私にとりましてもあらためて学びになり、そしてまた反省にもなりました。実相寺昭雄監督が１９６０年代の円谷プロを梁山泊と表現していましたが、本当にその通りだと思います。だからこそ、あんな素晴らしい傑作が生まれ続けたのでしょう。前にも書きましたが私は、円谷英二監督に始まる特技監督の流れの末席に連なる円谷プロの最後の社員監督ですから、とても光栄なことだと感じます。しかし同時に、自分はまだまだヒヨッコだなあということも今回あらためて再確認いたしました。先輩の皆様はすごすぎます。

でもすごいだけではありませんね。この本を読めば分かりますが、特撮界の先輩方は皆さん魅力的で素晴らしい方々ばかりでした。だからやっぱり「楽しい」になるのです。やっぱり楽しい。そしてそんな方々ばかりでしたから、私が円谷プロ時代で思い出すことは制作のこともちろんなのですが、遊んだことがとても多いのです。お酒を飲んだり、ボーリングをしたり、バーベキューをしたり、円谷家の別荘に行ったり、海で泳いだり、いろいろと。皆さん、人生を楽しんでおられました。だからこそ、やっぱり出来上がってくる特撮は楽しいものになったのでしょうね。

少し話が逸れたように感じられるかもしれませんが、そういうことです。この本では、特撮の本質を語るということはもちろんなのですが、特撮の楽しい側面や、関係ありそうで関係なく、でも関係あるさまざまな雑多なことを私のインタビューを通して、皆さんに共有していただきたいと考えていました。先輩方が後輩である私に話してくださる楽しくて優しい感じも、皆さんと分かち合いたかった。私の本は『証言録』シリーズもすべて現場側からの本です。現場ならではの言葉と空気で語っています。この本を読んでくださった皆さんが、そんな現場の楽しさを感じていただけたならうれしいです。

今や、円谷英二監督の作られた「特撮」という文化は世界中に広がっていっています。映画史的には、メリエスの『Le voyage dans la Lune（月世界旅行）』を持ち出すまでもなく、特殊撮影を使った作品は円谷英二監督登場以前にも山ほどありました。でも『ゴジラ』

や『ウルトラマン』という作品が体現した特撮という文化は、独自の世界と文化を形作りました。特撮というのは独特な背景から生まれてきたのだということを今回あらためて感じましたし、特撮というものの素晴らしをあらためて知りました。たどり着けない永遠の魅力が特撮にはあるということを感じながら、私もまだまだこれからも特撮を追求していこうと思います。

協力　　　　　　小沢涼子、星 光一、芦原一郎、円谷プロダクション
デザイン／ DTP　木村由紀（MdN Design）

担当編集　　　　山口一光

特撮黄金時代
円谷英二を継ぐもの

2022 年 8 月 12 日　第 1 版 1 刷発行

八木毅　編

発行人　　松本大輔
編集人　　野口広之

発行　　立東舎
発売　　株式会社リットーミュージック
〒 101-0051 東京都千代田区神田神保町一丁目 105 番地

印刷・製本　株式会社シナノ

【本書の内容に関するお問い合わせ先】
info @ rittor-music.co.jp
本書の内容に関するご質問は、E メールのみでお受けしております。お送りいただくメールの件名に「特撮黄金時代　円谷英二を継ぐもの」と記載してお送りください。ご質問の内容によりましては、しばらく時間をいただくことがございます。なお、電話や FAX、郵便でのご質問、本書記載内容の範囲を超えるご質問につきましてはお答えできませんので、あらかじめご了承ください。

【乱丁・落丁などのお問い合わせ】
service @ rittor-music.co.jp

Printed in Japan
ISBN978-4-8456-3731-7
定価はカバーに表示しております。